福建师范大学省重点学科建设项目

思想政治教育研究专辑
专辑主编 苏振芳

马克思主义理论与现实研究文库
MARXISM
主编⊙李建平

新时代青年学生政治引领研究

Research on Political Guidance to Young Students in the New Era

邱海锋/著

社会科学文献出版社
SOCIAL SCIENCES ACADEMIC PRESS (CHINA)

马克思主义理论与现实研究文库
总序

神州大地风雷激荡，海峡西岸春潮澎湃。福建师范大学省重点高校建设项目“马克思主义理论与现实研究文库”与大家见面了。

本文库以坚持、发展和弘扬马克思主义为宗旨。这既是神圣的使命，又是历史的责任。马克思主义问世已经一个半世纪了，尽管她遭遇到各种各样的围攻、谩骂、禁锢、歪曲……但仍顽强地成长、广泛地传播、蓬勃地发展；尽管也有成百上千种理论、学说来与之较量，企图取而代之，但都无法得逞。苏东剧变虽然使世界社会主义遭受严重挫折，但无损马克思主义真理的光辉。马克思主义者在认真总结苏东剧变的教训后，将使马克思主义理论变得更纯洁、更成熟，朝着更健康的方向发展。

当20世纪即将结束的时候，英国广播公司在全球范围内举行过一次“千年风云人物”网上评选。结果，马克思被评为千年思想家，得票高居榜首。中国共产党人80多年来，坚持以马克思主义为指导，取得了革命和建设一个又一个的胜利，开创了中国特色社会主义道路，把一个贫困落后的中国，变成一个初步繁荣昌盛、欣欣向荣的中国。在进入21世纪后，中国共产党再次庄严宣告，马克思主义是我们立党立国的根本指导思想，是全党全国人民团结奋斗的共同思想基础，并且以极大的决心和气魄，在全国实施马克思主义理论研究和建设的宏大工程，在马克思主义发展史上留下光辉的篇章。

马克思主义之所以具有如此强大的生命力和竞争力，在于她具有以下五个突出的品格。

一是科学性。一种理论、观点能称为科学，它必须满足两个条件：一是合理地解释历史的发展，特别是其中的一些难题、怪象；二是有效地预见未来，并为尔后的实践所证实。列宁在评价马克思一生中的两大发现之一唯物史观时这样写道："马克思的历史唯物主义是科学思想中的最大成果。过去在历史观和政治观方面占支配地位的那种混乱和随意性，被一种极其完整严密的科学理论所代替，这种科学理论说明，由于生产力的发展，如何从一种社会生活结构中发展出另一种更高级的结构，例如从农奴制度中生长出资本主义。"① 中国改革开放20多年的实践已向世人有力地证明中国所选择的建设中国特色社会主义道路及其指导思想马克思主义是完全正确的，而西方一些别有用心的人士所鼓吹的"中国崩溃论"等论调则是完全错误的。

马克思主义是科学，这就要求我们以科学的态度对待马克思主义。针对林彪、"四人帮"肆意割裂、歪曲毛泽东思想，邓小平提出要完整、准确地理解毛泽东思想，这是十分正确的。同样，我们对马克思主义的主要创始人马克思的学说也要完整、准确地理解。在这方面，由于种种原因，我们还做得不够理想。例如，对马克思主义哲学，我们主要通过恩格斯、列宁，甚至斯大林的著作来了解，而对马克思在《资本论》中所应用的十分丰富的辩证法思想，则研究得不多。《资本论》虽然主要是研究资本主义的这一特殊的市场经济，但同任何特殊事物中都包含着一般一样，透过资本主义市场经济这一"特殊"，马克思也揭示了市场经济的"一般"，这个"一般"对社会主义市场经济也是同样适用的。因此，我认为要从现时代的观点重新解读《资本论》，发掘那些有益于建设社会主义市场经济的东西。学术界有人提出要"回到马克思""走近马克思""与马克思同行"，但最重要的是要完整、准确地理解马克思。恩格斯在《资本论》第二卷序言中写道："只要列举一下马克思为第二卷留下的亲笔材料，就可以证明，马克思在公布他的经济学方面的伟大发现以前，是以多么无比认真的态度，以多么严格的自我批评精神，力求使这些伟大发现达到最完善的程度。"② 因此，我们对待马克思的著作，对待马克思的一系列"伟大发现"，也要采取"无比认真的态度"和"严格的自我批评精神"。只有以科学的精神和科学的态度才能产生科学的结论。

二是人民性。列宁指出："马克思学说中的主要的一点，就是阐明了无产阶级作为社会主义社会创造者的世界历史作用。"③ 马克思主义从来没有

① 《列宁选集》第2卷，人民出版社，1995，第311页。

② 《马克思恩格斯全集》第24卷，人民出版社，1972，第4页。

③ 《列宁选集》第2卷，人民出版社，1995，第305页。

隐讳，她是为无产阶级服务的，是无产阶级认识世界和改造世界的思想武器。但是，无产阶级又是人民群众的一部分——当然是核心部分。无产阶级的利益和广大人民群众的利益是相一致的，而且，无产阶级只有解放全人类，才能最后解放自己。可以说，马克思主义不仅是反映无产阶级利益的学说，同时也是反映最广大人民群众利益的学说。阶级性和人民性本质上是相一致的，只不过在不同的时期强调的侧重点有所不同罢了。在革命战争年代，强调马克思主义的阶级性，是完全必要的，也是十分正确的；在社会主义建设时期，随着社会主要矛盾的转换，在坚持马克思主义阶级性的同时，应该强调她的人民性，强调马克思主义反映最广大人民群众的根本利益要求。“三个代表”重要思想以及科学发展观、“执政为民”、“以人为本”、构建和谐社会、社会主义荣辱观等理论，一经问世就广为流行，受到了人民群众的热烈拥护，就是因为它们具有鲜明的人民性。过去很长一段时间中，由于受“左”的思潮的影响，我们把人权看成是资产阶级的观点，采取回避、批判的态度，结果在国际政治斗争中经常处于被动境地。这一情况在20世纪90年代发生了根本变化。1991年11月1日中国正式公布了《中国的人权状况》（又称“中国人权白皮书”），高度评价人权是一个“伟大的名词”“崇高的目标”，是“长期以来人类追求的理想”。以此为开端，中国掀起了研究人权、关心人权、维护人权的热潮，人权理论成了马克思主义理论体系的一个重要组成部分。人权理论在我国所发生的变化，说明人民性的确应该成为马克思主义的一个重要特征。

三是实践性。“强调理论对于实践的依赖关系，理论的基础是实践，又转过来为实践服务。判定认识或理论之是否真理，不是依主观上觉得如何而定，而是依客观上社会实践的结果如何而定。真理的标准只能是社会的实践。”① 毛泽东同志在将近70年前讲的这段话，至今仍十分正确。马克思主义是放之四海而皆准的普遍真理，因为她揭示了人类社会发展的客观规律，为人类进步、社会发展，为全人类的最后解放指明了正确方向；但在实际运用马克思主义的理论时，又要同各国的具体实践相结合，不能生搬硬套，不能搞教条主义。实践在发展，马克思主义本身也要随着实践的发展而发展。马克思主义虽然诞生于19世纪，但她没有停留在19世纪。作为一个开放的理论体系，150多年来，她始终与时代同行，与实践同步。党的十六大把

① 《毛泽东选集》第1卷，人民出版社，1991，第284页。

"与时俱进"作为中国共产党新时期思想路线的重要内容，把始终做到实践基础上的理论创新当作我们必须长期坚持的治党治国之道，这正是对马克思主义实践性高度重视的深刻体现。

社会实践是检验科学与非科学、真理与谬误的试金石。当东欧剧变、苏联解体时，西方一些人兴高采烈，并且迫不及待地兜售所谓的"华盛顿共识"，把它当成解决各国社会经济危机、走向繁荣富强的"灵丹妙药"。但实践表明，推行"华盛顿共识"的国家非但没有摆脱危机，反而陷入了更深重的灾难，"华盛顿共识"不得不宣告失败。与之形成鲜明对照的是，中国坚持和发展马克思主义，走中国特色社会主义道路，取得了令世人瞩目的伟大成绩。中国的成功实践已在国际上逐步形成了"北京共识"，这既是中国 20 多年来改革开放实践的胜利，也是中国化的马克思主义的胜利。

四是战斗性。马克思在《资本论》第一卷的序言中写道："在政治经济学领域内，自由的科学研究遇到的敌人，不只是它在一切其他领域内遇到的敌人。政治经济学所研究的材料的特殊性，把人们心中最激烈、最卑鄙、最恶劣的感情，把代表私人利益的复仇女神召唤到战场上来反对自由的科学研究。"① 由于马克思主义公然申明是为无产阶级和广大人民群众谋利益的，所以她从一问世，就受到了敌人的百般攻击，在其生命的旅途中每走一步都得经过战斗。马克思一生中的主要著作大多是和资产阶级思想家进行论战的记录，就连《资本论》的副标题也是资产阶级"政治经济学批判"。"正因为这样，所以马克思是当代最遭嫉恨和最受诬蔑的人。"② 可是，当马克思逝世的时候，在整个欧洲和美洲，从西伯利亚矿井到加利福尼亚，千百万战友无不尊敬、爱戴和悼念他。恩格斯十分公正地说："他可能有过许多敌人，但未必有一个私敌。"③

在我国，马克思主义已经处于意识形态的指导地位，在马克思主义的指引下，全党全国人民正在为实现第三步战略目标、推进现代化建设而努力。但是，也要清醒地看到，在新的历史条件下，巩固马克思主义在意识形态领域的指导地位面临的形势是严峻的。从国际看，西方敌对势力把中国作为意识形态的主要对手，对我国实施西化、分化的图谋不会改变。从国内看，随

① 《马克思恩格斯全集》第 23 卷，人民出版社，1972，第 12 页。

② 《马克思恩格斯选集》第 3 卷，人民出版社，1995，第 777 页。

③ 《马克思恩格斯选集》第 3 卷，人民出版社，1995，第 778 页。

着社会主义市场经济的发展和对外开放的扩大，社会经济成分、组织形式、就业方式、利益关系和分配方式日益多样化，人们思想活动的独立性、选择性、多变性和差异性进一步增强。在这种情况下，出现非马克思主义甚至反马克思主义的思想倾向也就不可避免了。面对这种挑战，我们不能回避，不能沉默，不能妥协，更不能随声附和、同流合污。苏联、东欧的前车之鉴，我们记忆犹新。我们应该表明态度，应该奋起反击，进行有理有据、有说服力的批判，以捍卫马克思主义的科学尊严。例如，有人肆意贬低、歪曲、否定马克思的劳动价值论，企图动摇马克思主义政治经济学大厦的基石，难道我们能听之任之吗？有人千方百计地要把“华盛顿共识”推销到中国来，妄图使中国重蹈拉美、俄罗斯、东欧和东南亚一些国家的覆辙，我们能袖手旁观吗？当然不能！这不仅是党性立场所致，也是科学良知使然！在这一点上，我们应该向德国工人运动的老战士、杰出的马克思主义理论家弗兰茨·梅林学习，他在一个世纪前写的批判各种反马克思主义思潮的论文（已收入《保卫马克思主义》一书中，1927 年苏联出版，中文版为人民出版社于 1982 年所出），今天读来仍然感到新鲜和亲切。

五是国际性。1848 年，当马克思、恩格斯出版《共产党宣言》，发出“全世界无产者，联合起来”的号召时，就注定了马克思主义是一种超越地域、肤色、文化局限的国际性的思想理论体系。当今，方兴未艾的经济全球化浪潮正深刻地影响着世界各国的经济社会进程，尽管这种影响有其积极的一面，但也会给许多发展中国家造成消极的甚至是严重的后果。这已为许多事实所证明。如何在经济全球化进程中趋利避害，扬善去恶，除了以马克思主义作指导外，别无其他更好的主义。因此，马克思主义的国际化，现在比以往任何时候都显得重要和迫切。西方垄断资本出于维护其根本利益的考虑，竭力反对马克思主义的国际化，也就不足为奇了。

中国共产党人把马克思主义普遍真理与中国具体实践相结合，产生了中国化的马克思主义，指引中国的革命与建设不断取得新的胜利。随着中国改革开放不断深入、综合国力不断强大、人民生活不断改善、国际地位不断提高，世界各国对中国的兴趣日益浓厚。因此，“北京共识”“中国模式”逐渐成为国际论坛的重要议题。看来，中国化的马克思主义正在走向世界，这不仅是马克思主义在中国 85 年发展的必然，也是当今世界经济社会形势发展的必然。作为中国的马克思主义者，应该感到自豪，因为对马克思主义的发展作出了自己的贡献；应该要有广阔的国际视野，不仅要关注世界的风云变幻，也要了解和研究国外马克思主义研究的动态。要积极推进国际的学术交流与合作，让中国化的马克思主义为世界各国朋友所了解，并与他们一道，共同推进马克思主义的发展。

以上所述马克思主义的五大品格，也是本文库所遵循的指导思想。福建师范大学历来重视马克思主义理论的教学与研究，20 多年来在本科生、研究生中坚持开设《资本论》和其他马克思主义原著课程，出版、发表了许多用马克思主义立场、观点和方法分析问题、解决问题的论著。学校把马克思主义理论研究和学科建设紧密结合起来，迄今已获得理论经济学、历史学、中国语言文学等一级学科博士点、博士后科研流动站和马克思主义原理、马克思主义中国化、思想政治教育等二级学科博士点，培养了一大批有志于马克思主义理论教学和研究的学术骨干。2006 年年初，学校整合相关院系师资，成立了马克思主义研究院。本文库是学校学习、研究、宣传马克思主义理论的重要阵地，也是开展对外学术交流的重要平台。

本文库初步安排 10 辑。大体是：马克思主义哲学研究；《资本论》与马克思主义经济理论研究；中国社会主义市场经济研究；马克思主义中国化研究；思想政治教育研究；马克思主义发展史研究；社会主义经济发展史研究；国外马克思主义研究；西方经济学与当代资本主义研究；建设海峡西岸经济区研究等。每辑出若干本著作，计划用 10 年左右的时间，出版 100 本著作。本文库的出版得到福建省重点高校建设项目的特别资助和社会科学文献出版社的大力支持，在此表示衷心感谢！

胡锦涛同志十分重视实施马克思主义理论研究和建设工程，勉励参与这一工程的学者要进一步增强责任感和使命感，满腔热忱地投身这一工程，始终坚持解放思想、实事求是、与时俱进，大力弘扬理论联系实际的马克思主义学风，深入研究马克思主义基本原理，深入研究邓小平理论和“三个代表”重要思想，深入研究重大的理论和实际问题，为马克思主义在中国的发展，为全面建设小康社会、开创中国特色社会主义新局面作出新的更大的贡献。这段语重心长的话，也是本文库所追求的终极目标。

是为序。

李建平

2006 年 3 月 31 日

前 言

“青年是祖国的未来、民族的希望，也是我们党的未来和希望”，[①] 是社会历史发展的主力军和推动力量，是国家和社会发展的未来引领者和建设者，担负着实现中华民族伟大复兴和推进中国特色社会主义事业的光荣使命与神圣职责。青年学生是青年群体的领头羊，在青年中属于最有知识、最有活力、最有影响力和号召力的群体。青年学生的政治意识、政治信仰、政治立场、政治方向、政治本领等政治状况不仅会深刻影响整个青年群体，而且会深刻影响我国全面深化改革的历史进程和社会主义现代化的前进方向，以及中国共产党的执政地位、中国特色社会主义事业的性质和前途。

中国共产党一经诞生，就把关注的目光投向青年，把革命的希望寄予青年，[②] 充分认识到青年和青年学生政治引领工作的重要性，尤其是党的十八大以来，习近平总书记高度重视，并在 2018 年 7 月 2 日同团中央新一届领导班子成员集体谈话时，以及 2019 年 4 月 19 日中共中央政治局第十四次集体学习时，多次强调要切实做好青年的政治引领工作，引导广大青年自觉坚持党的领导，听党话、跟党走。《中共中央关于党的百年奋斗重大成就和历史经验的决议》中指出，党和人民事业发展需要后继有人，要培养造就大批堪当时代重任的接班人。2022 年 10 月，习近平同志在党的二十大报告中强调，全党要把青年工作作为战略性工作来抓。在各级党委、政府和共青团，以及各类学校等认真落实下，青年学生政治引领工作取得了突出成绩和

① 《习近平关于青少年和共青团工作论述摘编》，中央文献出版社，2017，第 8 页。

② 习近平：《在庆祝中国共产主义青年团成立 100 周年大会上的讲话》，《人民日报》2022 年 5 月 11 日，第 2 版。

显著成效，主要表现在绝大多数青年学生政治立场坚定、理想信念崇高，政治敏锐性强、是非分明，积极参与政治生活、行为较为理性。他们对中国特色社会主义道路、理论、制度、文化充满自信，具有较强的政治意识、大局意识、核心意识和看齐意识，牢记“两个确立”，做到“两个维护”。在庆祝中国共产党成立 100 周年大会上，青年学生充分展示了爱党爱国的深厚情怀，并发出了“强国有我，请党放心”这一掷地有声的庄严承诺。

但是，随着中国特色社会主义进入新时代，我们在取得伟大成就的同时，也面临着新的挑战。一方面，世界百年未有之大变局加速演进，我国的外部环境发生较大变化。在全球化红利日趋弱化的背景下，受经济逆全球化、新冠疫情全球大流行、乌克兰危机等负面因素的影响，世界进入动荡变革期，世界格局正在发生新的较大变化。另一方面，我国正处于全面深化改革的关键时期，社会主要矛盾发生变化，利益诉求更加多样化，我国内部环境也变得更为复杂。在这个阶段，社会思潮的多元性与复杂性正在加深，意识形态领域多元多样多变的矛盾不断显性化。在国内外环境的共同作用下，境内外敌对势力同我党争夺舆论阵地、争夺民意人心的舆论攻防战日益白热化。在这场舆论攻防战中，青年学生无疑成为被争夺的焦点之一。近年来，敌对势力不断利用现代传媒手段、文化商品、教育和学术交流等手段，向我国青年学生进行价值观渗透，误导、诱惑甚至指使部分青年学生质疑、反对或否定中国共产党的领导和中国特色社会主义道路、制度。与此同时，传统意义上的思想政治工作却面临着适应性难题。特定时期与局部领域存在马克思主义被边缘化、标签化现象，马克思主义在一些学科中“失语”、教材中“失踪”、论坛上“失声”等。在这种环境中，部分青年学生在不同程度上存在理想信念动摇、滑坡，政治信仰迷茫，“四个自信”不够坚定，政治判断力、领悟力、执行力不够强，政治参与的积极性和获得感下降等问题，对此必须高度重视和警惕。

如此激烈的斗争局面将中国共产党对青年学生的政治引领推向了台前。中国共产党在青年学生中如何有效实现政治引领就成为一个关乎全局、关乎未来的关键问题，也是思想政治教育学科需要面对的一个前沿课题。因此，新时代重视青年学生的政治引领工作，引导青年学生走上正确的政治道路，是帮助青年学生扣好人生“第一粒扣子”的现实需要。

目　录

第一章
绪　论

第一节　概念界定：何谓“青年学生政治引领”

概念是人们对客观事物的认识，是人类思维的基础和工具。人们以概念为基本元素构建起知识体系。本书的前提和基础在于准确把握青年学生和政治引领这两个核心概念，明晰它们的内涵、外延和特征。

一　“青年学生”概念的界定

青年学生是一个由青年和学生两个词组合而成的复合词，需分别明晰其定义和范围。从年龄划分上看，“青年”有多种划分标准。联合国教科文组织将14~34岁界定为青年（1982年），世界卫生组织将14~44岁界定为青年（1992年），联合国人口基金会将14~24岁界定为青年（1998年）。[①] 在我国，不同组织、机构对青年年龄的划分标准也不同。共青团中央将青年年龄界定为14~28岁，国家统计局将青年的年龄界定为15~34岁，中华全国青年联合会将青年的年龄界定在15~40岁。[②]《中长期青年发展规划（2016—2025年）》中明确规定青年的年龄范围为14~35岁。[③] 从成长特点上看，青年主要指人的一个社会化阶段，是一个人在生理、心理包括价值观层面由少年到成年的过渡期或转型期，是个体成长发展的关键阶段。

“学生”一词，《现代汉语词典》中的定义是：在学校读书的人；向老

① 吴烨宇：《青年年龄界定研究》，《中国青年研究》2002年第3期。

② 郗杰英、杨守建：《“谁是青年”再讨论》，《中国青年研究》2008年第8期。

③ 《中长期青年发展规划（2016—2025年）》，人民出版社，2017，第1页。

师或前辈学习的人。[①] 为提高研究分析的效度，依照共青团中央对青年的年龄界定和我国对学龄群体的划分，结合理论研究中多数学者的理解和实践工作中的群体指向，本书中将高中生、本科生和研究生作为分析对象，在行文表述中分别把他们称为中学生、大学生、研究生。

作为研究对象，这三类青年学生的年龄跨度较大，他们在思想认识、知识积累、人生阅历、心理状态、身体情况等方面呈现出较大差异。与此同时，他们又具有一些共性：第一，从身体成长来看，他们处于进入青春期到生理完全发育的发展阶段；第二，从心理成长来看，处于由心理不甚成熟到趋于成熟的发展阶段；第三，从社会化程度来看，处于由角色意识模糊到角色意识确立并逐步强化的发展阶段。

二 “政治引领”概念的界定

政治引领是一个具有中国政治话语特色的概念。因此，界定这一概念需要从“政治”概念的本土内涵出发。

1.“政治”的内涵及其中国化

“政治”是一个历史的、实践的范畴。由于政治现象的复杂性和人们的认识水平、阶级立场等差异，古往今来，不同时代、不同立场的思想家、政治家对“政治”的内涵有各异的表述与理解。这些理解都在不断探索“政治”的一般性内涵，而缺少对当今中国政治实践的话语分析。事实上，当代中国已经逐渐形成具有自身特色的“政治”概念。

中国共产党各个时期的主要领导人对于何谓政治，都曾根据当时的社会主要矛盾和主要任务给出了各自的认识和定义。在中华人民共和国成立后相当长的一段时间内，人们一般认为“政治就是各阶级之间的斗争”；政治就是阶级关系，就是国家政权。“政治”一度成为“阶级斗争”甚至是“以阶级斗争为纲”的代名词。党的十一届三中全会之后，党和国家的工作重点转移到社会主义现代化建设上来，人们对政治的认识和理解不断突破传统政治理论的局限性。邓小平同志曾提出社会关系的大局就是政治，经济建设就是政治，“社会主义现代化建设是我们当前最大的政治”[②] 等重要观点，破

---

① 中国社会科学院语言研究所词典编辑室编《现代汉语词典》（修订本），商务印书馆，1996，第1429页。

② 《邓小平文选》第2卷，人民出版社，1994，第163页。

除了过去的“唯阶级斗争”论，创新发展了马克思主义政治观。与之同步的是，学者也将眼光投向现实的社会生活与政治实践领域，对政治从广义上进行阐述，认为政治是社会的政治主体的利益全局关系所支配的社会公共权力活动，在不同的社会条件下有着不同的表现形态。① 实际上，在我国政治和社会生活的实践中，“政治”还有狭义和广义之外的第三种含义，即“政治”一词经常被用作形容词，意指非常重要、重大等，在我国各级党委、政府的文件、会议讲话或开展的工作中，经常把一些重要的工作称为“政治任务”。

随着中国特色社会主义进入新时代，“政治”的内涵也在不断丰富，在实践层面进一步聚焦于两个关键维度。第一，更加强调服从全局的组织性、纪律性。党的十九大报告指出，保证全党服从中央，坚持党中央权威和集中统一领导，是党的政治建设的首要任务。习近平总书记也曾明确指出，全党服从中央是政治建设的首要任务。② 第二，更加突出人民立场。习近平总书记在主持中共十九届中央政治局第六次集体学习时指出，加强党的政治建设，要紧扣民心这个最大的政治；③ 在庆祝中国共产党成立 95 周年大会上的讲话中指出，人民立场是中国共产党的根本政治立场，是马克思主义政党区别于其他政党的显著标志。④ 综上所述，在中国国家治理的实践进程中，“政治”的内涵指向党中央坚持以人民立场为政治立场，并要求全党服从中央的治理形态。这也是中国国家治理实践对政治理论的一种拓展。

2. “政治引领”的内涵与特征

目前，学界对于何谓“政治引领”尚无权威性定义。但基于习近平总书记的相关论述，既有研究对“政治引领”进行了初步探研。朱成实、尚海龙从整体上理解政治引领的概念，认为“政治引领指的是政治主体对错综复杂的客观政治现象进行思想和认知的梳理，在此基础上提炼并运用主流价值观筑牢全社会的共同思想基础，团结引领全社会朝着共同的发展目标不断奋进”。⑤ 刘佳则认为在青年工作中，“政治引领就是指通过对青年进行政

---

① 赵丽江主编《政治学》第 2 版，武汉大学出版社，2008，第 6 页。

② 习近平：《决胜全面建成小康社会　夺取新时代中国特色社会主义伟大胜利——在中国共产党第十九次全国代表大会上的报告》，人民出版社，2017，第 62 页。

③ 《习近平谈治国理政》第 3 卷，外文出版社，2020，第 95 页。

④ 《习近平谈治国理政》第 2 卷，外文出版社，2017，第 40 页。

⑤ 朱成实、尚海龙：《新时代高校共青团组织政治引领的特点与体现》，《教育现代化》2020 年第 7 期。

治思想的引领，在青年中凝聚政治共识，达到对党的理论、路线、方针政策的认同，使广大青年自觉听党话、跟党走，拥护党的领导”。[①] 戴冰认为，青年政治引领是青年思想政治工作的核心，就是要把握青年发展方向。[②] 由此可见，现有研究主要是从思想文化的角度理解政治引领，从而将政治引领作为思想政治引领的延伸。从理论发展与实践需要来看，政治引领的“政治属性”值得进一步挖掘与探讨。从概念上看，思想引领更侧重于对人们思想意识、道德观念等的引领；政治引领则更侧重于对人们政治信仰、政治立场、政治观点、政治行为等的引领；对于思想政治引领，一般认为是思想引领和政治引领两方面的综合。因此，如何充分理解政治引领的“政治属性”就成为理论研究需要推进的一个关键问题。

在借鉴上述研究成果的基础上，本书认为，政治引领在一般意义上是指马克思主义政党通过宣传、教育、组织等动员方式，着力在政治意识、政治信仰、政治立场、政治方向等方面引导、号召、带领群众认同该政党的政治理念、政治目标、政治纲领，从而使群众支持和拥护政党的领导，为实现政党的奋斗目标一起付出努力。结合新时代中国特色社会主义的理论与实践，政治引领指中国共产党坚守人民立场，通过宣传、教育、组织等动员方式，引导干部群众拥护党的领导与中国特色社会主义制度的实践活动。

从这个角度上看，政治引领虽然与思想引领有着密切的相关性，却也有着就“政治属性”而言的不同侧重点。一是引领内容的重点不同，政治引领侧重于政治信仰、政治立场、政治观点、政治行为等方面，思想引领侧重于思想意识、道德观念等方面。相比较而言，政治引领直接关涉国家政权问题，即党能否继续执政、国家性质是否发生变化，以及人心向背等核心利益和关键问题。二是目标任务的侧重点不同，政治引领侧重于引领群众与中国共产党保持一致，听党话、跟党走；思想引领侧重于引领学生坚定共产主义远大理想和中国特色社会主义共同理想。

三　中国共产党对青年学生政治引领的理论内涵

根据上述分析，结合本书研究的问题，中国共产党对青年学生的政治引领，是指中国共产党通过教育宣传和组织动员等方式，对青年学生的政治意

① 刘佳：《高校共青团思想引领论纲》，群言出版社，2016，第10页。

② 戴冰：《青年思想政治工作学引论》，上海交通大学出版社，2019，第41页。

识、政治信仰、政治立场、政治方向、政治行为等进行培育和引导，实现对青年学生政治观念的塑造和政治行为的调适，使其认同和拥护中国共产党的领导，成为能够担当中华民族伟大复兴历史使命的德智体美劳全面发展的时代新人。作为一项具有强烈政治属性的社会实践活动，中国共产党对青年学生的政治引领是一个由过程与内容共同构成的完整系统。

（一）中国共产党对青年学生政治引领的基本过程

中国共产党对青年学生的政治引领首先是一个引领主体与引领客体互动的过程。这个互动过程既遵循思想政治教育过程中主客体互动的一般规律，又具有政治引领的特殊性。这个互动过程主要由主体、客体、目标三个部分构成。

1. 政治引领的主体

习近平同志在党的二十大报告中指出，党要“做青年朋友的知心人、青年工作的热心人、青年群众的引路人”。[①] 在本书中，政治引领的主体是中国共产党，这里所指的中国共产党是一个总和、总称的概念。结合运行机制和实际情况，中国共产党作为政治引领主体可以再具体划分为宏观、中观、微观三个层次。第一个层次，宏观层面，主要是从整体上理解和阐述中国共产党，是各层次和类别的总和；第二个层次，中观层面，主要是指作为中国共产党组成部分的各级各类党组织，作为中国共产党助手、后备军的中国共产主义青年团及其各级组织，以及各学校党组织，它们是中国共产党对青年学生政治引领的重要依靠者和执行者、最直接的组织者和实施者；第三个层次，微观层面，主要是指代表中国共产党开展政治引领工作的具体执行者和落实者。基于引领对象是青年学生，在本书中，微观层面的引领主体主要是指学校的辅导员、班主任、思想政治理论课教师，以及高校学生工作部、中学德育处、团委等部门中从事学生思想政治教育工作的人员。

2. 政治引领的客体

前文已明确本书所研究的青年主要是中学生、大学生和研究生，这是从自然属性上对研究对象所作的区分。但人是最复杂的，人的工作是最难做的，同一群体中不同个体之间的差别很大。作为引领客体，依据青年学生政

① 习近平：《高举中国特色社会主义伟大旗帜　为全面建设社会主义现代化国家而团结奋斗——在中国共产党第二十次全国代表大会上的报告》，《人民日报》2022 年 10 月 26 日，第 5 版。

治思想表现，可分为三个层次：一是政治性较强的青年学生，如党员学生；二是政治性一般的青年学生；三是政治性较弱的青年学生。此外，中国国土广袤，不同区域经济社会发展水平不一，东部、中部、西部等不同区域青年学生的政治思想认识和水平也会有一定差异。

3. 政治引领的目标

中国共产党对青年学生政治引领的基本目标是，引导青年学生增强政治意识、坚定政治信仰、提高政治本领，在政治实践中听党话、跟党走。基于政治引领的内涵，对这个基本目标可以从两个角度进行解析。一是政治观念目标。中国共产党对青年学生政治引领的观念目标是，用马克思主义及其中国化的理论成果武装青年学生，引领青年学生热爱党、热爱祖国、热爱社会主义，认同中国共产党和中国特色社会主义制度；用中国梦筑牢广大青年学生的共同价值取向，使其树立共产主义远大理想和中国特色社会主义共同理想，自觉追梦新时代，真正担起民族复兴大任，做中国特色社会主义事业的建设者和接班人。二是政治行为目标。中国共产党对青年学生政治引领的行为目标是，引导青年学生坚持党的领导，听党话、跟党走；广泛动员和引导青年学生建功新时代，成为德智体美劳全面发展的时代新人，使中华民族伟大复兴在广大青年学生的接力奋斗中成为现实。当然，对广大青年学生政治引领的目标也具有层次性，最低目标是引领青年学生热爱党、热爱祖国、热爱社会主义，深刻领会“两个确立”的决定性意义，坚定“四个自信”，做到“两个维护”。最高目标是引领青年学生坚定共产主义远大理想和中国特色社会主义共同理想，成为中国特色社会主义事业的合格建设者和可靠接班人。

（二）中国共产党对青年学生政治引领的主要内容

从宏观上看，中国共产党对青年学生政治引领的内容要服务于加强党的政治建设这个大局。党的十八大以来，党中央高度重视党的政治建设。2017年2月13日，习近平总书记在省部级主要领导干部学习贯彻党的十八届六中全会精神专题研讨班开班仪式上发表重要讲话，提出领导干部要“注重提高政治能力，牢固树立政治理想，正确把握政治方向，坚定站稳政治立场，严格遵守政治纪律，加强政治历练，积累政治经验”。[①] 2018年6月29

① 习近平：《以解决突出问题为突破口和主抓手 推动党的十八届六中全会精神落到实处》，《人民日报》2017年2月14日，第1版。

日，习近平总书记在中共中央政治局第六次集体学习时强调，要“不断提高各级领导干部特别是高级干部把握方向、把握大势、把握全局的能力，辨别政治是非、保持政治定力、驾驭政治局面、防范政治风险的能力”。[①] 2019 年 1 月 31 日，中共中央印发了《关于加强党的政治建设的意见》，指出“加强党的政治建设，目的是坚定政治信仰，强化政治领导，提高政治能力，净化政治生态，实现全党团结统一、行动一致”。[②] 基于这些重要讲话与文件，我们可以发现政治建设的核心要求聚焦于政治理想、政治信仰、政治意识、政治方向、政治能力、政治纪律、政治立场等方面。

党的十八大以来，党中央高度重视青年学生的培养教育，围绕“培养什么人”，紧密结合时代发展提出明确要求。习近平总书记十分关心青年学生成长，多次与青年学生座谈、给青年学生写信等，对青年学生寄予深切期望。如 2014 年在北京大学师生座谈会上，他希望青年学生拥有“执着的信念、优良的品德、丰富的知识、过硬的本领”；[③] 2016 年，他在北京市八一学校考察时，希望青年学生做到“修身立德、志存高远，勤学上进、追求卓越，强健体魄、健康身心，锤炼意志、砥砺坚韧”；[④] 党的十九大上，习近平总书记提出青年要做到“有理想、有本领、有担当”；[⑤] 在 2018 年全国教育大会上，他希望青年学生要在坚定理想信念、厚植爱国主义情怀、加强品德修养、增长知识见识、培养奋斗精神、增强综合素质等六个方面下功夫；[⑥] 2021 年，习近平总书记在清华大学考察时，强调青年学生要爱国爱民、锤炼品德、勇于创新、实学实干；[⑦] 2022 年，习近平总书记考察中国人民大学时强调，青年学生要坚定不移听党话、跟党走，努力成长为堪当民族复兴重任的时代新人；[⑧] 在庆祝中国共产主义青年团成立 100 周年大会上，

---

① 《习近平谈治国理政》第 3 卷，外文出版社，2020，第 97 页。
② 《中共中央关于加强党的政治建设的意见》，人民出版社，2019，第 3 页。
③ 《习近平关于青少年和共青团工作论述摘编》，中央文献出版社，2017，第 50 页。
④ 《习近平关于青少年和共青团工作论述摘编》，中央文献出版社，2017，第 93 页。
⑤ 习近平：《决胜全面建成小康社会　夺取新时代中国特色社会主义伟大胜利——在中国共产党第十九次全国代表大会上的报告》，人民出版社，2017，第 70 页。
⑥ 《习近平在全国教育大会上强调　坚持中国特色社会主义教育发展道路　培养德智体美劳全面发展的社会主义建设者和接班人》，《人民日报》2018 年 9 月 11 日，第 1 版。
⑦ 《习近平在清华大学考察时强调　坚持中国特色世界一流大学建设目标方向　为服务国家富强民族复兴人民幸福贡献力量》，《人民日报》2021 年 4 月 20 日，第 1 版。
⑧ 《习近平在中国人民大学考察时强调　坚持党的领导传承红色基因　扎根中国大地走出一条建设中国特色世界一流大学新路》，《人民日报》2022 年 4 月 26 日，第 1 版。

习近平总书记号召广大青年要做理想远大、信念坚定的模范，刻苦学习、锐意创新的模范，敢于斗争、善于斗争的模范，艰苦奋斗、无私奉献的模范，崇德向善、严守纪律的模范。[①] 经过梳理，可以看出理想信念、爱国、奋斗、提高能力、增长本领是党中央和习近平总书记有关青年学生培养目标的高频词。

基于对党的政治建设和党对青年学生的期望的分析，本书将青年学生政治引领的内容归纳为政治意识、政治信仰、政治立场、政治方向、政治本领五个方面。

1. 提升政治意识是基础

意识具有指导实践改造客观世界的作用。正确的意识能够引导人们做出符合历史发展需要的行动。中国共产党对青年学生政治意识上的引领，就是要引导青年学生加强马克思主义，尤其是习近平新时代中国特色社会主义思想的学习，夯实理论基础，提升政治素养，自觉养成从政治上看待、分析和处理问题的习惯，遇事多想政治要求，处事多想政治影响。

2. 坚定政治信仰是灵魂

理想信念是共产党人精神上的“钙”，是思想行动的“总开关”“总闸门”。青年学生只有坚定政治信仰，才能自觉自愿地达到政治引领的要求，这是一切实践活动的基础。因此，坚定政治信仰是中国共产党对青年学生政治引领的灵魂所在。中国共产党对青年学生政治引领的重点在于引领青年学生坚定共产主义远大理想和中国特色社会主义共同理想。

3. 坚守政治立场是关键

中国共产党的根本政治立场就是人民立场，这是中国共产党在风云变幻中立于不败之地的关键原因。习近平同志在党的二十大报告中指出：“人民性是马克思主义的本质属性，党的理论是来自人民、为了人民、造福人民的理论。”[②] 因此，中国共产党对青年学生政治引领的一项关键内容就是引领青年学生站在党和人民的立场看待问题、处理事情，引导青年学生将言行与“为人民服务”的宗旨紧密地统一起来，增强以人民为中心、服务人民、造

① 习近平：《在庆祝中国共产主义青年团成立 100 周年大会上的讲话》，《人民日报》2022 年 5 月 11 日，第 2 版。

② 习近平：《高举中国特色社会主义伟大旗帜　为全面建设社会主义现代化国家而团结奋斗——在中国共产党第二十次全国代表大会上的报告》，《人民日报》2022 年 10 月 26 日，第 1 版。

福人民的意识，站稳政治立场。

4. 把准政治方向是核心

习近平总书记曾指出："政治方向是党生存发展第一位的问题，事关党的前途命运和事业兴衰成败。"① 因此，政治方向自然成为中国共产党对青年学生政治引领的核心内容，主导着政治引领的总方向。中国共产党对青年学生进行政治引领就是要引领青年学生坚持中国共产党的领导，坚持中国特色社会主义道路，引导青年学生把个人的前途命运与党和国家的前途命运紧密联系在一起，把个人发展融入国家、民族、社会发展中。

5. 练就政治本领是保障

过硬的本领、强大的能力是完成任务、实现目标的前提和保障。对青年学生而言，政治本领是党的政治引领目标得以实现的保障。因此，中国共产党对青年学生政治引领的着力点在于提高青年学生服从、服务党和国家大局，以及为人民服务、建功新时代的本领，具体包括政治判断力、政治领悟力、政治执行力，辨别是非的能力，勇于与错误、不当言行作斗争的能力，政治参与能力；同时，还包括敢于担当的精神、勇于创新的意识，以及推动社会主义现代化事业向前发展、实现中华民族伟大复兴的能力和本领。

第二节　方兴未艾：国内的青年学生政治引领研究

国内关于青年政治教育的研究全面深入、成果丰硕，而对青年学生政治引领的研究却起步较晚。需指出的是，国内学者现有的研究成果，主要聚焦于大学生的思想政治引领，如价值引领、思想引领、文化引领等，引领的内容则主要围绕社会主义核心价值体系、社会主义核心价值观、中国梦、科学发展观等方面，其主题较为单一，研究群体数量整体偏少，研究对象较少涉及中学生，研究内容则更关注引领的方式方法、实施路径等方面。近年来，随着党中央与政府部门对青年思想政治教育工作的重视，关于青年政治引领研究的文章数量呈逐年增加的趋势。在中国知网（CNKI）系列数据库中，以"政治引领"为主题检索，截至 2022 年 3 月 27 日，共有论文 3330 篇，其中以"青年政治引领"为主题检索，共有论文 379 篇。研究的主题涉及思想政治教育、政治认同、政治社会化等诸多领域。

① 《习近平谈治国理政》第 3 卷，外文出版社，2020，第 93 页。

国内期刊论文关于青年学生政治引领的研究与大学生的思想政治教育有着紧密的联系，主要涉及“价值引领”、“思想引领”、“文化引领”、“政治引领”、“思想政治引领”以及“引领的作用”等诸多主题。此外，研究内容还涉及思想政治教育工作、思想政治理论课、社会思潮、马克思主义等相关领域。随着新时代的到来与网络思想政治教育的兴起，国家对新时代青年学生的政治引领工作从线下转入线上，扩大了引领工作的范围，在客观上提升了引领的难度，需要学校与社会教育工作者创新引领的方式方法。

学位论文或许比期刊论文更能深入地呈现青年学生政治引领研究的最新动态。从中国知网检索来看，截至 2022 年 3 月 27 日，尚无政治引领主题的博士学位论文，硕士学位论文不足 10 篇。就已有研究反映出的研究视角而言，主要集中于三方面。其一，对新时代政治引领策略的研究，其中不乏关于青年学生与政治引领之间关系的探讨。这一类研究主要包括金亚男的《高校妇联对女大学生思想政治引领路径研究》（2022 年），罗芳的《新时代党对青年的政治引领研究》（2021 年），以及李威浩的《新时代加强大学生政治引领的途径研究》（2021 年），等等。其二，针对组织机构而非群体的政治引领工作，这一类研究包括栗华的《新时代民营企业党组织政治引领作用研究》（2021 年），刘潇的《加强非公企业党组织政治引领研究》（2020 年）。其三，聚焦习近平总书记关于青年政治引领相关论述开展研究，诸如苏琦童的《习近平关于加强青年政治引领的重要论述及时代价值研究》（2022 年），唐慧芬的《习近平关于青年政治引领重要论述及在高校的实践生成研究》（2021 年），周静的《习近平总书记关于青年政治引领的重要论述研究》（2020 年），等等。结合对期刊以及学位论文内容的初步分析不难发现，国内有关政治引领的研究与大学生（青年学生）密切相关，并主要聚焦在学校（本科院校、高职院校）教育的场域。

一　关于党的政治引领概念的研究

从目前来看，学术界对于党的政治引领概念，既无公认的权威界定，也无较大的争议，多数学者结合各类群体特征，从各自研究领域出发理解和界定政治引领。一是在人才工作中，中国共产党的政治引领就是用党的伟大事业的魅力和感召力，把各类人才吸引在党的旗帜之下，凝聚在党的事业之中；[①] 引领人

① 王雅君：《高层次人才政治引领战略的逻辑与路径》，《领导科学》2016 年第 36 期。

才将自身的价值实现融入党和国家的事业中去，成为中国特色社会主义事业的认同者、支持者、拥护者、建设者，为中华民族伟大复兴事业和中国特色社会主义事业贡献自己的聪明才智。[①] 二是在党的对外交往领域，中国共产党的政治引领就是通过交往、交流、交心，向世界提供中国智慧和中国方案，引导各国政党、政要和政治组织等理解、尊重、认同中国共产党的价值理念和方针政策。三是在非公企业领域，政治引领就是要引导非公企业拥护党的领导，坚定社会主义立场。[②] 四是在青年工作中，政治引领就是指通过开展各种有效的思想政治工作，对青年的政治方向、政治理念、政治认同等进行引导，在青年中凝聚政治共识，增进青年对党的理论、路线、方针政策的认同，使广大青年自觉听党话、跟党走，拥护党的领导。[③]

二 关于中国共产党政治引领生成逻辑的研究

中国共产党开展和加强青年特别是青年学生政治引领工作具有重要意义。学界主要从历史逻辑、现实逻辑、实践逻辑等角度阐述中国共产党对青年和青年学生开展和加强政治引领的必要性和重要性。

其一，从历史逻辑来阐述。学界形成高度共识，认为中国共产党是高度重视青年作用的政党，把青年的成长与党肩负的历史使命紧密联系起来，重视并积极开展政治引领是党的重要历史经验，是实现“两个一百年”奋斗目标和中华民族伟大复兴的时代要求。[④] 党加强对青年学生的政治引领是中国特色社会主义本质特征在青年工作领域的具体体现，是我们党领导青年投身革命、建设、改革实践的经验总结。[⑤]

其二，从现实逻辑来阐述。受复杂多变的国内外形势和历史虚无主义、新自由主义、西方宪政民主等错误社会思潮的影响，[⑥] 少数青年学生存在理想信念动摇、滑坡，政治理念多元化，政治信仰迷茫，“四个自信”不够坚

---

① 毛军权、柳恒超：《加强对人才的政治引领和政治吸纳：时代价值、内涵解构及推进路径》，《上海行政学院学报》2020 年第 4 期。

② 李锡炎：《以机制创新推进非公企业党组织的政治引领》，《中国浦东干部学院学报》2013 年第 4 期。

③ 牛奔：《新时代青年政治引领的价值、挑战和策略》，《北京青年研究》2021 年第 2 期。

④ 朱凯玲、刘建军：《青年政治引领研究述评》，《前线》2020 年第 11 期。

⑤ 邓希泉：《习近平关于青年工作的重要思想的基本要义》，《科学社会主义》2019 年第 2 期。

⑥ 佘双好、魏晓辉：《当代社会思潮对大学生中国特色社会主义理论体系认同影响的特征分析》，《中国青年研究》2016 年第 11 期。

定，对党执政地位的取得和巩固认同度不高，[①] 表达方式呈现非理性、激进趋势，政治参与的积极性和获得感下降等问题，[②] 迫切需要加强正确有力的引导。

其三，从实践逻辑来阐述。学界从不同领域、不同群体实际出发进行阐述。一是从培养人才而言，加强新时代大学生政治引领是培养担当民族复兴大任的时代新人的需要，是坚持党对教育文化事业全面领导的需要。[③] 二是从人才队伍建设而言，加强政治引领是当前国际国内形势和国内人才结构发生重大变化、加强人才引领和吸纳的现实需要。[④] 三是从共青团组织而言，基层团组织加强对青年学生的政治引领，能够有力保证共青团的政治属性，切实凝聚广大青年学生的理想信念，根本改变基层团组织的薄弱状况。四是从社会组织而言，实行政治引领能加强社会组织对社会主义核心价值观的传播效果，使国家价值与意识形态经由社会组织渗透到基层。[⑤]

三　关于政治引领的主体、目标和内容的研究

学界在政治引领的主体、目标、内容等方面取得了以下研究成果。

首先，政治引领主体。党的各级组织和作为党的助手与后备军的共青团是开展青年政治引领的主体，主体能力的强弱直接关系到引领工作的效果。有学者指出，要想加强主体建设，其一是扩大党团组织在社会组织中的覆盖面，完善党的领导体制，以党建带动社会组织建设，加强党对社会组织的领导；其二是提升党组织政治领导力，提升党务队伍专业水平，强化思想引领和树立党建育人理念，打造一支政治过硬的工作队伍，做到以情动人、以文化人、以制管人，做到有温度、有情怀；其三是健全工作联席会议制度和党团组织谈心谈话制度，加强场地设施建设，加大工作经费投入；其四是工会和妇联等群团组织也要在各自的工作中，有针对性地为青年政治引领工作提

① 冯刚、朱宏强：《以习近平新时代中国特色社会主义思想引领青年理想信念教育》，《思想理论教育导刊》2018 年第 11 期。

② 胡巧雅、王伟平：《改革开放 40 年来社会思潮变迁对政治文化的同质与解构》，《思想教育研究》2019 年第 9 期。

③ 杨建义、吴新菊：《新时代高校辅导员政治引领的任务、挑战与提升路径》，《思想理论教育》2020 年第 4 期。

④ 毛军权、柳恒超：《加强对人才的政治引领和政治吸纳：时代价值、内涵解构及推进路径》，《上海行政学院学报》2020 年第 4 期。

⑤ 徐磊：《社会组织党建要突出政治功能》，《人民论坛》2018 年第 18 期。

供服务和帮助。[①]

其次，政治引领目标。党在每个历史时期都重视青年政治引领，有明确的目标和要求，形成了优良传统。如新民主主义革命时期，以造就革命先锋队为目标；社会主义革命和建设时期，以培养“又红又专”的社会主义新人为追求；改革开放和社会主义现代化建设新时期，以培养“四有”新人为方向；党的十八大以来，以培养担当民族复兴大任的时代新人为目标。[②]

最后，政治引领内容。政治引领内容在不同的历史时期、历史阶段，面对不同的群体，理应有所侧重。如新民主主义革命时期，引导青年认清革命的基本问题，积极加入党的革命事业，争取民族独立和人民解放是核心内容。[③] 引导青年听党话、跟党走是党的十八大以来党对青年政治引领的核心内容。具体包括：进行爱国主义教育、中国梦教育、社会主义核心价值观教育、“四个自信”教育，引导青年坚定理想信念、厚植爱国主义情怀，立大志、担大任，志存高远、脚踏实地、开拓进取，把思想与行动融入全面建设社会主义现代化国家、实现中华民族伟大复兴的奋斗之中，为实现中华民族伟大复兴的中国梦贡献智慧和力量。在思想精神层面，要突出理想信念；在行动实践层面，要突出使命担当；在道德情操层面，要突出政治情怀，树立正确价值取向。[④]

四　关于政治引领的理念原则、方法途径的研究

学界在政治引领的理念原则、方法途径方面取得了以下研究成果。

第一，理念原则。一要坚持正确价值导向，以共产主义理想信念为方向指引，奠定政治引领的思想基础；二要强化顶层设计，进一步完善体制机制，善于抓住关键，聚焦于重点领域、重点群体、重点对象和关键阶段；[⑤] 三要与时俱进，更新观念，立足智能网络时代的特点，构建网络政治引领工

---

① 籍祥魁：《论高校工会在加强改进青年教师思想政治工作中的作用》，《中国成人教育》2014 年第 10 期。

② 单文鹏：《改革开放以来中国共产党青年人才培养目标的历史发展与基本经验》，《思想教育研究》2019 年第 2 期。

③ 胡献忠：《读懂中国青年运动：概念、逻辑与模式》，《中国青年研究》2019 年第 11 期。

④ 叶聪：《用党的十九大精神引领高校青年学生成长成才》，《学习论坛》2018 年第 7 期。

⑤ 毛军权、柳恒超：《加强对人才的政治引领和政治吸纳：时代价值、内涵解构及推进路径》，《上海行政学院学报》2020 年第 4 期。

作平台；[①] 四要提高工作的精细化水平，及时把握思想需求，精准服务生活诉求，深入满足成才渴求，进而实现对青年学生的引导和引领；[②] 五要树立全员全过程全方位理念，提升“三全育人”的协同动力。[③]

第二，方法途径。其一，典型示范。发挥优秀党员和先进模范的作用，树立典范、典型，让他们率先垂范、以身作则，用高尚的情操、高超的职业素养感召青年、引领青年。[④] 其二，仪式活动。结合党的各种政治纪念日、党举行的各类政治纪念仪式和开展的各种政治活动等，展开对青年的政治引领。其三，文化浸润。以传统政治文化为传承，以革命红色文化为滋养，以社会主义核心价值观为现代政治文化资源，使各类文化有机整合融为一体，以感染当代青年。其四，交流互动。改进政治宣传话语传播方式，将自上而下的单向灌输和被动接受转为双向或多向的互动交流与主动接受，以无差别的受众假设引领多元化的青年群体；[⑤] 在教学过程中整合和规范话语，做到以政治话语为核心、以中国话语为特色、以学术话语为支撑、以民众话语为具体观照。[⑥] 其五，阵地建设。加强主渠道、主阵地建设，使高校成为加强党的政治引领的坚强阵地，发挥思想政治教育主渠道作用，寓（政治）价值引领于知识传授过程中，发挥高校主力军作用，[⑦] 坚持党的领导，凸显政治方向，引领中小学德育课程改革。[⑧]

综上所述，国内学界对“中国共产党对青年学生的政治引领”的研究，具有了一定的前提铺垫和发展意义。但是，这也显示出关于此主题的研究都是在普遍的政治共识之下展开的相对分散的讨论。这为本书进一步梳理、归

---

① 张元、洪晓楠：《新时代网络文化对主体网络生活场域变革的促动研究》，《广西社会科学》2018 年第 7 期。

② 李梦遥：《做深　做新　做实　高校共青团思想政治引领工作的三个维度》，《中国共青团》2017 年第 1 期。

③ 张睿：《协同论视域下高校“三全育人”实施的机理与路径》，《思想理论教育》2020 年第 1 期。

④ 王万奇、赵付科：《〈青年团的任务〉对时代新人培育的当代价值——写在列宁诞辰 150 周年之际》，《中国青年社会科学》2020 年第 3 期。

⑤ 倪邦文：《青年思想政治教育的三个关键问题》，《中国青年社会科学》2015 年第 1 期。

⑥ 谢惠媛：《高校思想政治理论课话语方式的优化与话语体系的建构——以如何讲好人类命运共同体为例》，《国家教育行政学院学报》2019 年第 3 期。

⑦ 骆郁廷、秦玉娟：《新中国 70 年高校思想政治理论课建设的回顾与展望》，《思想理论教育导刊》2019 年第 11 期。

⑧ 彭泽平、杨启慧、罗珣：《新中国中小学德育课程改革 70 年：历程、经验与展望》，《教育学术月刊》2019 年第 11 期。

纳、衔接和整合选题提供了广阔的研究空间。同时，在研究内容方面，学界对于我党历史上各时期开展青年学生政治引领的研究和探讨投入相对不够，成果相对较少；在研究方法方面，较少学者利用问卷调查、访谈、个案分析等实证调研方法，对现实问题的数据佐证和支撑力度不足。本书在借鉴和反思的基础上，将进一步回答以下几个问题：党对青年学生政治引领的历史逻辑是什么？新时代有何特殊性？促使新时代党对青年学生政治引领的理论价值与实践意义在哪里？学校当前青年学生政治引领工作开展情况如何？还存在哪些短板和不足？下一阶段加强和改进的切入点和着力点有哪些？

第三节 他山之石：国外对与政治引领相关领域的研究

他山之石，可以攻玉。国外学界虽没有对政治引领的直接研究，相关研究主要体现在政治社会化、政治教育、政治认同、政党引领青年策略等方面，但对中国的政治引领研究仍然具有方法和视角层面的启示。经梳理，其研究的主要内容和观点如下。

一 关于政治教育的研究

为了避免教育受到政治争端的影响，以及遮蔽教育的意识形态性的需要，国外一般不使用“政治教育”这一名称，但是随着社会进一步发展，青年亚文化的兴起也呈现出对国家主流意识形态的偏离，“亚文化……暗示一些相异于大众主流的东西，关注拥有非主流的行为模式与价值观的团体”。[①] 青少年并不是天生就具备政治的特殊知识，[②] 而且，有的情况下还对政治表现出疏离态度。[③] 由此可见，面对青年亚文化的作用，政治教育是一种国家政权运转的功能需要。国外的政治教育往往以公民教育的形态出现，从而引发了理论界关于公民教育的讨论。作为最早提出公民教育概念的学

① Shane Blackman, “Youth Subcultural Theory: A Critical Engagement with the Concept, Its Origins and Politics, from the Chicago School to Postmodernism,” *Journal of Youth Studies*, Vol. 8, No. 1, March 2005, pp. 1-20.

② 〔美〕哈里·博伊特：《社区服务公民教育》，宋迎法译，《当代青年研究》1992 年第 3 期。

③ 详见 S. B. Heath, M. W. McLaughlin, *Identity and Inner-city Youth: Beyond Ethnicity and Gender*, Columbia University, N. Y.: Teachers College Press, 1993, p. 120.

者，德国教育家凯兴斯泰纳对公民教育的理念、内容等问题进行了深入的探讨。他认为，一切教育的目标就是要培养了解国家任务、具有某种职业能力、热爱祖国并愿意服务国家、对社会有用的人。[①] 这一观点奠定了国外公民教育理论的基石。

随着历史的发展，作为政治教育重要内容的公民教育与公民身份的研究相互交织。在西方典型国家，“公民身份”是一个内涵与外延不断变动的概念。马歇尔从“公民、政治、社会”三个维度来建构公民身份，并以这三个维度对应公民身份所涵括的“公民权利、政治权利、社会权利”。[②] 罗尔斯则以政治上的“正义”的概念为基础，提出了“政治的正义观念”，以此论证自由主义的公民身份概念。罗氏的自由主义公民身份观强调公民的规范性要求，认为不应以“公民美德”为标准来判断一个人是否为“合格公民”，提出了以自由的公共理性为基础的社会理想。[③] 与罗尔斯不同，麦克尔·桑德尔则是从当代社群主义视角出发构建公民身份理论，他从公民的爱国主义与自豪感以及公民对于公共问题的共同“声音”的表达，来评判公民身份认同。他认为，塑造一种富于公共精神的“积极公民”观念，是解决当代西方社会普遍存在的“政治参与冷漠症”的有效途径，有利于培育公民德性和社会认同感。[④]

公民身份并非一成不变的，其具体内容也常处于变化或发展之中。而以公民教育为关键内容的政治教育的内容也随之具有多维性。学界认为，一般来讲，政治教育的内容包括公民的基本知识，培养符合公民角色的情感、态度和价值观以及对政治社区及其成员所必需的群体认同感。希特（Derek Heater）就指出，政治教育就像一个三维立方体，包括成分（身份、忠诚、德行、法律地位或公民地位及政治权利和社会权利）、地域层面（本地、民族国家、地区或世界）以及教育结果（知识、技能、态度）。[⑤] 希特的研究还表明，“在历史上，公民身份已经成为一种由国家赋予个人的法律上和政治上的地位，以及个人对国家忠诚的一种承诺。因此公民教育旨在寻求引导

① 〔德〕凯兴斯泰纳：《凯兴斯泰纳教育论著选》，郑惠卿译，人民教育出版社，2003，第 5 页。

② 转引自〔美〕安东尼·奥罗姆《政治社会学导论》，张华青等译，上海人民出版社，2006，第 271 页。

③ 〔美〕约翰·罗尔斯：《正义论》，何怀宏等译，中国社会科学出版社，2009，第 42 页。

④ 顾肃：《自由主义基本理念》，中央编译出版社，2003，第 545~547 页。

⑤ Derek Heater, *What Is Citizenship?*, London: Citizenship, 1991, pp. 3-5.

个人获得身份地位并履行忠诚的承诺。所以，事实上，在理论和实践中，国家在自身的形象上所提供的一种公民教育形式往往被认为是自然的、谨慎的和必要的”。[①] 西方理论界也意识到这种以公民身份认同为导向的政治教育对于青年的政治参与和国家政权政治稳定是至关重要的。[②] 可见，培养公民的国家认同对于国外理论界而言本身就是一个公民教育的过程。正是基于这一认识，国外理论界不断地反思公民教育的具体政策与手段。例如，城市化进程中不同类型、不同地域的青年公民教育就一直是理论讨论的重点。[③]

经过长期的研究和探索，西方国家形成了重视公民教育、强调隐性教育和注重实践参与等政治认同教育理论，[④] 西方国家在学校教育中，要求学生积极参与社区服务、志愿公益实践等活动，把工作重点放在提高学生政治素质和政治参与度上。[⑤]

二 关于政治认同的研究

政治认同研究在西方具有悠久的传统。柏拉图的《理想国》、亚里士多德的《政治学》均对政治认同作了初步的探索。譬如，亚里士多德在书中指出：“一种政体如果要达到长治久安的目的，必须使全邦各部分（各阶级）的人民都能参加而怀抱着让它存在和延续的意愿。”[⑥] 他还指出了人民在政治认同问题上的意义。二战以后，对政治认同的研究常常伴随着政治合法性问题。目前西方主要从政治文化与政治合法性两个研究视角展开研究。

（一）政治文化的研究视角

该视角主要分析政治文化对人们政治认同的影响。罗森堡姆把政治认同的概念界定为：“一个人感觉他属于什么政治单位（国家、民族、城镇、区域），地理区域和团体，在某些重要的主观意识上，这是他自己的社会认同的一部分，特别地，这些认同包括那些他感觉要强烈效忠、尽义务或责任的

① Derek Heater, *A History of Education for Citizenship*, London: Routledge, 2003, p. 94.

② Aixa D. Marchand, (ed.), “Sociopolitical Participation among Marginalized Youth: Do Political Identification and Ideology Matter?,” *Journal of Youth Development*, Vol. 5, 2021, pp. 41-63.

③ E. C. Hope, M. Keels, M. I. Durkee, “Participation in Black Lives Matter and Deferred Action for Childhood Arrivals: Modern Activism among Black and Latino College Students,” *Journal of Diversity in Higher Education*, Vol. 9, 2016, p. 3.

④ 邱杰：《西南民族地区大学生政治认同教育研究》，博士学位论文，中国地质大学，2014。

⑤ Laura Johnson, Paul Morris, “Towards a Framework for Critical Citizenship Education,” *The Curriculum Journal*, Vol. 21, 2010, pp. 77-96.

⑥ 〔古希腊〕亚里士多德：《政治学》，吴寿彭译，商务印书馆，1965，第88页。

单位和团体。”[①] 美国的阿尔蒙德和维巴的《公民文化——五个国家的政治态度和民主制》比较了意大利等国家公民的政治态度，论述了政治文化如何影响人们的政治认同问题。比如，有研究发现，盎格鲁-美利坚式的公民文化表现为公民既服从现存权威，又积极参与政治活动。而英国具有高度的文化同质性，公众对议会民主制的基本原则达成广泛的共识，对温和的政府充满敬意，堪称稳定的政治文化的绝佳范例。[②] 由此，公民认知、政治态度、参与感等与政治文化密切相关的话题一直是国外理论界探讨政治认同的重要兴趣点。在国外，青年政治文化往往被理论界理解为一种对政治的不满与脱嵌，[③] 而诸如学校、社区、媒体等公共机构所提供的政治文化，对于青年的政治认同感的塑造是十分关键的，甚至还有学者对流行音乐风格对青年政治态度的影响进行了探讨。[④]

（二）政治合法性的研究视角

这类研究主要从权威的角度论述了统治的合法性问题，代表人物包括马克斯·韦伯（Max Weber）、戴维·伊斯顿（David Easton）和哈贝马斯（Jürgen Habermas）等。韦伯最早提出了政治合法性的概念，并从经验分析出发，提出了传统型合法性、个人魅力型合法性和法理型合法性等三种合法性类型；韦伯认为，现代国家统治的合法性基础必须是法理型的，即通过法律程序实现合法化。[⑤] 伊斯顿将合法性界定为相信在合法原则界限内当局的统治权力和成员的服从权利，把合法性的来源归于意识形态、结构和个人品质三个方面。[⑥] 哈贝马斯在继承和批判前人研究的基础上形成了其重建性的合法性理论，认为现代国家的合法性包括世俗化的价值观、理性的法则、抽象权利的观念、主权思想和民族意识，并从这些方面来论证和认同资本主义国家的合法性。[⑦] 这三位经典作家形塑了资本主义国家政治合法性的理论背景。

---

① 〔美〕罗森堡姆：《政治文化》，陈鸿瑜译，（台北）桂冠图书有限公司，1984，第6页。

② 梁丽萍：《政治认同的理论发展》，《浙江学刊》2012年第1期。

③ Nicolle Pfaff, “Youth Culture as A Context of Political Learning,” *Young*, Vol. 17, 2009, pp. 167-189.

④ David J. Jackson, “Peace, Order, and Good Songs: Popular Music and English - Canadian Culture,” *American Review of Canadian Studies*, Vol. 35, 2005, pp. 25-44.

⑤ 〔德〕马克斯·韦伯：《新教伦理与资本主义精神》，阎克文译，上海人民出版社，2018，第89页。

⑥ 〔美〕戴维·伊斯顿：《政治生活的系统分析》，王浦劬等译，华夏出版社，1999，第347页。

⑦ 参见〔德〕尤尔根·哈贝马斯《交往行为理论》，曹卫东译，上海人民出版社。

在西方典型国家的政治发展历程中，政治合法性与西方式的选举民主制度开始在理论层面上联系在一起，而政治认同正是在这种正式合法性下才得以巩固与保障。由此，在国外理论界，西方式的自由选举甚至被理解为全球化进程中政权合法性的一种“普世”模式。[①] 但是，近年来，随着对发展中国家研究的深入，这种以民主选举为基础的合法性不断受到质疑。在这种背景下，也开始有少数学者从政府能力与政治力量的角度理解政治合法性。[②]

三 关于政党引领青年的举措研究

尽管各国国情不同，政党的主张不一，但在吸纳青年党员、推广党的政治主张、扩大党在青年群体中的影响力和号召力方面，有较为系统的经验做法。国外在此方面的研究成果，可为我们党开展青年学生政治引领工作提供积极借鉴。一是积极推广党的政治主张，增强政治认同感。[③] 美国民主党和共和党在争取青年群体方面都采取了“隐性和非专业化的党性教育”，动员青年参与选举等政党活动，以此来宣扬各自党派的政治主张；而瑞典和墨西哥等国家的党派，则制定了专门针对青年的党性教育机制，有力地推动政治主张的落实、落地。二是加强党的基层组织建设，发挥战斗堡垒作用。如统一俄罗斯党的组织遍及俄罗斯的各个重要地区，培养了大批青年后备军。三是加强党的外围组织建设，夯实群众基础。如蒙古人民革命党建立的蒙古青年联盟，瑞典社会民主党属下的大学生联合会，美国的营火会、四健会等。四是充分运用信息技术手段，紧跟年轻人关注点。如 Twitter、Facebook 等社交媒体不仅是美国政党领袖的“发声器”，更是制造话题、吸引关注的平台。

综上所述，国外的相关研究对本书具有一定的方法论启示。其一，研究对青年学生的政治引领问题需要构建从主体、客体、介体到环体的立体多维的系统理论；其二，对青年学生政治引领的相关研究需要充分考虑青年学生的生理、心理、思想，乃至政治意识与行为的复杂性，探讨将政治意识、政

---

① G. O'Donnell, "The Perpetual Crises of Democracy," *Journal of Democracy*, Vol. 18, 2007, pp. 5-9.

② B. Rothstein, J. Teorell, "What Is Quality of Government: A Theory of Impartial Political Institutions," *Governance—An International Journal of Policy and Administration*, Vol. 21, 2008, pp. 165-190.

③ Ali Fuat Gökçe, Şengül Apari, Berna Gündüz, "Intra - Party Education and Its Impact on Democracy," *Procedia - Social and Behavioral Sciences*, Vol. 174, 2015, pp. 85-90.

治信念、政治立场、政治方向与政治本领诸要素组合成系统整体的方式方法；其三，对青年学生政治引领的研究需要在家庭、社会尤其是学校场域的动态运行中进行，把握引领机制的运作以及作用方式。此外，国外学者和政党对于政治引领相关理论的探讨，能够为中国共产党加强青年学生政治引领提供启发和参考。值得注意的是，中国和西方国家在基本国情、传统文化、政治制度等方面存在较大的不同，我们既要保持清醒，看到中国与西方的本质区别，避免全盘吸收、简单移植，也要看到国外研究和做法的可取之处，积极借鉴其研究成果和好的经验做法。

第四节　守正创新：本书对青年学生政治引领理论与实践的探索

“盖青年者，国家之魂。”[①] 青年学生的政治引领工作始终同党和国家的前途命运紧密相连，是党和国家不断向前发展的力量支撑。重视青年学生政治引领工作已成为党和国家以及社会各界的共识。近年来，对青年学生的政治引领逐渐成为理论研究和实践工作关注的热点。本书坚持马克思主义的立场、观点、方法，综合运用文献分析法、历史分析法、调查研究法、对比分析法对此问题进行研究。

第一，探索青年学生政治引领的概念、内涵。“政治引领”是本书的核心概念，学界对这一概念早已耳熟能详，并形成了一系列探索性的研究成果。但是，现有研究多侧重于开展政治引领的原因、背景，存在的问题及其对策层面的探讨，而忽视了“政治引领”这一概念的理论化探究，即对于政治引领的含义、特征、理论依据等基础理论缺乏深入的研究与探讨。本书拟在全面回顾、梳理共产党在新民主主义革命时期、社会主义革命和建设时期、改革开放和社会主义现代化建设新时期开展青年学生政治引领的做法，在总结经验的基础上，认真梳理和准确把握政治引领、思想引领和思想政治引领三个概念的联系与区别，阐明“政治引领”概念的内涵、外延，提出党对青年学生政治引领的内容包含政治意识、政治信仰、政治立场、政治方向、政治本领等要素，在一定程度上弥补现有研究的不足，为新时代开展青年政治引领工作打好理论基础。

第二，建构新时代青年学生政治引领研究的系统性理论框架，进而扩展思

① 《李大钊全集》第1卷，人民出版社，2013，第332~333页。

想政治教育理论研究的论域。党对青年学生政治引领包含引领主体、客体、介体、环体，以及引领目标、内容、方法、途径、机制等方面，是一个系统完整的有机体。目前，学术界的研究主要立足于党对青年学生政治引领的某一角度或某一方面，不可避免地造成了理论的碎片化、片面化。本书基于新时代青年学生的特点，对青年学生政治引领的方法、途径、载体、机制等理论应用范畴进行综合性、总体性分析，以期为阐述新时代党对青年学生的政治引领提供一个系统性的理论框架。青年学生的政治引领研究是思想政治教育理论的重要组成部分，是青年学生思想政治教育的题中之义。建立政治引领的理论研究的系统性框架，可以强化思想政治教育研究的若干薄弱环节，扩展思想政治教育的论域，进而吸引更多学者关注这一领域，汇聚更多的力量和智慧，拓宽研究广度，提升研究深度，补齐学生思想政治教育研究短板，推动学生思想政治教育研究向纵深发展，从而增强学生思想政治教育的实践效果。

第三，通过严谨的社会调查，准确反映党对青年学生政治引领的现状。政治引领是一项实践性很强的工作，需要全方位准确把握青年学生现状、特点。作者在全国开展了大范围的抽样调查，以及个别深入一线的访谈，力求全面准确把握新时代青年学生政治状况和群体特征，为党制定政策提供有力的依据和支撑，为党和各学校精准、高效开展政治引领工作提供有力参考。对目前各学校开展青年学生政治引领工作的调查和分析，有利于客观总结经验，全面深刻查摆不足；在此基础上，从内容、方法、载体、机制等方面开展的探究，能够为下阶段加强和改进青年学生政治引领工作，提升政治引领工作的科学化、制度化、规范化水平，提高政治引领工作的科学性、实效性，提供扎实基础和有力依据。

第四，提出做好青年学生政治引领工作的多方协同推进的具体举措。本书继承学界侧重在青年学生政治引领方法、途径、机制上下功夫的宝贵经验，着眼于提升系统性、时代性、针对性、实效性，提出要在政治引领主体、客体、介体、环体等方面同步发力、协同推进。从组织和队伍层面探讨加强政治引领主体建设，增强党对青年学生的影响力、号召力的具体思路；从尊重青年学生主体地位、准确把握青年学生特征、加大人文关怀力度、解决青年学生困难等维度提出增强党对青年学生的吸引力、凝聚力的具体举措；从尊重青年学生思想认识的差异性的角度，提出精准施策、分类引导的具体方法；从优化内容、改进方法、丰富载体、完善机制等方面，提出了加强青年学生政治引领的具体路径。

青年是党和人民事业发展的承载者和主力军。青年学生文化程度相对较高，思维相对活跃，对社会变化敏感，是青年群体中最有知识、最有活力、最有影响力的一部分，是党和国家事业发展不可或缺的现实政治力量，其观念和行为对青年群体乃至全社会具有带头示范作用。处于新时代的青年学生不可避免地对现实中存在的政治思想、政治现象、政治问题进行评判、思考和抉择。青年学生只有形成正确的政治思想意识，才能对复杂的政治现象做出正确的评价，找准自身的政治归属和政治参与方向，进而做出正确的政治行为。青年学生正处于政治观念和政治行为发展定型的阶段，有其独特的心理和生理特征，其政治观念和行为既受社会环境影响，又受到这种独特的心理和生理特征影响。本书对新时代国际国内环境的新变化，以及新时代青年学生的特征和成长规律进行分析，力图更加有效地引导青年学生端正政治思想，提高政治觉悟，自觉坚持党的领导，听党话、跟党走，增强“四个意识”、坚定“四个自信”、做到“两个维护”，自觉抵制错误社会思潮，积极投身党和国家的事业，进而巩固和扩大新时代党执政的青年群众基础，团结和凝聚起实现中华民族伟大复兴的磅礴青春力量。

第二章
新时代中国共产党对青年学生政治引领的理论基础

理论是行动的先导。中国共产党提出加强对青年学生的政治引领有着充足的理论依据。马克思主义经典作家、中国共产党历代领导人关于青年和青年学生政治教育、政治动员等方面的思想、论述，已经初步奠定了政治引领的理论基础，为中国共产党做好新时代青年学生政治引领工作提供了理论支撑和方法指导。

第一节　马克思主义经典作家关于青年学生政治引领的相关论述

马克思主义是关于全世界无产阶级和全人类彻底解放的学说，深刻揭示了人类社会发展的客观规律；它全面系统地总结了人类思想的优秀成果，是有史以来最完备、最严谨的科学真理体系。马克思主义经典作家在青年与青年学生的地位和作用、政治教育和培养锻炼等方面有不少论述，可以为中国共产党开展青年学生政治引领提供充分有力的理论支持。

一　马克思、恩格斯关于青年学生政治引领的相关论述

认识来源于实践。受社会历史条件和现实情况的制约，伟大的革命导师马克思、恩格斯并未专门阐述过青年学生政治引领问题，在其著作中，“青年”的概念也不够明确。但是，在马克思、恩格斯的有关思想和具体论述中，可以发现他们深谙青年与青年学生在无产阶级革命事业中的重要意义，由此强调通过政治教育使青年与青年学生更具阶级本色，引领其投身无产阶级革命事业。他们的思想可为青年学生政治引领工作提供理论指导。

（一）青年和青年学生在无产阶级革命事业中的重要性与局限性

马克思、恩格斯从革命事业发展的高度观察、看待和评价青年与青年学生的特点。他们首先强调青年和青年学生的革命热情在推动社会变革和历史发展进程中起着重要作用，认为青年和青年学生将决定现代社会的命运。在《伊默曼的〈回忆录〉》中，恩格斯表示，青年人崇高奔放的激情是现代社会发展的精神动力。在《为〈埃尔伯费尔德日报〉写的〈资本论〉第一卷书评》中，恩格斯认为，一些地方的青年一代和工人已经初步具有社会民主主义思想，必将推动整个社会发展的进程。青年与青年学生的重要作用更为充分地体现在他们参与无产阶级革命事业的实践中。一方面，青年是无产阶级革命事业的"核心和真正力量"。他指出，德国的革命将由青年来推动，但推动革命的青年不是资产阶级青年，而是青年工人。在《1848 年至 1850 年的法兰西阶级斗争》一书的导言中，马克思指出，当时德国社会民主党在投票选举中得到了非选民青年和妇女的支持，他们与党内选民"共同构成为一个最广大的、坚不可摧的人群，构成国际无产阶级大军的决定性的'突击队'"，[①] 这些论述充分体现了青年在整个国家无产阶级革命中的重要地位。另一方面，大学生是革命武装的"核心和真正力量"。马克思和恩格斯认为，革命事业的未来、阶级的未来，乃至人类的未来在青年。在革命实践中，他们发现大学生和工人总是承担起战斗的全部重任，"约 4000 名装备优良、训练远比国民自卫军要好的大学生，成为革命武装的核心和真正力量"。[②] 不仅如此，马克思和恩格斯充分肯定了青年在壮大党的规模、传播党的思想、促进党的进步中不可或缺的作用。诚如恩格斯在《德国的社会主义》中所言："对党提供补充人员最多的正是年轻的一代。"[③]

与此同时，马克思、恩格斯也意识到，青年与青年学生虽然有着革命热情，但是他们也存在思想认识的局限性。一方面，青年与青年学生价值观不成熟，易受错误思潮影响。在分析无政府主义等错误和反动思潮的影响时，马克思就指出了受这些思潮毒害、迷惑的"首先是'优秀的青年'，大学生，其次是工人……"[④] 另一方面，青年学生中长期接受资产阶级教育的或本就出身于资产阶级家庭的，易偏离无产阶级的政治方向。针对 19 世纪 90

---

① 《马克思恩格斯文集》第 4 卷，人民出版社，2009，第 551 页。

② 《马克思恩格斯文集》第 2 卷，人民出版社，2009，第 383 页。

③ 《马克思恩格斯文集》第 4 卷，人民出版社，2009，第 429 页。

④ 《马克思恩格斯文集》第 10 卷，人民出版社，2009，第 243 页。

年代初，许多染有资本主义色彩的大学生存在轻视体力劳动者、蔑视工人干部的错误思想倾向，恩格斯在《致国际社会主义者大学生代表大会》信中提出，希冀出席大会的大学生能提升思想觉悟，以便在他们的行列中产生同体力劳动者并肩战斗的脑力劳动无产阶级。

由上述分析可见，马克思、恩格斯既认识到青年与青年学生的革命热情对于无产阶级革命事业是至关重要的，也发现他们在成长过程中存在的短板与不足阻碍了他们在革命事业中发挥作用。

（二）坚持正确政治方向的全面教育：马克思、恩格斯关于青年和青年学生政治引领的主要思想

基于对青年与青年学生重要性与局限性的深刻判断，马克思、恩格斯高度重视青年与青年学生的教育问题。他们首先深入批判了资产阶级那种片面的教育观。恩格斯在《英国工人阶级状况》中指出，虽然英国工人阶级多次要求议会建立纯世俗、平民化的国民教育制度，但是没有一届内阁同意他们的提案。内阁不同意的理由在于如果青年学生无法接受内阁所在教派的全部观点，不能与内阁教派保持一致，“让工人受教育是危险的”。[①] 这些所谓的教派观点实质上是维护资产阶级利益的宗教外衣。要求青年与青年学生接受这种“教派观点”，实际上就是要在思想上长期实现对青年与青年学生的阶级统治。马克思、恩格斯深刻认识到这种宗教性与阶级性的“政治联姻”对青年和青年学生的毒害，遂提出了一种坚持正确政治方向的全面教育观，引领青年与青年学生突出阶级性、政治性，从而成为无产阶级革命事业的生力军。

一方面，马克思、恩格斯要求在教育中清除宗教成分，把好政治方向。当时，宗教已经成为巩固资产阶级统治的工具，尤其是新教伦理在资本主义发展中发挥了重要作用，清除宗教成分就成为教育革命的首要工作。马克思在《〈法兰西内战〉初稿》中，以巴黎公社为例，高度赞扬清除宗教成分的做法，他认为，公社清除了宗教和教权主义成分，帮助人们解放思想，削弱了隐藏在宗教面纱之后的阶级性、等级性，从而为教育工作把好政治方向奠定基础。

另一方面，马克思、恩格斯要求对青年与青年学生实施全面的教育。其一，应该将工人阶级纳入国民教育体系之中，形成针对全体人民的教育体

① 《马克思恩格斯文集》第1卷，人民出版社，2009，第425页。

系。在《临时中央委员会就若干问题给代表的指示》中，马克思进一步明确指出，教育包含智育、体育、技术教育这三项内容，儿童和少年工人应当按年龄和成长规律，循序渐进地学习智育、体育和技术教育课程。其二，马克思、恩格斯提出了教育要同生产劳动相结合的原则，从而体现教育的无产阶级属性。长期以来，受到资产阶级教育偏见的影响，生产劳动未得到应有的重视。马克思、恩格斯将生产劳动纳入教育，实质上是用无产阶级价值观指导教育过程，使青年与青年学生能够坚定无产阶级信念。马克思在《资本论》中明确指出，未来教育对所有已满一定年龄的儿童来说，就是生产劳动同智育和体育相结合，这不仅是提高社会生产的一种方法，"而且是造就全面发展的人的唯一方法"。[①]

只有这种坚持正确政治方向的全面教育，才能引领青年与青年学生树立崇高的无产阶级革命信念，在职业选择上以"人类的幸福和我们自身的完美"为原则。由此可见，虽然马克思、恩格斯并未对政治引领作出明确的阐释，但是，他们的相关论述已经隐含着对青年与青年学生进行政治引领的迫切要求。在当时的社会条件下，政治引领的目标是使青年与青年学生摆脱思想认识的局限性，投身到无产阶级的革命浪潮之中，成为无产阶级革命的生力军。

二　列宁关于青年学生政治引领的相关论述

以列宁为代表的布尔什维克党人，在世界上建立了第一个无产阶级专政的社会主义国家。列宁关于青年学生政治引领的思想，可以从如何引导其投身到夺取与建设无产阶级政权的事业中体现出来。列宁认为，青年容易接受新思想、新事物，是革命战争和社会革新的主力军和推动者，"我们是革新者的党，而青年总是更乐于跟着革新者走"。[②] 因此，布尔什维克党要积极引导广大青年跟随革命者搞革命、搞建设。

（一）未来属于青年：列宁关于青年学生地位和作用的论述

相较于马克思、恩格斯等早期的经典作家而言，列宁第一次直面无产阶级革命政权的建设问题。在无产阶级革命政权的建设过程中，在马克思、恩格斯关于青年和青年学生的论述基础上，列宁进一步挖掘了青年在政权建设

① 《马克思恩格斯文集》第9卷，人民出版社，2009，第340页。

② 《列宁全集》第14卷，人民出版社，2017，第161页。

中的特殊作用。列宁认为，第一，在夺取政权阶段，青年决定“整个斗争的结局”。俄国第一次资产阶级民主革命失败后，列宁深刻认识到青年大学生组成革命的战斗力量的重要性。列宁指出，在无产阶级革命时期，青年作为革命的先锋力量需要组成战斗队，在革命的第一线战斗。“目前是战斗时期。整个斗争的结局都将取决于青年，取决于青年大学生……”① 革命需要青年，特别是青年学生，青年学生能推动革命，甚至关系到斗争结局、革命成败。第二，在更加长远的建设政权阶段，“未来是属于青年的”，任务要由青年来担负。列宁在《孟什维主义的危机》中强调：“我们是未来的党，而未来是属于青年的。”② 列宁深知，在老一辈无产阶级革命者完成推翻沙皇专制旧制度，取得无产阶级革命胜利后，“真正建立共产主义社会的任务正是要由青年来担负”。③

正是由于意识到青年在革命政权建设中的重要作用，列宁高度重视青年一代的学习。列宁认为，学习是提高青年综合素质、培养人才的基本途径，也是推进社会主义事业、建设共产主义的迫切需要。列宁在《青年团的任务》中指出：“全体青年的任务，尤其是共产主义青年团及其他一切组织的任务，可以用一句话来表达：就是要学习。”④

（二）合格的接班人：列宁关于青年学生政治引领内容的思考

马克思、恩格斯希望青年与青年学生在接受无产阶级教育的过程中，树立无产阶级革命理想，成为无产阶级革命的生力军。而在世界上第一个无产阶级革命政权的建设过程中，列宁则将目光进一步投向了培养“合格的接班人”上，认为必须加强共产主义学习和教育，促使青年和青年学生更好地成长发展为革命和建设所需要的接班人。从“生力军”到“接班人”的转变，体现了列宁对马克思、恩格斯青年学生政治引领相关论述的进一步深化与发展。

第一，在政治方向上，必须坚持共产主义方向。共产主义方向原则是青年教育的根本原则，全部青年教育活动要始终与俄国建设发展的要求相一致，要旗帜鲜明地坚持社会主义和共产主义方向，坚持社会民主党的路线不动摇。他要求教育者在对“青年一代”进行教育时，要把无产阶级政治方

① 《列宁全集》第 9 卷，人民出版社，2017，第 228 页。

② 《列宁全集》第 14 卷，人民出版社，2017，第 161 页。

③ 《列宁全集》第 39 卷，人民出版社，2017，第 328 页。

④ 《列宁全集》第 39 卷，人民出版社，2017，第 328 页。

向放在首位，把各种教育活动同实现共产主义的伟大理想联系起来。

第二，在政治知识上，全部青年都“应该学习共产主义”。列宁认为，“青年一代努力的结果将建立一个与旧社会完全不同的社会，即共产主义社会”，[①] 面对如此光荣而艰巨的历史使命，青年只有用马克思主义理论武装自己的头脑，才能使自己成为共产主义事业的合格建设者，“青年团和所有想走向共产主义的青年都应该学习共产主义”。[②]

第三，在政治道德上，青年必须培养共产主义道德。列宁认为，共产主义道德是从无产阶级利益中引申出来的，以“巩固和完成共产主义事业而斗争”为基础，广大青年以服务共产主义事业为终极目标，就要培养自己的共产主义道德。列宁在《青年团的任务》一文中强调：“应该使培养、教育和训练现代青年的全部事业，成为培养青年的共产主义道德的事业。”[③]

由此可见，列宁希望在坚持共产主义方向的知识教育与道德教育中，引领“青年一代”成为社会主义事业与苏维埃政权的合格接班人。与马克思、恩格斯相比，列宁更具有将理想转化为现实的历史条件，这也为马克思、恩格斯青年学生政治引领相关论述走向成熟奠定了基础。

（三）“如何引领”：列宁关于青年学生政治引领方法的探索

除了在青年学生政治引领内容的发展上，列宁在“如何引领”的方法问题上也进行了积极的探索，推动了青年学生政治引领论述由“本体论”向“方法论”的转变。

第一，列宁强调教育必须坚持理论与实践相结合。列宁明确提出，培养“青年一代”的共产主义思想要与沸腾的实际生活相结合，“训练、培养和教育要是只限于学校以内，而与沸腾的实际生活脱离，那我们是不会信赖的”。[④] 因此，列宁希望对青年学生的教育能够与无产阶级的革命斗争实践紧密结合在一起，在革命斗争中不断地成长与发展。“青年们只有把自己的训练、培养和教育中的每一步骤同无产者和劳动者不断进行的反对剥削者的旧社会的斗争联系起来，才能学习共产主义。”[⑤] 列宁强调，要把学习与业务结合起来，做到理论联系实际，“把学习和业务结合起来是否合适？我觉

① 《列宁全集》第 39 卷，人民出版社，2017，第 329 页。

② 《列宁全集》第 39 卷，人民出版社，2017，第 329 页。

③ 《列宁全集》第 39 卷，人民出版社，2017，第 338 页。

④ 《列宁全集》第 39 卷，人民出版社，2017，第 342 页。

⑤ 《列宁全集》第 39 卷，人民出版社，2017，第 341 页。

得不但合适，而且应该”。①

第二，列宁提出青年学生应该培养独立自主的学习能力。列宁要求青年学生要学会独立观察和判断问题，要有自己的主见。青年学生在独立主见基础上树立起的共产主义信念才是最为牢靠的。“最主要的是，是你们要从阅读中，从听国家问题的讲课中，学会独立地观察这个问题……只有学会独立地把这个问题弄清楚，你们才能认为自己的信念已经十分坚定，才能在任何人面前，在任何时候，很好地坚持这种信念。”②

第三，列宁指出青年学生要掌握科学的学习方法。列宁反对在学习过程中死记硬背，强调在实践中进一步地将理论知识融会贯通。“我们不需要死记硬背，但是我们需要用对基本事实的了解来发展和增进每个学习者的思考力，因为不把学到的全部知识融会贯通，共产主义就会变成空中楼阁，就会成为一块空招牌，共产主义者也只会是一些吹牛家。”③

由此可见，列宁希望在教育青年学生的过程中，充分发挥青年学生的主体作用，推动广大青年学生自觉接受教育、加强自我教育，把青年学生培养成为坚定刚毅和坚韧不拔的共产主义者。从这个角度看，列宁的青年学生政治引领思想在方式层面上开始意识到青年学生具有主观能动性，强调主体的主动教育与客体的主观能动相结合，这是对马克思、恩格斯青年学生政治引领相关论述的重要发展。

第二节　中国共产党人关于青年学生政治引领的相关论述

十月革命一声炮响，为中国送来了马克思列宁主义。一批爱国进步青年与青年学生首先成为马克思列宁主义的信仰者与传播者。可以说，中国共产党是在一批爱国进步青年与青年学生的积极策划和参与推动下诞生的。中国共产党离不开进步青年和青年学生，而后者的成长也离不开中国共产党的引领。自成立以来，中国共产党就十分重视和强调加强青年和青年学生的政治教育宣传和引导，且这一做法得到历代领导人的接续与传承。历代中国共产党领导人关于青年和青年学生政治引领的论述成为新时代开展青年学生政治

① 《列宁全集》第 43 卷，人民出版社，2017，第 391 页。

② 《列宁全集》第 37 卷，人民出版社，2017，第 64 页。

③ 《列宁全集》第 39 卷，人民出版社，2017，第 334~335 页。

引领的重要基础。

一　党的早期领导人关于青年学生政治引领的相关论述

马克思列宁主义在中国的传播与中华民族救亡图存的历史进程紧密地联系在一起。在半殖民地半封建社会，党的早期领导人在救亡图存的不懈努力中发现了马克思列宁主义。于是，马克思列宁主义成为中国实现救亡图存的希望。党的早期领导人希望学习苏联的布尔什维克革命，实现民族复兴、国家富强。在这个过程中，青年是一支不可忽视的重要力量。如何引导青年关心国家、参与革命就成为这个历史阶段青年政治引领的重要方向。陈独秀、李大钊是党的一大的发起人和策划人，是公认的中国共产党创始人。作为中国最早接触马克思列宁主义的青年，他们从马克思列宁主义的经典文本中，从苏联和西方社会革命的实践中，深刻感悟到青年在社会变革和历史进程中的重要性，认识到中国青年只有发展成为“新青年”才是出路，才能担当救亡图存的重任。

（一）“新青年”及其塑造的道路探索

陈独秀在《青年杂志》第一卷第一号刊登的第一篇文章《敬告青年》中指出了青年对社会的重要作用：“青年之于社会，犹新鲜活泼细胞之在人身。”[①] 认为青年是拯救国家与民族的希望，掌握着社会的未来，未来社会或昌盛或消亡，“惟属望于新鲜活泼之青年，有以自觉而奋斗耳！”[②] 李大钊也一直把国家富强、民族振兴的希望寄托在广大青年身上，认为青年要有远大理想，做到“进前而勿顾后，背黑暗而向光明，为世界进文明，为人类造幸福，以青春之我，创建青春之家庭，青春之国家，青春之民族，青春之人类，青春之地球，青春之宇宙”。[③] 但与此同时，陈独秀、李大钊也意识到青年是需要教育与引领，才能够肩负起历史使命的。李大钊清醒地看到了部分青年的麻木、冷漠与颓废，看到了不少青年知识分子不愿意回到农村、深入农村，不愿与工农联合进步，只愿意在大城市谋职，只想当官走仕途的错误倾向。他大声疾呼青年不能一日无觉醒，青年的“觉醒”关乎“中华之创造”。他认为，要把中国历史融入青年爱国主义教育中，要让青年先明

---

① 《陈独秀文集》第1卷，人民出版社，2013，第89页。

② 《陈独秀文集》第1卷，人民出版社，2013，第89页。

③ 《李大钊全集》第1卷，人民出版社，2013，第318页。

白中国为何变得如此贫弱，才能更努力创造出一个新中国。

在此背景下，陈独秀、李大钊开始探索塑造“新青年”的道路。陈独秀认为，旧社会封建君主专制、“三纲五常”等道德规范压制了青年个体的全面发展和创新思维，抑制了国家的繁荣发展和民族实力的增进，而要改变这种局面，就要变革落后狭隘的封建“旧教育”，对青年进行德智体美等全方位的“新教育”；青年只有接受良好的“新教育”，从“旧青年”改造成“新青年”后，才能挽救国家，振兴中华。李大钊一直借助《新青年》《每周评论》等各种进步报刊教育引导青年要树立坚持真理、追求真理、实现真理的人生观。面对救亡图存的艰巨任务，他又劝诫青年要耐得住寂寞和艰辛，踏踏实实地做好每件事。他倡导青年要树立乐观进取的人生观和革命必胜的信念，“无‘困难’之字”，“无‘障碍’之语”，[①] 把握现在，珍惜当下，敢于创新，用最宝贵的“今天”创造美好未来。

（二）青年教育必须重视爱国主义

党的早期领导人都将政治观教育放在青年教育的首要位置。陈独秀提出，一个青年爱国与否，主要看这个青年对政治的关心与重视的程度。他在文章《教育界能不问政治吗?》中说道：“士、农、工、商都不问政治，有个国家又不能没有政治，如此政治只得让军阀官僚来包办了。因此，我们敢说：中国政治坏到现在这样地步，乃是士、农、工、商都放弃责任而且忍心害理的主张不问政治，甘心让军阀官僚包办的罪恶。”[②] 陈独秀进一步提出了对青年爱国的要求，他认为青年不能盲目地把为国捐躯或为腐朽国家效力称为爱国，真正的爱国是热爱“为人民谋幸福的国家”，并“不在为国捐躯，而在笃行自好之士，为国家惜名誉，为国家弭乱源，为国家增实力”。[③]

（三）与工农相结合：建设无产阶级的青年队伍

陈独秀提出青年要改变以往轻视工农的态度，要向工农群众学习，“只有工人阶级是最革命的阶级”。[④] 李大钊则通过新文化运动和五四运动，认识到青年知识分子只有走与工农群众相结合的实践道路，才能给中国革命带来希望。他鼓励青年要积极进取，主动寻求解决问题的途径，要敢于抛弃黑暗腐朽的旧社会，联合受剥削压迫的工农大众自创一个自由平等的新社会，

---

① 《李大钊全集》第 1 卷，人民出版社，2013，第 330 页。

② 《陈独秀文集》第 2 卷，人民出版社，2013，第 322 页。

③ 《陈独秀文集》第 1 卷，人民出版社，2013，第 163 页。

④ 《陈独秀文集》第 3 卷，人民出版社，2013，第 196 页。

以自己的“有用之才”开“自然之利”，为中国广大群众开辟出一条新生路。

由上述分析可见，以陈独秀、李大钊为代表的党的早期领导人将马克思等人的青年特别是青年学生政治引领相关论述与中国救亡图存的爱国主义运动结合在一起，探索了一条青年与青年学生通过融入无产阶级革命、参与救亡图存的“新青年”塑造之路。

二 毛泽东关于青年学生政治引领的相关论述

党的早期领导人探索的塑造“新青年”的道路为中国共产党推进青年学生政治引领奠定了基础。随着中国共产党领导的新民主主义革命不断向前推进，引领青年和青年学生参与新民主主义革命就成为青年学生政治引领的关键问题。毛泽东在吸收和借鉴马克思等人关于青年学生政治引领相关论述的基础上，结合我国革命与建设发展的现实实际，形成了自身独特的关于青年学生政治引领的思想和论述。

（一）“先锋队”：高度肯定青年学生在革命事业中的地位

在反帝反封建的革命过程中，以毛泽东同志为主要代表的中国共产党人就已经认识到青年和青年学生在社会历史发展过程中的地位和作用。1939年5月4日，在延安青年群众举行的五四运动20周年纪念会上，毛泽东指出，“‘五四’以来，中国青年们起了什么作用呢？起了某种先锋队的作用……什么叫做先锋队的作用？就是带头作用”。[①] 同年12月，毛泽东在《中国革命和中国共产党》一文中再次强调：“数十年来，中国已出现了一个很大的知识分子群和青年学生群……他们在现阶段的中国革命中常常起着先锋的和桥梁的作用。”[②] 在社会主义革命和建设时期，毛泽东认识到青年是建设社会主义事业的新生力量，他们在促进社会发展、维护国家和平稳定中发挥着重要的作用。毛泽东高度赞美了青年的特质，强调青年是“最肯学习，最少保守思想”的群体。[③]

（二）以坚定的政治方向为核心：青年学生政治引领的主要内容

为了推进青年更好地发挥“先锋队”的作用，毛泽东对青年学生政治

① 《毛泽东选集》第2卷，人民出版社，1991，第565页。

② 《毛泽东选集》第2卷，人民出版社，1991，第641页。

③ 《毛泽东文集》第6卷，人民出版社，1999，第466页。

引领的内容不断丰富，进一步明确政治方向在政治引领内容中的核心位置。

第一，引领青年学生树立“坚定不移的政治方向”。早在 1938 年 4 月 1 日陕北公学第二期开学典礼上，毛泽东就向学员们提出要有“坚定不移的政治方向”，强调只要我们有一个一致的政治方向，有艰苦奋斗的工作作风，而且坚持这一方向和作风，就可能把全国人民团结起来，就能战胜日本帝国主义。方向决定道路，道路决定命运。青年学生只有坚持正确的政治方向，才能走向正确的道路，才能在社会发展中发挥出积极的力量，实现自己和国家的发展目标。在 1939 年 5 月 30 日延安庆贺模范青年大会上，毛泽东继续强调了政治方向的地位，他明确提出：“青年应该把坚定正确的政治方向放在第一位。”[①] 20 世纪 50 年代中期，面对国际共产主义运动中出现的一些波折，部分青年学生出现思想波动，毛泽东在《关于正确处理人民内部矛盾的问题》一文中特别提醒青年学生要学会正确看待波折，“没有正确的政治观点，就等于没有灵魂”。[②]

第二，引领青年学生加强马克思主义理论的学习。“不论是知识分子，还是青年学生，都应该努力学习，除了学习专业之外，在思想上要有所进步，政治上也要有所进步，这就需要学习马克思主义，学习时事政治。”[③] 毛泽东认为，青年学生政治引领工作离不开用马克思主义理论去教育青年学生、引导青年学生，扫清青年学生思想中的非无产阶级思想，让青年学生明白自身应承担的历史重任。

第三，引领青年学生保持艰苦奋斗的政治本色。在战争年代，毛泽东经常教育青年学生要艰苦奋斗、永久奋斗，如在陕北公学第二期开学典礼上，送给学员们的第二件礼物就是“艰苦奋斗”的作风。新中国成立后，他针对部分知识分子和青年学生缺乏艰苦创业精神、缺少艰苦奋斗的意识，提出务必使全体青年认识到我国目前和将来持续一段时间都是一个很穷的国家；他号召全体青年和全体人民要团结起来、艰苦奋斗，共同改变这种局面。[④]

（三）具有中国特色的青年学生政治引领策略

党的早期领导人对青年学生政治引领主要还停留在教育层面的讨论，尚未直接涉及艰苦卓绝的革命战争。为了适应中国新民主主义革命的需要，毛

① 转引自冯刚等《新时代高校思想政治教育学原理》，人民出版社，2021，第 317 页。

② 《毛泽东文集》第 7 卷，人民出版社，1999，第 226 页。

③ 《毛泽东文集》第 7 卷，人民出版社，1999，第 226 页。

④ 《毛泽东文集》第 7 卷，人民出版社，1999，第 226 页。

泽东提出了具有中国特色的青年学生政治引领的方法和策略。

第一，政治引领要引导青年学习马克思列宁主义，要联系中国的实际，在学习中擦亮自身的无产阶级本色。理论学习的目的和关键在于运用所学理论解决实际问题，推动中国革命和社会发展。毛泽东提出，教育要与生产劳动相结合，青年学生要去和工人、农民等交朋友，在交往交流中擦亮无产阶级本色，并且提出青年学生要能应用马克思列宁主义的观点说明实际问题，马克思列宁主义越普遍、越深刻，成绩就越大。①

第二，政治引领要加强党组织的领导。毛泽东强调，做好青年学生的政治引领工作要充分发挥党的引导作用，“青年学生、知识分子也只有跟共产党在一起，才能走上正确的道路”。②

第三，政治引领要充分考虑青年学生的特点和利益。政治引领要取得效果，引领内容要符合青年学生需要，引领方法要能被青年学生所接受。毛泽东曾指出：“青年人和成年人不同……不照顾这些特点，就会脱离群众。”③他还提出要全面关心和有步骤地满足青年学生的具体要求，共青团应善于代表青年学生利益；要重视青年学生的健康成长，让青年学生“身体好，学习好，工作好”。④ 毛泽东还两次致信时任教育部部长马叙伦，要求学校注意“健康第一，学习第二”。⑤

综上所述，毛泽东对党的早期领导人的青年学生政治引领相关论述进行了深化与发展，基于青年的“先锋队”地位，提出了适应新民主主义革命需要的青年学生政治引领的内容与方法，是马克思等人关于青年特别是青年学生政治引领相关论述的“中国化”探索。

三　邓小平关于青年学生政治引领的相关论述

改革开放以来，随着中国特色社会主义建设的不断深化，以邓小平同志为主要代表的中国共产党人站在党和国家前途命运的高度，充分信任青年学生，热情关怀青年学生，重视青年学生政治引领工作。

① 《毛泽东选集》第3卷，人民出版社，1991，第815页。
② 《毛泽东文集》第2卷，人民出版社，1993，第256页。
③ 《毛泽东文集》第6卷，人民出版社，1999，第279页。
④ 《毛泽东文集》第6卷，人民出版社，1999，第278页。
⑤ 中华人民共和国教育部、中共中央文献研究室编《毛泽东　邓小平　江泽民论教育》，中央文献出版社、人民教育出版社、北京师范大学出版社，2002，第54页。

（一）党的事业的继承者：青年学生在中国特色社会主义建设中的地位

邓小平继承并发展了毛泽东关于青年的地位和作用的观点，他立足于党和国家的未来，赋予青年"继承者"的地位，明确提出赢得青年才能赢得未来的看法。邓小平曾指出，"青年——是我们的未来，我们的一切事业的继承者"，[①] 称赞青年是"我国社会主义建设事业的急先锋"。[②] 他认为，"青年一代的成长，正是我们事业必定要兴旺发达的希望所在"，[③] "青少年是祖国的未来，科学的希望"。[④] 这些话语充分体现了邓小平对青年学生历史地位、历史作用和历史使命的高度肯定与充分认可。

（二）新变化与新问题：青年学生政治引领面临的时代挑战

邓小平始终关注青年学生成长，对青年学生寄予了无限希望。但是，邓小平也认识到青年学生政治引领面临新问题。在改革开放的新环境下，社会多元思潮的发展，特别是资产阶级自由化思想的传入，给青年学生成长带来了负面影响。青年学生的思想观念、价值取向和行为方式都发生了很大的变化，这些情况引起邓小平的高度重视。1980 年 12 月 25 日，邓小平强调"要加强各级学校的政治教育、形势教育、思想教育，包括人生观教育、道德教育"，"否则，我们就不可能建设社会主义，就会被种种资本主义势力所侵蚀腐化"。[⑤] 而相关部门和工作人员忽视和放松了对青年学生的思想政治教育，给国家发展和青年学生成长带来了严重后果。为此，1989 年 3 月 4 日，针对十年来学生思想政治工作被忽视这一严重问题，邓小平指出："十年来我们的最大失误是在教育方面，对青年的政治思想教育抓得不够，教育发展不够。"[⑥]

（三）"社会主义新人"：青年学生政治引领的战略目标

在新变化与新问题面前，邓小平根据青年学生肩负的历史使命，提出培育"社会主义新人"的政治引领战略目标。该目标旨在引导青年学生加强理想信念与组织纪律教育，以提高抵御资产阶级自由化思想侵蚀的能力。

首先，邓小平多次强调，在社会主义新人的培养上，政治上的培养是最

① 《邓小平文选》第 1 卷，人民出版社，1994，第 254 页。
② 《邓小平文选》第 1 卷，人民出版社，1994，第 276~277 页。
③ 《邓小平文选》第 2 卷，人民出版社，1994，第 95 页。
④ 《邓小平年谱（1975~1997）》（上），中央文献出版社，2004，第 560 页。
⑤ 《邓小平文选》第 2 卷，人民出版社，1994，第 369 页。
⑥ 《邓小平文选》第 3 卷，人民出版社，1993，第 287 页。

重要的。1974年4月28日，邓小平在与德意志联邦共和国青年理事会代表团会谈时指出："对青年进行教育，引导青年坚持社会主义道路是很重要的一件事。"[①] 1978年4月22日，邓小平同志在全国教育工作会议上指出，"毫无疑问，学校应该永远把坚定正确的政治方向放在第一位"，[②] 要"把青少年培养成为忠于社会主义祖国、忠于无产阶级革命事业、忠于马克思列宁主义毛泽东思想的优秀人才"。[③]

其次，邓小平系统性地阐释"四有新人"概念，丰富青年学生政治引领的内容。1985年3月，在全国科技工作会议上，邓小平完整地提出要"教育全国人民做到有理想、有道德、有文化、有纪律"。[④] 在青年学生政治引领上，邓小平尤为重视共产主义理想和信念的教育。他反复强调，青年要有理想，"我们一定要经常教育我们的人民，尤其是我们的青年，要有理想"。[⑤] "要特别教育我们的下一代下两代，一定要树立共产主义的远大理想。一定不能让我们的青少年作资本主义腐朽思想的俘虏……"[⑥] 他认为，理想信念教育在任何时候都是重中之重，青年学生只有坚定共产主义远大理想和马克思主义信仰，他们的学习、工作、生活才能有方向和动力。

最后，邓小平进一步创新引领方式，提出协同教育与因材施教的观点。邓小平认为，在进行有计划的理论教育时，要采用说服教育的方式来引导青年学生走正确的发展道路。要学校、家庭、社会协同配合，形成合力，"我们希望从事教育工作的同志，各个有关部门的同志，整个社会的家家户户，都来关心青少年思想政治的进步"。[⑦] 与此同时，要针对青年学生实际，因材施教，"我们在鼓励帮助每个人勤奋努力的同时，仍然不能不承认各个人在成长过程中所表现出来的才能和品德的差异，并且按照这种差异给以区别对待，尽可能使每个人按不同的条件向社会主义和共产主义的总目标前进"。[⑧]

综合上述分析可见，邓小平针对新的历史时期所面临的新问题，对青年学生政治引领提出了新的要求，逐渐形成了指导改革开放和社会主义现代化

---

① 《邓小平文集（1949~1974年）》（下），人民出版社，2014，第358页。
② 《邓小平文选》第2卷，人民出版社，1994，第104页。
③ 《邓小平文选》第2卷，人民出版社，1994，第106页。
④ 《邓小平文选》第3卷，人民出版社，1993，第110页。
⑤ 《邓小平文选》第3卷，人民出版社，1993，第110页。
⑥ 《邓小平文选》第3卷，人民出版社，1993，第111页。
⑦ 《邓小平文选》第2卷，人民出版社，1994，第105~106页。
⑧ 《邓小平文选》第2卷，人民出版社，1994，第106页。

建设新时期青年学生政治引领的理论。

四　江泽民关于青年学生政治引领的相关论述

江泽民围绕"跨世纪"的重要问题，对青年学生政治引领作出了许多重要论述，继承、丰富和发展了毛泽东、邓小平的青年学生思想教育和政治引领论述。

（一）"国家的未来，民族的希望"：江泽民对青年历史地位的再发展

江泽民进一步发展了青年"先锋队""继承人"的角色定位，将青年的培养问题与党和国家事业是否后继有人联系起来。他高度肯定青年的历史地位和重要作用，认为"青年是国家的未来，是民族的希望"，①"我们党只有赢得青年，才能赢得未来"。② 在此基础上，江泽民强调，建设有中国特色社会主义是一项长期的事业，需要一代又一代人坚持不懈地为之奋斗献身才能成功，他指出："这些青年人是我们的希望和未来，将来要接班的"，③"社会主义现代化需要青年去建设，中华民族的伟大复兴需要青年去奋斗"。④

不仅如此，江泽民清醒地认识到，越是在变革时期，各种错误思想观念越会乘虚而入，青年思想波动越明显，必须加以警惕和注意。他指出："违反马克思主义的错误的落后的思想观念，尽管是支流，也必须认真对待。如果任其发展，就会造成极大的社会危害"。⑤ 基于上述认识，江泽民提出要加强和改进中国共产党的思想政治工作，要高度重视对青年的政治教育工作。他强调各级各类学校"要把德育放在首位，确立正确的政治方向"，⑥任何时候都不能放松和削弱。在青年学生群体中，还要有所侧重，提高针对性，他明确提出"大学生、硕士生和博士生是国家各方面人才的后备力量……对他们的思想政治工作尤其要重点做好"。⑦

（二）"五点希望"：青年学生政治引领的内容

在邓小平关于"社会主义新人"重要论述的基础上，江泽民结合"跨

---

① 《十五大以来重要文献选编》（下），人民出版社，2003，第 2409 页。

② 《十五大以来重要文献选编》（上），人民出版社，2000，第 415 页。

③ 《十三大以来重要文献选编》（中），人民出版社，1991，第 586 页。

④ 《十五大以来重要文献选编》（下），人民出版社，2003，第 2384 页。

⑤ 《江泽民文选》第 3 卷，人民出版社，2006，第 82 页。

⑥ 《十三大以来重要文献选编》（中），人民出版社，1991，第 627 页。

⑦ 《江泽民文选》第 3 卷，人民出版社，2006，第 91 页。

世纪”的时代需要，进一步丰富了青年学生政治引领的内容。

第一，引导青年学生树立为人民服务的信念。1998 年 5 月 4 日，江泽民在北京大学建校 100 周年大会上告诉青年学生：“个人的抱负不可能孤立地实现，只有把它同时代和人民的要求紧密结合起来，用自己的知识和本领为祖国、为人民服务，才能使自身价值得到充分实现。”①

第二，引导青年学生树立远大理想。江泽民在庆祝清华大学建校 90 周年大会上，向全国的青年大学生提出“五点希望”，即希望青年大学生成为理想远大、热爱祖国的人，追求真理、勇于创新的人，德才兼备、全面发展的人，视野开阔、胸怀宽广的人，知行统一、脚踏实地的人。“五点希望”进一步回答了在跨世纪这一新的历史条件下青年学生的健康成长和发展方向问题。其中，树立远大理想、热爱伟大祖国摆在首位，成为首要的希望。

第三，加强青年学生的爱国主义教育。江泽民强调，“在我国，爱国主义、集体主义、社会主义教育，是三位一体、相互促进的”。② 在这三者中，爱国主义是最重要的，他指出越是搞现代化建设，越要“教育青年一代，不断增强民族自豪感和责任感，把爱国奉献精神大大发扬起来”。③ 江泽民还要求，爱国主义教育要与中国近现代史和国情教育、弘扬和培育民族精神结合起来。

（三）丰富和拓展：关于青年学生政治引领的方法和途径

在丰富青年学生政治引领相关论述的基础上，江泽民也进一步深化了青年学生政治引领的方法与途径。

一是青年学生政治引领需要做到“四个统一”。面对世纪之交国际国内形势的重大变化，在庆祝北京大学建校 100 周年大会上的讲话中，江泽民对广大青年学生提出了“四个统一”的殷切期望，即坚持学习科学文化与加强思想修养的统一，坚持学习书本知识与投身社会实践的统一，坚持实现自身价值与服务祖国人民的统一，坚持树立远大理想与进行艰苦奋斗的统一。“四个统一”既是对青年学生的期望和目标，也是对青年学生政治引领的方法和途径。

---

① 《江泽民文选》第 2 卷，人民出版社，2006，第 124~125 页。

② 《毛泽东　邓小平　江泽民论思想政治工作》，学习出版社，2000，第 124 页。

③ 《江泽民论有中国特色社会主义（专题摘编）》，中央文献出版社，2002，第 404 页。

二是把生产劳动、社会实践作为青年学生政治引领的重要途径。生产劳动与社会实践是青年学生坚持无产阶级本色的重要表现。江泽民多次强调，青年学生要坚持正确的政治方向，要健康成长成才，必须与人民群众相结合，与生产劳动相结合，与社会实践相结合。1990 年 3 月 23 日，江泽民在与北京大学学生座谈时指出："到基层去锻炼，与工农大众相结合，是青年成长的一条光明大道。"① 他认为，青年学生如果不接触社会，不参加劳动，不了解劳动的艰辛，就难以健康成长。在 1994 年 6 月 14 日全国教育工作会议上，江泽民重点强调了教育要与生产劳动相结合的问题，指出这"是我们教育方针的重要组成部分……是坚持社会主义教育方向的一项基本措施"。②

三是积极运用信息技术手段服务青年学生政治引领。江泽民非常重视互联网给学校思想政治工作带来的机遇和挑战。他提出"积极发展、加强管理、趋利避害、为我所用"的基本方针，强调"要重视和充分运用信息网络技术，使思想政治工作提高时效性，扩大覆盖面，增强影响力"。③ 这一理念对于青年学生政治引领工作也具有重要的指导作用。

由此可见，面对"跨世纪"的时代需要，江泽民深化了"培育社会主义新人"的战略目标，探索性地从"接班人"的角度思考青年学生政治引领。不仅如此，江泽民还敏锐地意识到，互联网时代的到来为青年学生政治引领带来了新的机遇与挑战，他提出了新技术条件下青年学生政治引领的基本方向和主要策略。

五　胡锦涛关于青年学生政治引领的相关论述

随着中国特色社会主义不断发展，青年学生在中国特色社会主义事业发展中表现出更加重要的作用。如何培养好社会主义事业接班人，摆在党和国家领导人面前。在这一背景下，胡锦涛在继承前辈思想和论述的基础上，结合 21 世纪之初青年学生的情况和特点，形成了关于青年学生政治引领的有关论述。

---

① 中华人民共和国教育部、中共中央文献研究室编《毛泽东　邓小平　江泽民论教育》，中央文献出版社、人民教育出版社、北京师范大学出版社，2002，第 209 页。

② 《江泽民文选》第 1 卷，人民出版社，2006，第 372 页。

③ 《江泽民论有中国特色社会主义（专题摘编）》，中央文献出版社，2002，第 412~413 页。

（一）“值得信赖、堪当重任、大有希望”：胡锦涛对青年历史地位评价的再提升

胡锦涛首先高度肯定青年在中国特色社会主义事业中发挥的重要作用，对广大青年给予了极大信任，他认为：“广大青年确实是我国社会最积极、最活跃、最有生气的一支力量，确实是值得信赖、堪当重任、大有希望的!”[①] 这是改革开放以来，对青年历史作用的一次总结与肯定。在此基础上，胡锦涛进一步将青年与未来联系在一起，强调青年的重要地位。胡锦涛强调：“未来属于青年，未来取决于青年，未来更需要青年去创造。”[②] 2003年7月，胡锦涛在同团中央新一届领导班子成员和团十五大部分代表座谈时，更为明确地指出“青年是祖国和民族的希望”。这一观点在2011年7月庆祝中国共产党成立90周年大会上被进一步阐释为“青年是祖国的未来、民族的希望，也是我们党的未来和希望”。[③]

（二）战略问题与全局问题：青年学生政治引领工作的新定位

随着改革开放的持续推进，社会主义市场经济的深入发展，社会层面也出现了不少问题，青年学生面对社会的剧烈改革，在思想和政治领域相继出现不少问题，严重影响青年学生成长和国家事业发展。胡锦涛明确要求从党和国家全局出发，高度重视青年学生的思想教育与政治引领。他深刻指出，青年学生政治引领不仅是一个教育问题，而且是事关党和国家的战略问题与全局问题。他明确指出：“切实加强和改进大学生思想政治教育工作……对于……确保实现全面建设小康社会、进而实现现代化的宏伟目标，确保实现中华民族的伟大复兴，具有重大而深远的战略意义。”[④] 不仅如此，他还进一步要求各级党委和政府要把加强和改进大学生思想政治教育工作“作为提高党的执政能力、巩固党的执政地位的一项重要工作，摆在更加突出的位置，列入重要议事日程，切实担负起政治责任，进一步加强和改进领导”，[⑤] 从而把青年学生思想政治教育工作的地位提升到了一个空前的战略高度。

（三）“四个新一代”：青年学生政治引领的要求与内容

新的历史时期对青年提出了新的要求。站在战略与全局的角度，胡锦涛

---

① 《十七大以来重要文献选编》（下），中央文献出版社，2013，第951页。

② 《青年工作文献选编》（下），中央文献出版社、中国青年出版社，2012，第1218页。

③ 《十七大以来重要文献选编》（下），中央文献出版社，2013，第451页。

④ 《十六大以来重要文献选编》（中），中央文献出版社，2006，第633页。

⑤ 《十六大以来重要文献选编》（中），中央文献出版社，2006，第644页。

进一步深化了“社会主义新人”的战略目标，在2007年5月4日《致中国青年群英会的信》中，胡锦涛提出要把青年培养成为“理想远大、信念坚定的新一代，品德高尚、意志顽强的新一代，视野开阔、知识丰富的新一代，开拓进取、艰苦创业的新一代”。可以说，“四个新一代”是对培养社会主义事业接班人的重要回答。在“四个新一代”培养过程中，胡锦涛特别强调要把政治方面的培养和引领摆在首位，强调要突出抓好理想信念教育。他认为青年中出现的各种各样的思想问题，归根到底是理想信念的问题，为此，“抓住了理想信念教育，就抓住了青年思想政治工作的核心内容”。①

（四）“三贴近”“五结合”：青年学生政治引领的方法与途径

针对不断变化的新形势，胡锦涛提出大学生思想政治教育“贴近实际、贴近生活、贴近群众”和坚持教育与自我教育相结合、政治理论教育与社会实践相结合、解决思想问题与解决实际问题相结合等“三贴近”“五结合”原则，为开展青年学生政治引领工作提供借鉴。

在“三贴近”“五结合”的原则下，胡锦涛也提出了政治引领的具体措施。一是坚持原则，旗帜鲜明地反对政治方向、政治原则问题上的错误观点，敢于、善于同各种错误思想作斗争，“正确的理想信念总是在同错误思想的斗争中树立起来的”，② 进而帮助青年学生澄清模糊认识、分清是非对错。二是强调思想教育和政治引领的一贯性。胡锦涛认为，人的正确思想观念和政治意识的形成不是一蹴而就的，要从小抓起，效果才能明显并且牢固。他还强调，要注重未成年人和大学生思想教育与政治引领的紧密衔接，形成完整有机系统，增强一贯性。三是要向实践学习，向人民群众学习。胡锦涛强调：“社会实践始终是青年一代锻炼成长的大课堂，与实践相结合、与人民群众相结合始终是青年健康成长的必由之路。”③ 他号召青年学生到基层去，向实践学习，向人民群众学习，丰富阅历、磨炼意志、增长才干，在实践中锻炼提高，努力成长为堪当国家建设重任的栋梁之材。④

① 胡锦涛：《在共青团十四届四中全会上的讲话》，《中国青年报》2001年2月19日，第1版。
② 胡锦涛：《在共青团十四届四中全会上的讲话》，《中国青年报》2001年2月19日，第1版。
③ 《青年工作文献选编》（下），中央文献出版社、中国青年出版社，2012，第1043页。
④ 胡锦涛：《让青春在实践中闪耀——胡锦涛总书记给北京大学第十二届研究生支教团成员的回信》，《人民日报》2011年5月25日，第1版。

第三节　习近平关于青年学生政治引领的重要论述

习近平高度重视青年学生政治引领工作，他站在巩固中国共产党执政地位、坚持和发展中国特色社会主义事业的战略高度，明确提出“政治引领”这一要求，并对青年学生政治引领工作发表了系列重要讲话，作出了系列重要论述。这些重要论述具有丰富科学的理论内涵、深邃广博的思想精髓，深刻揭示了青年学生政治引领的内在规律，为新时代青年学生政治引领工作指明了方向，提供了基本遵循。

一　习近平关于青年学生政治引领重要论述的形成与发展

习近平关于青年学生政治引领的重要论述是对其多年基层工作经历和青年工作经验的深刻总结，是对青年学生发展方向的深刻思考。要深刻把握相关论述的精神实质，必须先了解其形成与发展的过程。

习近平对青年学生政治引领的重视和思考起源于他知青岁月的实践锻炼。从20世纪80年代起，他结合青年工作的实际，围绕青年学生的地位作用、政治方向、成长要求等有不少观点鲜明的论断、要求、论述。习近平充分认识到青年学生的重要作用，在1983年8月正定县青年“三热爱”教育大会上，明确提出“时代的变革，以青年为先锋”。习近平也深刻认识到政治方向对于青年学生的引领作用。他写信给河北农业大学正定籍学生，希望同学们树立奋发图强、献身四化的远大志向，早日以优异成绩成就学业，为祖国的四化建设挑梁扛柱、竭智尽才，不辜负“黄金时代”的宝贵时光。[①] 1989年10月，在宁德师专作形势政策报告时，他殷切希望青年学生“树立正确的政治观点，把握正确的政治方向”，“正确认识我们的国情和面临的困难，积极投身到改革、建设的洪流中”。[②] 2007年5月，在上海交通大学视察时，他希望青年学生们“志存高远、修身养德、勤于学习、创新奉献”。[③] 青年学生要成为社会栋梁，要建功立业回报社会和人民，离不开过硬的能力和本领，习近平清醒地意识到这一要求，他在担任闽江职业大学校

① 《习近平与大学生朋友们》，中国青年出版社，2020，第4页。
② 《习近平与大学生朋友们》，中国青年出版社，2020，第80页。
③ 《习近平与大学生朋友们》，中国青年出版社，2020，第193页。

长时，勉励青年学生第一任务是搞好学习、学好本领，提高自身素质；讲求实干，注重实践，将理论与实践相结合。[①] 在浙江大学，他鼓励青年学生积极走进社会、走向基层；不仅要读好课堂上的书，也要读好社会这本“书”。[②] 在华中科技大学，他盛赞当代大学生是“大有希望的一代”。在西藏大学，他勉励青年学生要“胸怀大志，报效祖国”“磨炼意志、增长才干”。[③] 上述习近平对青年学生政治引领工作的深入思考，在新时代仍具有强烈的现实意义，为其日后就青年学生政治引领作出重要论述奠定了扎实基础。

党的十八大以来，中国开启实现中国梦的新征程，国家发展实现突破性飞跃和历史性转变，以习近平同志为核心的党中央高度重视青年学生的政治引领工作。习近平总书记立足国家发展大局，着眼于全国广大青年学生的全面发展，对青年学生政治引领进行了更加系统、全面、深刻的论述。他通过与各界优秀青年代表座谈、在外国访问时作演讲、给国际组织发去信件等形式，阐述了青年学生政治引领的重要性、方法、原则等基本问题。他强调青年学生要有坚定的理想信念，坚持用科学理论武装头脑，增强“四个意识”、坚定“四个自信”、做到“两个维护”。他要求广大青年学生明确政治使命和时代担当，将个人的成长成才与实现中国梦紧密结合起来，在一代又一代青年人的接续奋斗中实现中华民族的伟大复兴。这一时期，习近平总书记关于青年学生政治引领的重要论述突出国家发展的时代需求，明确指出青年与国家民族命运与共，既关注青年理想信念的树立，又强调青年的历史使命与担当，为青年学生政治引领指明了方向，其相关论述趋于成熟。

党的十九大以来，党中央更加重视青年学生的思想政治教育工作，青年学生政治引领的内容愈加丰富，方式愈加多样，工作体系愈加完善。习近平总书记在全国教育大会、学校思想政治理论课教师座谈会、中央政治局集体学习、党史学习教育动员大会、庆祝中国共产党成立100周年大会等重要场合多次强调，民族与国家发展的希望寄予青年，青年学生应把青春奋斗献给祖国，不辜负党和人民的期盼；对青年学生的政治引领要理直气壮，要结合青年成长的阶段性特点探索青年学生乐于接受的方式手段，利用好红色资

① 《习近平与大学生朋友们》，中国青年出版社，2020，第123页。
② 《习近平与大学生朋友们》，中国青年出版社，2020，第173页。
③ 《习近平与大学生朋友们》，中国青年出版社，2020，第239页。

源，以党史学习教育、爱国主义教育等培根铸魂。2018年7月同团中央新一届领导班子成员集体谈话时，习近平总书记明确提出“青年政治引领”这一概念，标志着习近平总书记关于青年学生政治引领的重要论述的成熟。而后在其他重要场合，习近平总书记关于青年学生政治引领的论述得到了进一步丰富和发展。质而言之，党的十九大以来，习近平总书记关于青年学生政治引领的重要论述进一步发展，反映了青年学生政治引领的客观规律，对指导具体实际工作具有方法论意义，丰富和发展了马克思主义政治教育等相关理论。

二　习近平关于青年学生政治引领重要论述的主要内容

习近平总书记在继承马克思主义经典作家和中国共产党主要领导人有关青年学生政治引领重要思想和论述的基础上，紧扣新发展阶段中国国情和新时代青年学生特点，围绕为什么要对青年学生进行政治引领、引领什么、如何引领等发表了系列重要讲话。

（一）对青年学生政治引领重要性和必要性的战略判断

习近平总书记立足于对新时代青年学生历史地位和崇高使命的深刻认识，以及对当今错综复杂、宏阔剧变的世界格局和发展态势的科学把握，从战略高度深刻论述和回答了新的历史时期为什么要加强对青年学生政治引领这一重大理论和现实问题。习近平总书记指出，青年是社会中最有生气、最有闯劲、最少保守思想的群体，蕴含着改造客观世界、推动社会进步的无穷力量。[①] 青年学生是整个社会中最富有活力、创造性的群体，是最积极、最有生气的力量，是国家的希望和民族的未来，是社会主义的建设者和接班人。2016年4月26日，习近平总书记在中国科学技术大学考察时语重心长地对学生们说：“青年是国家的未来和民族的希望。”[②] 他立足于青年学生的独特作用，从国际、国内和历史等多个维度阐述并强调开展青年学生政治引领工作的必要性和重要性。

其一，加强政治引领是防止渗透的必然要求。长期以来，以美国为主的西方国家一直没有放弃对我国青年学生的争夺，通过网络渗透、文化渗透、

① 习近平：《在庆祝中国共产主义青年团成立100周年大会上的讲话》，《人民日报》2022年5月11日，第2版。

② 《习近平关于青少年和共青团工作论述摘编》，中央文献出版社，2017，第52页。

价值观渗透等多种形式不断加大对我国青年学生争夺的力度。2018年5月2日在北京大学师生座谈会上，习近平总书记指出，当今世界的竞争、意识形态的争夺，从某种意义上说就是对青年学生的竞争和争夺。其二，加强政治引领是实现中华民族伟大复兴的使命要求。习近平总书记把青年学生视为实现中华民族伟大复兴中国梦的希望和主力军，他明确提出"为实现中华民族伟大复兴的中国梦而奋斗，是中国青年运动的时代主题"，①"青年一代有理想、有本领、有担当，国家就有前途，民族就有希望"。②其三，加强青年学生政治引领是总结历史经验得出的正确结论。习近平总书记重视和善于从历史发展中汲取经验和智慧，经常强调要以史为鉴，他总结国内外众多政党和国家兴衰成败的经验教训，指出："新陈代谢是不可抗拒的历史规律，未来总是由今天的少年儿童开创的"，③"无论过去、现在还是未来，中国青年始终是实现中华民族伟大复兴的先锋力量！"④

（二）对青年学生政治引领目标和内容的深刻阐释

引领目标，即往哪里引领、引领成为怎么样的人，是开展青年学生政治引领首先要回答的重大问题。习近平总书记深刻阐释了新时代青年学生政治引领的目标和内容，系统回答了培养什么样的青年学生这一重大理论和现实问题。

1. 阐明青年学生的政治引领目标

在我国，中国共产党是中国特色社会主义事业的领导核心，党的主张、意志通过一定的程序转变为国家的法律、政策，从而实现党对国家各项工作的领导，基于此，党对青年学生的政治引领目标与我国的学生教育培养目标是一致的。通过研读习近平总书记的系列重要讲话、指示批示、回信贺信等内容，可以发现在不同时期，党对青年学生政治引领的具体表述虽有所不同，但其精神实质是一致的。2013年5月，习近平总书记在给北京大学考古文博学院学生的回信中提出，希望青年学生"勇做走在时代前面的奋进者、开拓者、奉献者"，⑤从这一回信开始一直到党的十九大，"走在时代前面的奋进者、开拓者、奉献者"成为党对青年学生政治引领的目标。2017

① 《习近平关于青少年和共青团工作论述摘编》，中央文献出版社，2017，第15页。
② 《习近平谈治国理政》第3卷，外文出版社，2020，第54页。
③ 《习近平关于青少年和共青团工作论述摘编》，中央文献出版社，2017，第5页。
④ 习近平：《在纪念五四运动100周年大会上的讲话》，人民出版社，2019，第5页。
⑤ 《习近平关于实现中华民族伟大复兴的中国梦论述摘编》，中央文献出版社，2013，第51页。

年，习近平同志在党的十九大报告中提出“培养担当民族复兴大任的时代新人”的战略任务，并指出“青年一代有理想、有本领、有担当，国家就有前途，民族就有希望”，[①] 从此，培养有理想、有本领、有担当的时代新人与担当民族复兴大任的时代新人成了党对青年学生政治引领的目标。党的十九大后，习近平总书记对青年学生的政治引领目标进一步发展和明确，2018 年提出“我们的教育要培养德智体美全面发展的社会主义建设者和接班人”，[②] 尤其在 2018 年 9 月全国教育大会上，他提出教育必须把培养社会主义建设者和接班人作为根本任务，培养一代又一代拥护中国共产党领导和我国社会主义制度、立志为中国特色社会主义奋斗终身的有用人才。在 2018 年 7 月 2 日同团中央新一届领导班子成员集体谈话时、2019 年 4 月 19 日主持中共中央政治局第十四次集体学习时，习近平总书记都强调青年学生政治引领工作的目标就是要引导广大青年学生自觉坚持党的领导，听党话、跟党走。[③] 质而言之，坚持党的领导、拥护社会主义制度、成为社会主义的建设者和接班人是习近平总书记对青年学生政治引领提出的明确目标。

2. 深刻阐释了青年学生政治引领的内容

习近平总书记根据青年学生政治引领目标，结合时代背景和现实条件，明确了青年学生政治引领的内容。其一，引领青年学生坚定政治信仰。习近平总书记不仅强调党员干部要补理想信念的“钙”，也明确提出必须加强青年学生理想信念教育，“青年理想远大、信念坚定，是一个国家、一个民族无坚不摧的前进动力”。[④] 他还明确提出，新时代引领青年学生坚定政治信仰就是要“树立对马克思主义的信仰、对中国特色社会主义的信念、对中华民族伟大复兴中国梦的信心”。[⑤] 有了坚定的信仰、信念、信心，就能够面对实现中华民族伟大复兴道路上的艰难曲折，不被任何困难所打倒。其二，引领青年学生站稳政治立场。政治立场事关根本。习近平总书记强调，站稳政治立场就是要做到任何时候都与党同心同德，始终相信人民、紧紧依靠人民。他殷切希望青年学生“要时时想到国家，处处想到人民”，[⑥]

① 《十九大以来重要文献选编》（上），中央文献出版社，2019，第 49 页。
② 习近平：《在北京大学师生座谈会上的讲话》，人民出版社，2018，第 4 页。
③ 参见习近平《论党的青年工作》，中央文献出版社，2022。
④ 习近平：《在纪念五四运动 100 周年大会上的讲话》，人民出版社，2019，第 6 页。
⑤ 习近平：《在纪念五四运动 100 周年大会上的讲话》，人民出版社，2019，第 7 页。
⑥ 习近平：《在北京大学师生座谈会上的讲话》，人民出版社，2019，第 12 页。

“要听党话、跟党走，胸怀忧国忧民之心、爱国爱民之情，不断奉献祖国、奉献人民”。[①] 从习近平总书记的重要论述中，可以深深感受到站稳党性立场、人民立场是对青年学生政治引领的重要内容。其三，引领青年学生把准政治方向。方向指引道路，道路决定命运。政治方向事关党的政权稳固和国家长治久安。习近平总书记在全国高校思想政治工作会议等场合多次强调，要引导青年学生坚持中国特色社会主义方向，要“以实现中华民族伟大复兴为己任，增强做中国人的志气、骨气、底气，不负时代，不负韶华，不负党和人民的殷切期望!”[②] 激励学生“自觉把个人的理想追求融入国家和民族的事业中”，[③] “同亿万人民一道，在矢志奋斗中谱写新时代的青春之歌”。[④] 他提出要加强青年学生的爱国主义教育，用社会主义先进文化、中华优秀传统文化、革命文化坚定青年学生“四个自信”。其四，引领青年学生练就政治本领。空谈误国，实干兴邦。青年学生要成为政治上合格的社会主义建设者和接班人，必须具有一定的政治能力，掌握一定的政治本领。为此，习近平总书记多次在不同场合强调，“青年人正处于学习的黄金时期，应该把学习作为首要任务，作为一种责任、一种精神追求、一种生活方式，树立梦想从学习开始、事业靠本领成就的观念”。[⑤] 2021 年他在闽江学院、清华大学考察时都强调要“勇于砥砺奋斗、练就过硬本领、锤炼品德修为”，其中“练就过硬本领”是习近平总书记对青年学生反复强调的重要内容，也是实现政治引领目标的重要保障。

（三）对青年学生政治引领举措和要求的有益探索

习近平总书记关于青年学生政治引领重要论述的最终价值在于指导青年学生政治引领工作。为此，他对怎么做好青年学生政治引领工作作出了诸多探索，提出了许多真知灼见，对于如何深入指导政治引领实践颇有助益。

1. 指明青年学生政治引领的举措

习近平总书记根据信息化、网络化的时代特征，以及青年学生接受能力强、性格活泼等特征，提出坚持理论学习与实践锻炼相结合、自我修养与榜

① 习近平：《在纪念五四运动 100 周年大会上的讲话》，人民出版社，2019，第 8 页。

② 习近平：《在庆祝中国共产党成立 100 周年大会上的讲话》，人民出版社，2021，第 21 页。

③ 《习近平关于青少年和共青团工作论述摘编》，中央文献出版社，2017，第 18 页。

④ 《让青春在奉献中焕发绚丽光彩——习近平总书记关于青年工作重要论述综述》，《人民日报》2021 年 5 月 4 日，第 1 版。

⑤ 《习近平关于青少年和共青团工作论述摘编》，中央文献出版社，2017，第 45 页。

样示范相结合、传统教育方式与现代新载体相结合等，为做好新青年学生政治引领工作提供了方法论指导，指明了前进路向。在这些方法、途径中，习近平总书记尤其强调要用好课堂教学主渠道，加大实践锻炼和运用网络新媒体。其一，习近平总书记强调要用好课堂教学这个主渠道，不断加强和改进思想政治理论课，同时其他各门课也都要“守好一段渠、种好责任田”，使各类课程与思想政治理论课同向同行，形成协同效应。与此相适应，习近平总书记还提出要加强思政课教师队伍建设、教材建设、马克思主义学院建设、哲学社会科学工作等。其二，习近平总书记号召广大青年学生“既多读有字之书，也多读无字之书，注重学习人生经验和社会知识”，[①] 强调青年学生政治引领要坚持理论学习与实践锻炼相结合，更加注重发挥实践锻炼的重要作用。其三，习近平总书记突出强调将传统教育方式和现代新载体相结合，创新青年学生政治引领形式，积极抢占网络新高地，唱响网络引领主旋律。这些理念、方法构建了青年学生政治引领工作的科学方法论体系。

2. 明确青年学生政治引领的要求

青年学生政治引领是一项复杂的系统工程，需要发挥各方面的作用。其一，要始终坚持党组织统一领导。习近平总书记强调发挥学校党组织的政治优势和组织优势，发挥党组织总揽全局、科学谋划、协调各方的作用，保证学校办学的正确方向。其二，要加强组织保障，发挥地方各级党组织的领导作用、共青团组织引领作用。习近平总书记强调，各级党委和政府要关注青年、关心青年、关爱青年，“做青年朋友的知心人，做青年工作的热心人”。[②] 他重视发挥共青团组织的引领作用，推进共青团改革，突出政治性、先进性、群众性，提出共青团组织要“认真履行引领凝聚青年、组织动员青年、联系服务青年的职责”。[③] 其三，重视家庭对青年学生政治引领的启蒙作用。习近平总书记指出：“广大家庭都要重言传、重身教，教知识、育品德，身体力行、耳濡目染，帮助孩子扣好人生的第一粒扣子，迈好人生的第一个台阶。”[④] 其四，重视教师队伍建设。习近平总书记多次强调教育大计，教师为本，要坚持把教师队伍建设作为基础工作，增强教师教书育人的

① 《习近平关于青少年和共青团工作论述摘编》，中央文献出版社，2017，第 53 页。

② 《习近平谈治国理政》第 1 卷，外文出版社，2018，第 54 页。

③ 习近平：《在纪念五四运动 100 周年大会上的讲话》，人民出版社，2019，第 17 页。

④ 《习近平谈治国理政》第 2 卷，外文出版社，2017，第 355 页。

责任感和荣誉感，引导广大教师做有理想信念、有道德情操、有扎实知识、有仁爱之心的“四有”好老师。他尤其重视思政课教师队伍，主持召开学校思政课教师座谈会，高度评价思政课教师的作用，并对思政课教师提出了“政治要强、情怀要深、思维要新、视野要广、自律要严、人格要正”的明确要求。

三　习近平关于青年学生政治引领重要论述的理论特征

习近平总书记关于青年学生政治引领的重要论述，是习近平新时代中国特色社会主义思想的重要组成部分。它既是对马克思主义青年观的历史继承和时代延伸，又是马克思主义基本原理与当代中国具体实际相结合的最新成果，为新时代青年学生的成长提供了科学指导与行动指南，具有鲜明的理论特征。

（一）坚持“党管青年”与“以青年为本”相结合

习近平总书记关于青年学生政治引领的重要论述，一方面充分体现了“党管青年”的政治性原则，另一方面凸显了以青年学生为主体的中心理念。坚持“党管青年”的原则，是习近平总书记对党和青年关系的深刻把握，也是习近平总书记关于青年学生政治引领重要论述中政治性特征的重要体现。习近平总书记在纪念五四运动100周年大会上的讲话中提出：“把青年一代培养造就成德智体美劳全面发展的社会主义建设者和接班人，是事关党和国家前途命运的重大战略任务，是全党的共同政治责任。”①“要拿出极大精力抓青年工作、抓共青团工作，切实尽到领导责任。”② 这些论述既深刻揭示了党对青年的领导职责，也进一步指明了加强青年学生政治引领的目标和方向。“以青年为本”的中心理念，贯穿习近平总书记关于青年学生政治引领重要论述的始终。事实上，这是习近平总书记将“以人民为中心”的思想运用于指导青年学生工作的具体体现。他明确提出党要“用极大力量做好青年工作”，③ 要以青年为本，关注青年学生的需求与成长，对青年学生进行思想引领与价值引领，以青年学生的全面发展为旨归。他提出要

① 习近平：《在纪念五四运动100周年大会上的讲话》，人民出版社，2019，第12页。

② 《习近平在同团中央新一届领导班子成员集体谈话时强调　代表广大青年赢得广大青年依靠广大青年　让广大青年敢于有梦勇于追梦勤于圆梦》，《人民日报》2018年7月3日，第1版。

③ 习近平：《在纪念五四运动100周年大会上的讲话》，人民出版社，2019，第12页。

"遵循思想政治工作规律，遵循教书育人规律，遵循学生成长规律"，[①] 从理论上为解决"怎样实现青年为本""青年学生如何成才成长"等实际问题提供了根本思路。

（二）坚持民族性和世界性相统一

习近平总书记既立足于中国国情，又站在全球高度擘画青年学生政治引领工作，其论述具有深厚的民族性和强烈的世界性。他一方面重视中华优秀传统文化对青年学生的滋养，逐步培育青年学生的文化认同，增强文化自信。他指出，"坚定文化自信，是事关国运兴衰、事关文化安全、事关民族精神独立性的大问题"，[②] 并对青年学生提出要求："我们是中华儿女，要了解中华民族历史，秉承中华文化基因，有民族自豪感和文化自信心。"[③] 他在与青年学生交流的同时，也多次引经据典：以"天将降大任于斯人"等勉励青年学生勇担时代重任；以"看似寻常最奇崛，成如容易却艰辛"等引领青年学生为了理想信念而奋勇拼搏；以"恰同学少年，风华正茂""初生牛犊不怕虎"等为青年学生打下自信的基石，这些论述体现了深厚的民族性。另一方面，习近平总书记希望青年学生们要有世界大格局意识，要放眼世界，多与不同国家的青年交流和学习，引导他们在学习中认知中国与世界的关系，运用世界眼光去理解中华民族伟大复兴的中国梦的意义。同时，他提出"新时代中国青年，要有家国情怀，也要有人类关怀"，[④] 强调青年学生作为世界一分子，应勇于承担建设人类命运共同体的责任，把自己的青春梦投入中国梦和世界梦中，为推动中国融入世界贡献力量。

（三）坚持历史性与时代性相融通

习近平总书记关于青年学生政治引领重要论述具有一脉相承的历史承继性。中国共产党人一向秉承"把青年看作是祖国的未来、民族的希望，从来都把青年作为党和人民事业发展的生力军，从来都支持青年在人民的伟大奋斗中实现自己的人生理想"，[⑤] 党的历届领导人从毛泽东提出培养"三好"青年到邓小平的"四有"新人教育，再到江泽民的"五个成为"、胡锦涛的"四个新一代"，都充分体现了党和国家对青年作用与地位的高度重视。

---

① 《习近平谈治国理政》第 2 卷，外文出版社，2017，第 378 页。

② 《习近平谈治国理政》第 2 卷，外文出版社，2017，第 349 页。

③ 习近平：《在北京大学师生座谈会上的讲话》，人民出版社，2018，第 12 页。

④ 习近平：《在纪念五四运动 100 周年大会上的讲话》，人民出版社，2019，第 18 页。

⑤ 《习近平关于青少年和共青团工作论述摘编》，中央文献出版社，2017，第 99 页。

习近平总书记关于青年学生政治引领重要论述，以长远眼光将青年特别是青年学生置身在实现中华民族伟大复兴中国梦和中国特色社会主义伟大实践的进程中，将青年学生的成才成长与政党责任、国家命运紧密联系在一起，实现了对这一历史性传统的继承。如“青年应当树立何样的理想信念”“青年应当怎样树立正确的理想信念”等，都是对以往党的青年工作思想的历史呼应。习近平总书记关于青年学生政治引领重要论述具有鲜明的时代感。它是习近平总书记立足于新时代的新环境、新问题、新要求以及青年学生的新特征而提出的，其时代性特征毋庸置疑。他强调新时代的青年“既拥有广阔发展空间，也承载着伟大时代使命”，[①]“当代中国青年是与新时代同向同行、共同前进的一代，生逢盛世，肩负重任”，[②] 他鼓励青年学生把个人的发展与祖国未来紧密结合起来，把青春奋斗融入党和人民的事业里，让青春在新时代改革开放的广阔天地中绽放。在全国高校思想政治工作会议上，他还提到：“做好高校思想政治工作，要因事而化、因时而进、因势而新……要运用新媒体新技术使工作活起来……增强时代感和吸引力。”[③] 进一步表明了习近平总书记关于青年学生政治引领重要论述厚植于中国特色社会主义实践进程，彰显了鲜明的时代特征。

（四）坚持理论性与实践性相统一

习近平总书记关于青年学生政治引领重要论述是理论性和实践性相统一的思想产物。可以说，这些重要论述是习近平总书记围绕新时代青年及青年工作进行的全面系统的战略性思考与谋划，既是体系完备且科学可行的思想体系，又是科学有效的思想指引和行动指南。不仅运用科学的方法深刻分析了当代青年的历史地位和重要作用、当前青年学生政治引领工作面临的重大挑战，还把青年学生政治引领工作置于新的时代背景下，对指导新时代青年学生工作做出了实际部署：“新时代中国青年运动的主题，新时代中国青年运动的方向，新时代中国青年的使命，就是坚持中国共产党领导，同人民一道，为实现‘两个一百年’奋斗目标、实现中华民族伟大复兴的中国梦而奋斗。”[④] 具有很强的理论指导性。正所谓伟大思想指引伟大实践，习近平

---

① 习近平：《在北京大学师生座谈会上的讲话》，人民出版社，2018，第11页。

② 《让青春在奉献中焕发绚丽光彩——习近平总书记关于青年工作重要论述综述》，《人民日报》2021年5月4日，第1版。

③ 《习近平谈治国理政》第2卷，外文出版社，2017，第378页。

④ 习近平：《在纪念五四运动100周年大会上的讲话》，人民出版社，2019，第6页。

总书记关于青年学生政治引领重要论述还具有突出的实践性特征。习近平总书记历来就十分注重实践的重要性，他总结了自己在青年时期知青生活的经历、地方的执政经验以及党的十八大之后治国理政的实践，指出“青年时期多经历一点摔打、挫折、考验，有利于走好一生的路”。[①] 他期盼新时代青年学生将自己的理想同中国特色社会主义的伟大实践结合起来，“投身强国伟业，始终保持艰苦奋斗的前进姿态，同亿万人民一道，在实现中华民族伟大复兴中国梦的新长征路上奋勇搏击”，[②] 在党和国家正在进行的伟大事业中实现自己的人生价值。这些重要论述既立足于实践，又来源于实践，同时也在实践中经受了检验，在实践中不断丰富和发展。

① 《习近平关于青少年和共青团工作论述摘编》，中央文献出版社，2017，第 48 页。

② 《让青春在奉献中焕发绚丽光彩——习近平总书记关于青年工作重要论述综述》，《人民日报》2021 年 5 月 4 日，第 1 版。

第三章
中国共产党对青年学生政治引领的历史考察

青年兴则国家兴，青年强则国家强。纵观中国共产党百年发展历程，中国共产党无论在成立伊始，还是发展壮大时期，无论在民主革命时期，还是在全国执政以后，都非常重视青年学生的教育，积极做好青年学生的政治引领工作，确保他们成长的正确方向，激发他们在中国革命、建设、改革中发挥应有作用，做出突出贡献。

第一节　新民主主义革命时期党对青年学生的政治引领

19 世纪中叶以后，中国逐步沦为半殖民地半封建社会，国家丧失了主权独立和领土完整，民族危机和社会危机空前深重。仁人志士奔走呐喊，进行了可歌可泣的斗争。太平天国运动、洋务运动、戊戌变法、义和团运动、辛亥革命接连而起，各种救国方案轮番出台，但都以失败告终。1919 年爆发的五四运动揭开了中国新民主主义革命的序幕。1921 年诞生的中国共产党自成立起就积极投入并领导新民主主义革命。在这一时期，中国共产党注重引领广大青年学生团结在党的旗帜下，积极投身改变国家和民族命运的伟大征程，充当着革命生力军的重要角色。

一　反帝反封建：新民主主义革命时期的引领主题

新民主主义革命时期，中国共产党和中国人民面临的主要任务是反对帝国主义、封建主义、官僚资本主义，争取民族独立、人民解放。与历史主题和时代使命相适应，党动员和引导青年学生参加反帝反封建运动，争取民族独立、人民解放理所当然成为党对青年学生政治引领的主要内容。

（一）中国青年学生群体的崛起与马克思主义的传播

历史进入资产阶级革命时期，革命与知识变得密不可分。自发的、无理论指导的革命成为过去。无论是资产阶级革命还是无产阶级革命都是自觉的行动，必须有相当的知识与理论的指导。乐于接受新思想、具有新知识和革命热情的青年学生，往往成为革命的先锋。中国的青年学生群体崛起于 20 世纪初。1902 年，清政府废除书院，推行学堂制度，1905 年又废除科举，鼓励青年出国留学。在此背景下，中国青年学生群体很快形成。形成之初的青年学生群体继承了中国士大夫阶层“以天下为己任”的精神，热情地关心政治，踊跃地参与政治，他们中间涌现了大批的民主革命家。1905 年成立的同盟会即有大量留日学生加入，其中包括黄兴、宋教仁等革命骨干。

辛亥革命和中华民国的成立，并没有改变中国的社会性质。处于艰难中的中国人依然在苦苦挣扎与求索。五四运动和新文化运动促进了中国人真正的价值觉醒，爱国、进步、民主、科学的价值理念开始受到青年学生的广泛认可。以此价值觉醒为起点，中国的革命文化和社会主义先进文化逐渐形成。① 1939 年，陕甘宁边区西北青年救国联合会决定 5 月 4 日为中国青年节，用五四精神激励和指引青年。五四运动的精神遗产，是中国共产党领导中国革命、从政治上引领青年学生的取之不尽、用之不竭的精神源泉。

五四运动还促进了马克思主义在中国的传播，马克思主义开始引起青年学生的广泛关注。1919 年，《新青年》出版“马克思主义研究专号”，极大地推动了马克思主义在中国的传播。1920 年 3 月，继发表《法俄革命之比较观》《庶民的胜利》之后，李大钊在北京大学发起组织马克思学说研究会，是年秋，又领导建立北京的共产党早期组织和北京社会主义青年团。早期中国共产党是一个主要由知识分子组成的党，党的一大的 13 名代表全是接受过现代学校教育的知识分子，其中王尽美、邓恩铭、刘仁静、周佛海为在读学生，占代表总数的 30%。可以说，青年学生是中国马克思主义传播的先锋，受到党的天然的重视。

（二）确立反帝反封建的引领主题

党的主要任务，决定了党对青年学生政治引领的主题。新民主主义革命时期，中国处于半殖民地半封建社会，帝国主义和中华民族、封建主义和人

① 田克勤、张泽强：《从价值觉醒到文化自信：五四运动历史地位的新思考》，《思想理论教育》2019 年第 4 期。

民大众的矛盾，是当时中国社会的主要矛盾。党在新民主主义革命时期的主要任务是："反对帝国主义、封建主义、官僚资本主义，争取民族独立、人民解放，为实现中华民族伟大复兴创造根本社会条件。"[①] 1921 年中国共产党甫一成立，就把为中国人民谋幸福、为中华民族谋复兴作为自己的初心使命。1922 年召开的党的二大确定了反帝反封建的民主革命纲领。这次会议通过的《关于少年运动问题的决议案》中就明确提出要对青少年开展"革命的教育"，要"引导他们做打倒帝国主义和封建势力的奋斗"。[②] 但是这个决议针对的是青年工人而非青年学生。1923 年，党的三大通过《青年运动决议案》，特别提及青年学生："社会主义青年团对于青年学生应从普通的文化宣传进而为主义的宣传，应从一般的学生运动引导青年学生到反对军阀反对帝国主义的国民运动。"[③] 至此，党明确提出了新民主主义革命对青年学生政治引领的主题——反帝反封建。这一主题贯穿了整个新民主主义革命时期的政治引领实践。

二 新民主主义革命时期的引领历程

中国共产党根据新民主主义革命时期不同阶段社会的主要矛盾和主要任务调整革命斗争的战略。作为党政治工作的重要组成部分，在"反帝反封建"这一总主题下，中国共产党根据各历史阶段的不同侧重点开展政治引领工作，把青年和青年学生紧密团结在党的周围。

（一）引领青年学生参加大革命

作为民族民主革命运动的国民革命运动是中国共产党同中国国民党实行政治合作的产物，其根本目标就是推翻帝国主义和北洋军阀在中国的统治。为推动国民革命运动，中国共产党特别重视青年的政治引领，发挥青年作用，带领青年投身反帝反封建的国民大革命。当然，由于当时党组织发展不普遍，在此情况下，团组织在青年学生的政治引领中发挥了较大作用。1923 年 3 月，经过共产党员和共青团员的努力，中华全国学生联合会第四次代表大会改变了以往学生运动"只问外交，不问政治"的倾向，将打倒帝国主义，打倒军阀，向着自由独立民主的国家而努力作为广大青年学生运动的政

① 《中共中央关于党的百年奋斗重大成就和历史经验的决议》，人民出版社，2021，第 3 页。
② 《建党以来重要文献选编（1921～1949）》第 1 册，中央文献出版社，2011，第 158 页。
③ 《建党以来重要文献选编（1921～1949）》第 1 册，中央文献出版社，2011，第 265 页。

治目标，广大青年学生为自己的利益而奋斗，为被压迫的民众的利益而奋斗。在1923年6月召开的党的三大上，研究制定与国民党建立统一战线的方针，并通过《关于青年运动决议案》，提出要积极号召和引导广大青年学生参加革命。[①] 是年8月，中国社会主义青年团根据党中央关于国共合作的统一部署，在南京召开了第二次全国代表大会。会议坚决接受党的统一战线方针，并通过了《青年工人运动决议案》《学生运动决议案》《青年妇女运动决议案》等，要求青年团深入到各级组织和青年学生中，宣传、发动和组织各地团员青年尽量加入国民党。经过党、团组织的努力，青年学生政治引领工作取得较大成效，1925年组建了党直接领导下的第一支武装力量——国民革命军第四军独立团，该团的骨干力量和成员主要由青年学生党、团员组成。

（二）引领青年学生参加土地革命和白区斗争

1927年，随着国民党叛变革命，国共合作宣告破裂，轰轰烈烈的国民大革命失败了。面对国民党在中心城市的强大力量，中国共产党毅然放弃攻打中心城市的计划，实现重大战略转移，率领部队转入农村，在农村创建革命根据地。中国革命在中国共产党的领导下进入艰苦卓绝的土地革命时期。土地革命战争开始后，中国共产党对青年的政治引领以实现“土地革命的政纲”为原则，在反帝反封建军阀之外，加入了反对国民党反动派的内容。

开展土地革命是巩固和发展农村革命根据地的重要前提。中国共产党和共青团带领广大青年学生和青年劳动者积极参加打土豪分田地的斗争，组织少先队站岗放哨，监督地主富农，防止敌特的破坏活动，组织青少年学生学习苏维埃政府的土地法、劳动法等法令，提高他们参加土地革命的自觉性和认识政策的水平。发展工农武装是保卫和巩固农村革命根据地的首要任务。中国共产党和共青团积极动员广大青年学生和团员踊跃参加红军，参加保卫红色革命根据地的斗争。包括青年学生在内的广大青年积极响应，踊跃参军，其中由1万多名青年组成的“少共国际师”在1933年第五次反“围剿”战斗中英勇出击，多次受到贺电嘉勉。

在国民党统治区，党依然坚持对青年学生的政治引领。但由于王明的“左”倾教条主义的影响，白区的青年工作形成了关门主义和第二党的

① 《建党以来重要文献选编（1921~1949）》第1册，中央文献出版社，2011，第265页。

"左"的作风，对青年学生的政治工作产生了消极影响。[①] 1935 年，共产国际七大召开，指出当前的斗争策略是建立最广泛的反法西斯统一战线。党根据共产国际的决议精神，及时纠正了白区工作中的"左"倾关门主义，北平青年学生在党的北方局的领导下开展了反对华北自治的一二·九运动和一二一六运动，振奋了民族精神，唤醒了民众的抗日热情。

（三）引领青年学生以各种形式反抗日本侵略者

抗日战争是中华民族从近代以来陷入深重危机到走向民族复兴的转折点。中国共产党高举全民抗战的旗帜，积极引领青年学生投入抗战救亡的斗争中，政治影响力空前提高。1931 年，日本发动震惊中外的九一八事变，以武力侵占东北，开始了侵略中国的战争。1937 年，日军挑起发动了七七事变，向卢沟桥发起进攻，中国抗日战争全面爆发。面对空前的民族危机，中国共产党号召全国人民进行广泛的反对帝国主义侵略的群众运动。1935 年下半年，中国共产党先后发表《为抗日救国告全体同胞书》（八一宣言）、《为日本帝国主义并吞华北及蒋介石出卖华北出卖中国宣言》、《抗日救国宣言》等，鲜明提出"停止内战""联合起来反对日本帝国主义"的政治主张。在卢沟桥事变爆发后，中国共产党始终坚持将民族的利益、人民的利益放在最高位，积极寻求和国民党的合作，推动国共合作的达成，形成抗日民族统一战线。抗日战争时期，党对青年的政治引领，将团结广大青年抗日救国作为主题，将"救国"和"建国"充分结合。

1936 年 11 月，在青年抗日运动蓬勃发展的大形势下，中共中央政治局为进一步促成抗日民族统一战线的建立，作出了《中央关于青年工作的决定》，提出所有青年团员在抗日救国、民主自由的共同目标之下，为实现合作联合与统一，"都应该依照各地的具体环境与需要，去参加一切现有青年群众的合法的与公开的组织"。[②] 抗日战争爆发初期，全国进步青年纷纷奔赴延安。西北青年救国联合会在中共中央的指导下，开办了安吴青训班，培养了大量青年运动干部。1939 年 5 月 4 日，五四运动 20 周年纪念会在延安举行，会上毛泽东作了关于《青年运动的方向》的演讲，充分肯定青年运动在整个人民革命运动中的地位和作用，号召学生青年和知识青年一定要

---

① 《革命领袖论共青团工作》，中国青年出版社，1992，第 185 页。

② 《建党以来重要文献选编（1921~1949）》第 13 册，中央文献出版社，2011，第 373 页。

“把全国的青年团结起来，把全国的人民组织起来”，[①]“和广大的工农群众结合在一块，和他们变成一体”，[②] 才能形成强大力量，打倒日本帝国主义。1942~1943 年，根据地的革命青年通过参加整风运动，进一步提高了党性素养，确立了无产阶级世界观。

在国民党统治区，中国共产党深入开展多方面的青年工作。在条件较好的山西省，中国共产党与阎锡山当局合作，创立了山西青年抗敌决死队，吸引广大青年学生投身抗战。在大后方，党提出学生运动的根本方针应该是“长期潜伏发展，积蓄力量，争取人心”，中心工作应由校外救亡转为校内学生工作。根据指示，在大后方的重庆、成都、昆明的青年学生工作取得了长足发展，团结了大后方的进步青年，锻炼了一批干部。在沦陷区，中国共产党的工作方针是“荫蔽精干，长期埋伏，积蓄力量，以待时机”，[③] 利用“中国青年模范团”等汪伪青年组织开展合法斗争，并设法掌握一些组织的领导权，团结广大进步青年，掩护抗日活动。各解放区建立了自己所在城市的工作部，在沦陷区吸收优秀青年党员，为解放战争时期的学生运动培养了一批骨干力量。在抗日战争中，中国共产党起到了中流砥柱的作用，获得了全国进步青年的拥护。在中国共产党的正确政治引领下，全国进步青年为抗战作出了卓越的贡献，在此过程中确立了马克思主义的政治信仰。

（四）引领青年学生参加反对国民党独裁统治的斗争

1945 年 8 月，中华儿女经过十多年的英勇抵抗，终于取得了抗日战争的伟大胜利。但是，蒋介石国民政府缺乏和谈的诚意，在美国政府的教唆之下，置中国共产党、各民主党派和各族人民的期盼于不顾，抛弃“双十协定”和军事停战协议，发动全面内战，建设和平、民主、富强的新中国的愿望破灭。社会的主要矛盾由抗战时期的中日民族矛盾转变为中国人民同美帝国主义支持下的国民党反动派的矛盾，中国面临着两种命运、两种前途的抉择。面对这种严峻的局面，中国共产党以推翻国民党政府统治、解放全中国为目标，团结和带领包括青年学生在内的中国人民与国民党政府开展了一场解放战争。

在解放区，中国共产党通过重组青年团，建立中央团校培养团干部等形

① 《建党以来重要文献选编（1921~1949）》第 16 册，中央文献出版社，2011，第 288 页。
② 《建党以来重要文献选编（1921~1949）》第 16 册，中央文献出版社，2011，第 285 页。
③ 《建党以来重要文献选编（1921~1949）》第 17 册，中央文献出版社，2011，第 305 页。

式激发青年的革命热情，大批青年积极参军入伍，或投身宣传、物资转运、粮食生产等工作，为解放战争提供了有力的保障。在国统区，中国共产党扎实做好团结和组织青年的工作，重点发动进步青年学生参与民主运动，如1945年的一二·一运动、1947年的“反饥饿、反内战、反迫害”运动，等等，在全社会积极营造渴望和平与民主的舆论氛围，开辟了配合中国共产党领导的军事斗争的第二条战线，加速了民主革命胜利的进程。

三　新民主主义革命时期的引领实践

中国共产党在新民主主义革命时期，紧密结合社会形势、学生特点，采用灵活多样、合理实用的方式开展青年学生政治引领。

（一）确立党对青年团和青年政治工作的领导

党对青年学生实现政治引领的重要抓手是青年团，青年团的工作重心就在于青年学生。党确立对团的领导，是实现对青年学生政治引领的关键，这经历了曲折的历程。

1920年，各地中国共产党早期组织发起并着手组建社会主义青年团，但由于团员成分不纯，领导不力，不久就停止了活动。1921年7月，党的一大探讨了如何在各地建立和发展社会主义青年团作为党的预备学校的问题，决定吸收优秀团员加入中国共产党。1922年初，张太雷回国，按照少共国际的要求重建共青团。同年5月，中国社会主义青年团第一次全国代表大会在广州召开。会议制定了中国社会主义青年团的纲领和章程，但是没有规定团组织与党组织的关系，显然，这对整个革命运动和青年运动的开展是极为不利的。为此，同年7月，党的二大规定：“关于中国社会主义青年团与中国共产党的关系，在青年劳动者一切经济和教育利益奋斗的方面，中国社会主义青年团应是个独立的团体；关于普通政治运动方面，中国社会主义青年团则应当约束他与中国共产党协定之下。”①

事实上党的决议并没有得到贯彻。在大革命时期，青年团的组织较为健全，基层团组织与基层党组织联系较少，各行其是，出现了党团竞争的局面，② 产生了“第二党”的现象。在土地革命时期，由于青年团的某些领导

① 《建党以来重要文献选编（1921~1949）》第1册，中央文献出版社，2011，第158页。

② 王奇生：《革命与反革命——社会文化视野下的民国政治》，社会科学文献出版社，2010，第149~156页。

人认为党犯了机会主义错误，团应领导一切斗争，变成整个无产阶级的先锋队，所以形成了第二党作风，犯了先锋主义的错误。1935 年 11 月，中共中央作出《关于青年工作的决定》，决定取消国统区的团组织，建立公开半公开的以抗日民主为共同目标的先进青年的群众性组织，更广泛地团结各阶层的爱国青年学生，发展抗日救亡运动；苏区的团组织也要响应抗战的需要进行全方位改造，成为苏区青年的文化、教育、体育、军事等团体的联合组织，实行广泛的民主，全力实现与国民党区域内的青年团体的联系，要做好优秀团员转党的自下而上的发展，建立青年救国联合会。由于青年群体抗日热情高涨，个别地方的青年救国会在抗战初期犯了脱离党的领导的先锋主义错误。[①] 随着延安整风的深入进行，各地党组织的战斗力、党员的觉悟有了明显的提高，党对各项工作的领导有了明显的加强。1946 年，党在延安试建青年团取得了成功。1948 年底，解放区各地试办的青年团大多取得成功，中央在河北省平山县创办了中央团校，培养团的干部。1949 年 4 月，中国新民主主义青年团第一次全国代表大会在北平召开，青年团正式重建。任弼时在大会上所作的政治报告，系统总结了青年团和党的青年运动的历史经验，强调："保证中国共产党对于中国新民主主义青年团的正确的领导，是中国青年运动正确地向前发展的决定因素。"[②] 任弼时进而指出，这种领导包含着两方面意义："一方面，新民主主义青年团的领导干部及全体团员，必须明确地深刻地认识到接受中国共产党的领导的绝对必要性，坚决执行和服从中国共产党的一切政策决议，学习马克思列宁主义理论和共产党的作风，保证全体团员及广大青年对于中国共产党的完全信任；另一方面，就是要中国共产党各级党委，不放弃或放松自己对于青年运动的领导职责，应该把青年工作放在一个应有的适当位置上，给以必要的关心和帮助。"[③] 至此，中国共产党对青年团的领导才真正确立。历史证明，确立党对青年团的领导，是青年团正确发挥作用的前提，也是党实现对青年学生政治引领的政治保证。

（二）充分运用宣传、教育方式理论引领青年学生

为了有效地动员群众，需要在大多数场合将动员主体所持有的意识形态

---

① 《任弼时选集》，人民出版社，1987，第 405 页。

② 《任弼时选集》，人民出版社，1987，第 485 页。

③ 《任弼时选集》，人民出版社，1987，第 485~486 页。

和话语体系进行改造，将其与动员对象的直接利益或情感联系起来。[①] 新民主主义革命时期，中国共产党为能够充分把握青年学生的身心特点，采用深受学生欢迎的手段和形式开展政治引领，帮助处于思想迷茫期的青年实现思想觉醒，将革命信念转化为切实的革命行为，自觉投身到新民主主义革命中去。

1. 充分利用社团、研究会等宣传、传播马克思主义

1920 年 3 月 31 日，在北京大学，邓中夏、罗章龙、刘仁静、高君宇等 19 人组织成立了第一个集学习、研究、宣传马克思主义于一体的社团组织——“马克思学说研究会”。伴随着研究会的强大号召力，中华大地上进步的青年学生广泛活跃于马克思主义的宣传和研究中，社会上掀起了接受、研究和宣传马克思主义的热潮，不断有更多的学生从思想上实现向马克思主义的转变，并逐渐发展成熟成为中国早期的马克思主义者，进一步促进了马克思主义在中国的传播，为中国共产党的成立奠定了坚实的思想、理论和组织基础。

2. 充分利用课堂作为宣传教育阵地

课堂是青年学生学习的最核心阵地。充分利用课堂对学生进行马克思主义的宣传教育，是政治引领的最有效的形式之一。李大钊作为早期马克思主义者，从 1920 年开始，就在北京大学讲授唯物史观、工人的国际运动、社会主义与社会运动等马克思主义理论课，并编写相关讲义。中国共产党成立不久，毛泽东等创办了湖南自修大学，瞿秋白等创办了上海大学，致力于传播马克思主义理论，有力地拓宽了学生视野，给予学生思想启蒙和政治引导。为大革命培养军事人才的黄埔军校，开设社会主义运动、社会进化史、农民运动、青年运动课程，吸引大量学生树立马克思列宁主义的信仰，为共产党培养了一批政治信仰坚定、军事素养过硬的军事人才。抗日战争以后，党领导的各高校对青年学生的思想教育和政治引领进一步加强，重视理论学习，初步呈现出一种较为系统化、正规化的局面。抗日军政大学、陕北公学、鲁迅艺术学院均以马克思主义基本原理作为教学的基础内容，并紧密结合抗日战争的历史实际，开展对中国革命和现实问题的研究，使马克思主义入心入脑。1945 年 4 月，中共扩大的六届七中全会通过《关于若干历史问题的决议》，从政治、军事、组织、思想四个方面对毛泽东的一系列思想理论观点作出了较为清晰的分析和阐述，从而在实际上形成了党对毛泽东思想

① 赵鼎新：《社会与政治运动讲义》，社会科学文献出版社，2006，第 212 页。

科学体系基本框架的重要概括。[①] 党的七大则确立了毛泽东思想的指导地位。解放区的华北大学等高等院校，在较为完备的政治理论课程的基础上，将毛泽东思想作为教育学生的理论指针和重要内容。[②]

3. 与文娱活动相结合

中国共产党要求各学校党组织充分利用新文化研究会、读书会、时事座谈，通过组织开展晚会、歌咏队、演剧队等各种青年学生喜爱的活动，向学生宣传反帝反封建道理，向学生指出救亡图存的道路，最大限度地把各层次学生团结起来。如西南联大党组织通过学生组织，开展和成立各种演讲会、辩论会、各种文艺讲习班、社会科学学习小组等易于为一般学生所接受的活动和组织；党领导下的西南联大的剧艺社创作演出了《凯旋》等一批剧目；组织进步学生利用茶馆进行交友谈心活动，依靠一些进步教授对学生进行各种形式的潜移默化教育，成功实现了对国统区学生的政治引领。

4. 编辑出版报刊

党、团组织在新民主主义革命时期出版的刊物是宣传动员和政治引领工作的重要平台，是马克思主义进步思想传播的重要阵地，是引领、号召和组织青年积极投身青年运动、实现思想转化的重要思想武器。如 1923 年创办的《中国青年》，围绕与青年关系密切的学习、组织活动、婚恋、失学、失业等问题开展讨论，同社会中存在的落后、不健康的思想和风气开展斗争，引导青年学生在马列著作中寻找思想之光。这些报刊不仅在内容上能够击中青年学生的内心，而且在编排上适时配有漫画，很快成为最受青年喜爱的刊物。在学校宣传阵地中，各高校也纷纷采取行动，出版了宣传马克思主义的期刊。黄埔军校政治部通过编辑出版日报、期刊、文集、丛书、画报等刊物，揭露帝国主义和封建军阀的虚伪面目，消除学员入学前受到的流俗传统的影响。西南联大党组织还成立了“冬青社”，在闻一多等导师的关心指导下，出版了水准较高的《冬青文抄》，宣传社会主义思想。

（三）在与工农相结合的实践中引领青年学生

针对城市青年学生对工人、农民缺乏了解的情况，中国共产党注重组织和引导青年学生深入社会，深化对中国国情的认识，增强对中国共产党的认

① 田克勤：《中国共产党三个“历史决议”对毛泽东思想的认识和概括》，《马克思主义理论学科研究》2021 年第 12 期。

② 曲向奎、王振举编著《革命教育家成仿吾》，山西人民出版社，2019，第 34 页。

同，坚定反帝反封建的决心。

大革命时期，北京、天津、上海、武汉等地的进步青年在中国共产党的指导下成立平民教育宣讲团宣传马克思主义，并到工厂、农村中开展调查研究。黄埔军校在开展学生政治教育的过程中也十分注重实践，早期学校每逢群众活动都会组建宣传队，负责锻炼培养学生宣传组织群众的能力；随后，规定学生每周要到乡间实习一次，接触群众，调查研究，宣传革命主张。第二次国内革命战争时期，青年团中央贯彻中共中央《八一宣言》的精神，号召青年学生“到工人中去，到农民中去，到商民中去，到军队中去”。党领导下的平津学联组织500余人的“平津学生南下扩大宣传团”，深入工农群体，用演讲、文艺演出等形式宣传抗日救亡，并帮助农民建立起各种抗日救亡组织。通过这些实践，青年学生们认识了中国社会的实际状况，受到考验和锻炼，思想上开始了由民族意识到阶级意识的转变，大多数人在实践中成为民族解放斗争的先进战士。

党创办的学校更加注重青年学生与工农相结合。抗日战争时期，中国人民抗日军事政治大学组织学员参加体力劳动。陕北公学等则将抗日救亡工作列入学院的日常教学中，将每周三定为救亡日，组织学生走出校门从事实践活动。解放战争时期，东北军政大学和华北联合大学等坚持学习与劳动相结合，有计划地组织学生参加社会实践，教育学生初步建立为人民服务的革命人生观。如华北联合大学组织全校学生参加张家口市西沙河的抢修，以辛勤的劳动感动了市民，密切了学校学生与市民群众的关系。学校组织史地系等学生参加土改，引导学生认识和了解当时中国革命的最基本任务，逐步树立为人民服务的观点；组织教育系学生等深入县乡开展实习和研究，引导学生认识到教育在整个人民解放事业中的地位、作用。经过教育，学员们的政治觉悟显著提高，在一些学校中，加入中国新民主主义青年团的学员的比例为1/3，加入中国共产党的比例为2%左右，大部分青年学生在思想上要求进步，能够服务和服从于分配，能够全心全意为人民服务，对支援解放战争和解放区建设起到了重大作用。

（四）在各种形式的斗争中引领青年学生

1. 游行示威

中国共产党积极组织青年学生参加游行示威，加强学生的反帝爱国思想。五卅运动中，党组织学生进行演讲、游行，声援工人斗争，号召收回租界，助推了全国范围内的反帝爱国运动高潮。在抗日战争前夕，青年学生抗日热情空前高涨，中国共产党成功地组织和领导了青年学生投入一二·九等政治运动，教育青年学生深刻认识国民党的反动本质，逐步消除对国民党的幻想，激发他们的爱国精神。

解放战争时期，在广大国统区，为了配合解放全中国的革命战争，党对青年的思想教育和政治引领的方式也作出了调整，主张从抗战时期的隐蔽、多样逐步发展到声势浩大、南北同步，由宣传游行逐步发展到面对面的斗争，逐步形成反对蒋介石反动统治斗争的第二条战线。党紧紧抓住有利时机、关键时刻对学生进行政治引领和思想教育。1946 年通过沈崇事件，激发广大学生的民族义愤，发起抗议美军暴行的运动；1947 年 5 月，领导组织上海、南京等各校学生联合举行以“反饥饿、反内战、反迫害”为口号的学生罢课示威运动。青年学生通过参加这些游行示威活动，进一步认清美帝国主义和蒋介石政府的本质，增强了反美反蒋的决心和勇气。

中国共产党从关心青年学生的经济、求学、就业等切身利益出发，把政治引领同解决学生的实际问题结合起来，与反帝、反封建和推翻国民党反动统治的斗争结合起来，扩大宣传、加强教育，将争取学生切身利益的斗争，上升到为全民族的解放、无产阶级的解放而斗争。

2. 论战

论战是思想斗争的一种重要方式，中国共产党通过与错误、敌对思想、思潮的斗争或交锋，达到了真理越辩越明的效果，提高了马克思主义的影响力，深化了青年学生对马克思主义的认可和追求。五卅运动后，党领导进行了针对国家主义和戴季陶主义等的论战。1925 年 11 月，中共中央发出第 65 号通告：“我们现在对于国家主义派及国民党右派之思想上的争斗，非常重要，必须在此种争斗上得到胜利，我们在学生运动中才能得到胜利。”[①] 萧楚女、恽代英、瞿秋白等中国共产党人在《中国青年》《政治周报》等刊物上发表了大量文章与之展开论战，对国家主义和戴季陶主义等系列错误观点进行批判和坚决抵制，引发了青年学生的热烈响应。青年学生在认清错误思想的同时，更加明确了政治方向和政治立场。1935 年，面对青年学生不断持续高涨的抗日救国热情，胡适在天津《大公报》上发表文章，重弹“读书救国”的老调，规劝学生别受“浅薄的煽动”。陈立夫主持的中国文化建设协会也向学生灌输三民主义和资产阶级的哲学、政治、经济、历史观点，

① 《建党以来重要文献选编（1921~1949）》第 2 册，中央文献出版社，2011，第 600 页。

企图以此引诱青年学生把全部精力都倾注到书本中去。对此，中国共产党一方面组织青年学生发起新启蒙运动，提倡科学民主、思想自由和追求真理，反对封建奴化思想；另一方面，开展对《八一宣言》的宣传，撰文批判胡适的错误论调，提升了学生的思想政治认识。

在新民主主义革命时期，中国共产党顺应历史潮流，高举反对帝国主义、封建主义的大旗，将广大进步青年团结在自身周围。党对青年学生成功的政治引领，是新民主主义革命得以取得最终胜利的一个重要因素。党在这一过程中积累的政治工作经验为党在社会主义革命、建设和改革时期实现对青年学生的正确的政治引领奠定了理论和制度基础。

第二节　社会主义革命和建设时期党对青年学生的政治引领

1949 年 10 月 1 日，中华人民共和国宣告成立，标志着中国共产党带领中国人民成功推翻了帝国主义压迫，冲破帝国主义的东方战线，以独立自主的崭新面貌屹立于世界东方；标志着中国取得了新民主主义革命的胜利，开启了中国历史发展的新纪元。在这一时期，党领导人民完成社会主义革命，消灭一切剥削制度，实现了中华民族有史以来最为广泛而深刻的社会变革，实现了一穷二白、人口众多的东方大国大步迈进社会主义社会的伟大飞跃。在探索过程中，虽然经历了种种曲折，但党在社会主义革命和建设中取得的独创性理论成果和巨大成就，为在新的历史时期开创中国特色社会主义提供了宝贵经验、理论准备、物质基础。与此同时，党对青年学生的政治引领工作进入了新阶段。

一　又红又专：社会主义革命和建设时期的引领主题

社会主义革命和建设时期，青年学生作为社会主义事业生力军的重要性更加凸显。毛泽东在莫斯科接见中国留学生和实习生时，表达了党中央对青年学生的殷切期望："世界是你们的，也是我们的，但归根结底是你们的。你们青年人朝气蓬勃，正在兴旺时期，好像早晨八九点钟的太阳。希望寄托在你们身上。"①

社会主义革命和建设事业需要青年学生既在政治上有高度的觉悟，又在

① 《毛泽东年谱（1949～1976）》第 3 卷，中央文献出版社，2013，第 248 页。

学业上有扎实的本领。早在新民主主义革命时期，周恩来就强调青年学生参加革命的同时不能放弃学习。[①] 革命胜利后，培养社会主义接班人就成了重要任务。1951 年 7 月，中华全国学生联合会第十五次代表大会[②]上，朱德总司令向全国学生发出号召："你们现在的任务，是要学好本领，准备力量，参加建设我们这个伟大、可爱的祖国，并为反对帝国主义新的战争计划，巩固国防，保卫祖国的和平建设而努力。"[③] 在这里，朱德更多地强调了学习的重要性。

1956 年，社会主义基本制度开始在中国确立，党对青年学生的政治引领提出新的要求。毛泽东在党的十届三中全会上提出干部要"又红又专"："政治和业务是对立统一的，政治是主要的，是第一位的，一定要反对不问政治的倾向；但是，专搞政治，不懂技术，不懂业务，也不行……我们各行各业的干部都要努力精通技术和业务，使自己成为内行，又红又专。"[④] "又红又专"的标准提出后，不但成为培养和选拔干部的标准，也逐渐成为对青年学生进行政治引领的主题。如，武汉大学校长李达积极号召武汉大学同学要走"又红又专"的道路。1960 年全国学联十七大上，胡启立作了《又红又专，攀登科学文化高峰》的报告，号召青年学生"应该立大志、下决心把攻尖端、攀高峰这个光荣重大的责任担当起来，从各方面去作艰苦的努力，把自己培养成为又红又专的工人阶级的知识分子"。他指出，为达到这个目的，青年学生应该做到三点：第一，必须树立共产主义世界观；第二，必须坚持参加生产劳动，把脑力劳动和体力劳动结合起来；第三，必须认真读书，积极参加科学研究。[⑤] 这篇讲话可以说准确概括了青年学生群体"又红又专"的具体内涵。

二　社会主义革命和建设时期的引领历程

随着中国迈入新民主主义社会，中国共产党从革命的党转变为建设的党，从一个带领青年和人民为夺取政权而奋斗的政党，转变为探索在全国范

① 《周恩来选集》(上)，人民出版社，1980，第 91 页。

② 在新的形势下，为了更好地实现党对青年学生的政治引领，1949 年 3 月，在北平举行的中华全国学生第十四次代表大会上，产生了全国统一领导机构——中华全国学生联合会。

③ 郑洸主编《中国青年运动六十年（1919~1979）》，中国青年出版社，1990，第 412 页。

④ 《毛泽东文集》第 7 卷，人民出版社，1999，第 309 页。

⑤ 何东昌主编《中华人民共和国重要教育文献》第 1 册，海南出版社，1998，第 951 页。

围内如何实现长期执政的党。在社会主义革命和建设时期，中国共产党以“又红又专”为主题开展青年学生政治引领工作，尤其注重理论与实践相结合，在实践中引领青年学生树立政治信仰、校准政治方向、提高政治本领。

（一）引领青年学生参与土地改革

新中国成立之初，广大青年学生由于长期接受资产阶级教育，世界观、人生观、价值观乃至政治观点都不可避免地带有浓厚的资产阶级色彩。仅仅依靠说教改造青年学生的思想，作用有限。党创造性地提出让青年学生参加土地改革的办法，一方面能够保障《土地改革法》的正确实施，另一方面能够把土改作为对青年学生政治引领的抓手。

1950 年 6 月 30 日，毛泽东签署命令，正式颁布《中华人民共和国土地改革法》，土地改革开始向全国的新解放区推开。从中央到地方抽调了大批干部组织土改工作队，其中吸收了相当一批新解放城市的青年学生。每年参加工作队的青年学生都在 30 万人以上，各地土改工作队经过集中培训，认真学习土改法令，掌握各项政策和工作方法，分期分批到农村开展土地改革。许多来自城市的青年学生，过去几乎从未到过农村，对农民的贫苦状况并无切实了解，经过参加土改工作队，和农民一同生活、一同进行土改斗争得到了锻炼，经受了实践的考验，增长了才干，而且培养了与劳动群众的感情，改造了自己的世界观。一大批青年学生从此成长为懂政策、有能力、密切联系群众的干部。①

（二）引领青年学生助力抗美援朝、保家卫国

朝鲜战争爆发，党中央慎重作出抗美援朝的决定。面对这场反侵略的正义之战，中国共产党在宣传教育、参军、支援前线等多方面引领青年和青年学生广泛深入开展爱国主义和国际主义教育。1950 年 10 月 26 日，发出了《关于在全国进行时事宣传运动的指示》，积极在青年和青年学生中开展以抗美援朝为主题的爱国主义教育，既向青年及青年学生讲清楚为什么要抗美援朝，又帮助青年学生在相当程度上克服了亲美、崇美、恐美思想。党中央和青年团还发动青年和青年学生向广大群众开展宣传。青年学生积极响应，有的通过报告、座谈会和讨论会等开展时事学习，有的向工厂农村和一般市

① 中共中央党史研究室：《中国共产党历史·第二卷（1949～1978）》上册，中共党史出版社，2021，第 95 页。

民进行宣传，[①] 在全国形成上下同心共同支持抗美援朝的舆论氛围。

号召青年踊跃参军，保家卫国。战争的爆发不仅需要青年学生在宣传动员上发挥作用，同时需要青年学生积极投身到军事训练和战场中，1950 年 12 月和 1951 年 6 月，中央人民政府和人民革命军事委员会先后作出招收青年学生、青年工人参加各类军事干部学校的决定，团中央和各高校、学校也积极动员青年学生参加军事学校。大批爱国青年学生满怀热情，积极响应号召，踊跃加入志愿军和各类军事干部学校，报名人数突破 24 万。其中，清华大学在动员 9 小时内，就有超过需要人数 9 倍的学生报名。[②]

引领青年学生和青年积极参加生产劳动，支援前线。为做好军事后勤保障，党和国家提出了“一切为了祖国”“一切为了最可爱的人”的口号，号召广大青年学生深入工厂、车间、农田进行生产劳动，确保战场后勤需要。青年学生和青年用实际行动参与到这场抗美援朝的爱国运动中，参加爱国主义劳动竞赛和爱国捐献运动，如“中国青年号”“中国学生号”等，凝聚和体现了青年学生的真挚爱国情感。

抗美援朝打出了国威军威，打出了中国人民的精气神，彰显了新中国的地位，与旧中国积贫积弱、任人宰割的状态形成了鲜明对比。青年学生通过不同形式参与抗美援朝的斗争，亲身感受到了中国共产党领导和新民主主义道路的优越性，开始主动树立马克思主义信仰。

（三）引领青年学生“向科学进军”

随着三大改造和“一五”计划的顺利推进，科学技术的重要性日益凸显。1956 年 1 月，中共中央召开知识分子问题会议，周恩来作了《关于知识分子问题的报告》，会议号召“向现代科学进军”，为迅速赶上世界科学技术先进水平而奋斗。[③] 同年 12 月，中共中央批准了《1956~1967 年科学技术发展远景规划》，正式吹响了“向科学进军”的号角。党团共同动员和组织青年学生、青年知识分子向科学进军。青年学生和青年知识分子抓紧时间认真读书，刻苦钻研，努力学习文化知识，掀起向科学进军的热潮。这场活动既推动了科学技术的进步，又引导青年学生和青年知识分子迅速成长为祖国需要的人才，在活动中增强了为国家发展作贡献的政治自觉和行动自觉。

---

① 潘洵主编《青年在中国革命、建设和改革中的作用研究》，人民出版社，2016，第 117 页。

② 李玉琦主编《中国共青团史稿（1922~2008）》，中国青年出版社，2010，第 214~215 页。

③《建国以来重要文献选编》第 9 册，中央文献出版社，1994，第 11~42 页。

三　社会主义革命和建设时期的引领实践

中国共产党根据社会主义革命和建设时期的形势、任务，结合青年和青年学生实际，从组织建设、主题活动、劳动实践等方面开展青年学生政治引领。

(一) 注重思想政治教育

新中国成立初期，旧社会的残余还没有彻底消灭，对部分青年学生的思想道德产生了消极影响，青年学生中出现了道德丧失甚至违法犯罪现象，违背了中央关于社会主义事业接班人“又红又专”的要求。为此，中共中央指示团中央要重视和关注青年的纪律问题与社会风气问题。在党团的组织和号召下，1954 年 10 月至 1955 年 7 月，全国 135 个大中城市先后开展了针对包括青年学生在内的青年共产主义教育活动，有力地提高了青年学生的思想道德水平，巩固了青年学生的理想信念。在社会主义建设时期，根据党中央要求，1956 年青年团中央先后下发了《关于加强大学生政治思想工作的几项意见》《关于向青年进行革命传统教育的通知》，帮助青年学生坚定理想信念，明辨是非，继承优良传统，发扬爱国主义和国际主义精神。

中国共产党重视青年对马克思主义理论知识的学习和理想信念的塑造。1958 年 6 月，共青团三届三中全会作出《关于组织广大青年学习马克思列宁主义、学习毛泽东著作的决议》。1960 年 1 月，中共中央批转共青团中央书记处《关于开展毛泽东著作的学习运动的提法问题》，将广大青年学生引向学习马克思列宁主义理论和毛泽东著作上来。各级党委和团委积极推动学习的开展，全国范围内迅速掀起了学习马列主义和毛泽东著作的热潮，青年学习的热情不减、氛围浓厚，许多青年学生决心“生产战线当标兵，学习毛选争先进”，把毛泽东著作的学习列入规划中。共青团中央还配套制定了学习马列主义、毛泽东著作的工作规划，在黑龙江召开现场会议。此外，还组织青年学生学习马列主义、毛泽东著作观摩团，前往 20 多个省市 80 多个城市进行观摩学习、经验交流，极大地提高了全国各地青年学生学习马列主义、毛泽东著作的理论水平。

(二) 注重党团组织的建设

青年团是中国共产党开展青年学生政治引领工作的主要依靠力量。中国共产党非常重视青年团建设，采取多种措施发挥青年团作用。一是加强团中央领导机关建设。同意团中央成立书记处，并根据形势和工作需要，及时进行改选和扩大。二是发挥中央团校培养青年的职能。指示中央团校执行

“正规化、青年化”的发展方针，在华东、中南、西北三地设立分校，有计划地培养大批团干部，先后共计 5500 多名。三是加强对青年团的领导。1953 年 10 月，中共中央发出《关于加强党对青年团的领导给各级党委的指示》，明确要求加强党对团的思想领导和政治领导，各级党委要定期检查和讨论青年团的工作，青年团要在党的统一领导下开展工作，充分发挥青年团作为党的生力军的作用。1956 年 9 月，中国共产党第八次全国代表大会通过的新党章，明确规定了党对青年团的绝对领导和青年团服从于党的领导，进一步明确和强化了党团关系。通过这些举措，有力加强了青年团的建设，为中国共产党加强对青年学生的政治引领提供了坚强有力的组织保证。

（三）注重劳动教育

中国共产党注重在生产劳动、生活实践中锻炼青年学生。早在 1939 年毛泽东同志就提出“中国的知识青年们和学生青年们，一定要到工农群众中去”。[①] 为减轻当时城市就业压力，满足农村建设需要，1955 年 8 月 11 日、1957 年 4 月 8 日，《人民日报》先后发表《必须做好动员组织中小学毕业生从事生产劳动的工作》《关于中小学毕业生参加农业生产问题》等社论，号召中学生毕业生等知识青年下乡到农村就业。在党中央的号召下，青年学生掀起了“上山下乡”的热潮。

第三节　改革开放和社会主义现代化建设新时期党对青年学生的政治引领

从 1978 年 12 月中国共产党十一届三中全会到 2012 年 11 月中国共产党第十八次全国代表大会，是我国改革开放和社会主义现代化建设的重要时期。这一时期，国际形势风云变幻，错综复杂；国内改革开放持续推进，社会生活深度广度大大拓展，不仅建立了社会主义市场经济制度，而且实现了人民群众生活水平由温饱向小康社会的历史性跨越，实现了中华民族从站起来到富起来的伟大飞跃。在这场深刻的社会变革中，青年学生群体在政治意识、政治信仰、政治方向、政治立场、政治本领等方面出现了新情况、新问题。针对这些新情况、新问题，中国共产党坚持与时俱进，不断加强和改进对青年学生的政治引领。

① 《毛泽东选集》第 2 卷，人民出版社，1991，第 565 页。

一　振兴中华：改革开放和社会主义现代化建设新时期的引领主题

1978 年召开的党的十一届三中全会，果断抛弃了“以阶级斗争为纲”的错误方针，作出将党和国家的工作重点转移到经济建设上来、实行改革开放的战略决策，标志着我国进入改革开放和社会主义现代化建设新时期。这一时期党面临的主要任务是，继续探索中国建设社会主义的正确道路，解放和发展社会生产力，使人民摆脱贫困、尽快富裕起来，为实现中华民族伟大复兴提供充满新的活力的体制保证和快速发展的物质条件。[①] 此时的中国百废待兴，社会主义现代化事业迫切需要德才兼备的青年人才。随着党在新时期主要任务的变化，具有爱国主义色彩的政治引领主题——振兴中华，在实践中脱颖而出，贯穿这一时期党对青年政治引领实践。

邓小平十分注重对青年学生的培养和政治引领。1977 年 5 月邓小平发表《尊重知识，尊重人才》的谈话，率先展开了科技教育战线的拨乱反正。1978 年，邓小平在全国教育工作会议上强调了对青年学生政治引领的目标：“学校要大力加强革命秩序和革命纪律，造就具有社会主义觉悟的一代新人。”[②] 在拨乱反正的背景下，青年学生群体意气风发、斗志昂扬。1981 年，中国男排击败韩国男排获得男排世界杯的参赛资格，受到激励的北京大学学生发出了“团结起来，振兴中华”的呐喊，在全国引起了热烈反响。1983 年召开的全国学联二十一大号召青年学生“团结起来，奋发成才，勇敢地肩负起振兴中华的历史重任”。[③] 1987 年，党的十三大提出，社会主义初级阶段是“全民奋起，艰苦创业，实现中华民族伟大复兴的阶段”。[④] 1990 年，邓小平指出：“党的十一届三中全会以后，我们集中力量搞四个现代化，着眼于振兴中华民族。”[⑤] 实现中华民族伟大复兴，从青年学生的呼声上升为党和国家的奋斗目标，反过来又成为党对青年学生政治引领的主题。

江泽民、胡锦涛等同志也非常注重对青年学生的培养和政治引领。江泽民要求全国各学校要贯彻党的教育方针，坚持社会主义办学方向，努力培养

---

① 《中共中央关于党的百年奋斗重大成就和历史经验的决议》，人民出版社，2021，第 14~15 页。

② 《邓小平文选》第 2 卷，人民出版社，1994，第 105 页。

③ 《高举爱国的旗帜　提倡团结的精神　做振兴中华的先锋　全国青联六届一次会议　全国学联第二十次代表大会在京开幕》，《人民日报》1983 年 8 月 18 日，第 1 版。

④ 《十三大以来重要文献选编》（上），中央文献出版社，2011，第 13 页。

⑤ 《邓小平文选》第 3 卷，人民出版社，1993，第 357 页。

德智体全面发展的“四有”新人。1994 年 6 月，江泽民在全国教育工作会议上强调，要“引导和帮助青年学生树立正确的世界观、人生观、价值观，打下科学理论的基础，确立为建设有中国特色社会主义而奋斗的政治方向”。[①] 2010 年，胡锦涛在致全国青联十一届全委会和全国学联二十五大的贺信中提出：“希望广大青年和青年学生自觉担负起时代赋予的光荣使命，以坚定远大的理想励志前行，以孜孜不倦的精神求索新知，以高尚美好的情操培育品德，以锐意创新的激情投身实践，以艰苦扎实的奋斗成就人生，不断创造新的青春业绩，为实现中华民族伟大复兴而奋发努力。”[②] 在实现中华民族伟大复兴的宏伟目标的激励下，广大青年学生勤学苦练，奋发进取，以实际行动投身到社会主义现代化建设事业中。

二　改革开放与社会主义现代化建设新时期的引领历程

这一时期，中国共产党紧紧团结和带领全党全国各族人民开启并推进改革开放与社会主义现代化建设，开创并推进中国特色社会主义事业，为实现中华民族的伟大复兴而奋斗，对青年的政治引领实践也进入了新的历史阶段。

（一）引领青年学生坚持四项基本原则、抵制资产阶级自由化

随着改革开放的持续推进，各种西方的资产阶级自由化思潮在学校蔓延，党中央对此问题高度重视，先后出台《中共中央关于改进和加强高等学校思想政治工作的决定》等文件，提出“要使我们培养的学生能够坚持四项基本原则、坚持改革开放，增强对资产阶级腐朽思想和各种错误思潮的识别力和抵制力，从根本上提高思想政治素质”，[③] 通过一系列举措，逐渐将青年学生的思想引领回归到听党话、跟党走的正确轨道。

（二）引领青年学生开创中国特色社会主义道路

以邓小平同志为核心的党的第二代领导集体领导中国人民在进行改革开放和社会主义现代化建设的过程中，开创了一条有中国特色的社会主义道路。广大青年学生在中国共产党的领导下为中国特色社会主义事业的发展作出了重要贡献。

---

① 《江泽民文选》第 1 卷，人民出版社，2006，第 372 页。

② 《胡锦涛致全国青联十一届全委会和全国学联二十五大的贺信》，《人民日报》2010 年 8 月 25 日，第 1 版。

③ 《十二大以来重要文献选编》（下），人民出版社，1988，第 1412 页。

1. 引领青年学生解放思想

中国特色社会主义事业必须解放思想、实事求是。党为引导青年和青年学生解放思想，冲破“左”倾错误思想的束缚做了大量工作。1977 年，国家恢复高等学校招生考试，采取自愿报名、统一考试、地市初选、学校录取的办法。10 月 21 日，《人民日报》发表社论《搞好大学招生是全国人民的希望》，批判了“四人帮”的阶级出身决定论，强调“在德育、体育相同的情况下，要把文化水平最优秀的选拔出来上大学”。[①] 1979 年 9 月，共青团中央在青年中组织开展关于真理标准问题的讨论，引导青年和青年学生深刻理解实践是检验真理的唯一标准，用唯物主义武装自己的头脑。在党的引领下，青年学生破除了以往重视所谓“阶级出身”的思想枷锁，心情舒畅地投入到学习中去，为培养有知识、有文化的青年一代开辟了道路。

2. 引领青年学生为实现社会主义现代化而奋斗

党的十一届三中全会作出把党和国家工作重点转移到经济建设上来，实行改革开放的历史性决策。在此背景下，党引领广大青年和青年学生把为社会主义现代化建设而努力作为人生奋斗目标。共青团中央于 1979 年 3 月发出《关于在全国青年中开展“争当新长征突击手”活动的决定》，调动广大青年积极投身建设“四化”的各行各业。青年学生也积极响应党中央号召，如 1979 年，清华大学工程化学系七二班团支部开展了社会主义制度的讨论，并响亮提出“干社会主义、干‘四化’从我做起，从现在做起”的口号，体现广大青年学生献身社会主义现代化建设的理想和追求。1980 年 4 月，教育部、共青团中央联合下发《关于加强高等学校学生思想政治工作的意见》，明确提出“四个现代化建设是当前最大的政治，学生为祖国的四个现代化刻苦学习业务，是政治思想好的重要表现”，[②] “要鼓励学生为‘四化’努力攀登科学技术高峰”。[③]

3. 引领青年学生提高道德修养

没有良好的道德修养，也就无法树立正确的政治信仰、拥有正确的政治方向和政治立场。“文革”结束后，在新时期，社会主义精神文明建设成为

① 《搞好大学招生是全国人民的希望》，《人民日报》1977 年 10 月 21 日，第 1 版。

② 李德芳、杨素稳、李辽宁主编《中国共产党思想政治教育史料选辑》（下），武汉大学出版社，2019，第 163 页。

③ 李德芳、杨素稳、李辽宁主编《中国共产党思想政治教育史料选辑》（下），武汉大学出版社，2019，第 163 页。

党和国家工作的重点之一。1981 年 2 月，共青团中央等九单位联合发出《关于开展文明礼貌活动的倡议》，号召广大群众尤其是青少年倡议，抵御不良社会风气的侵蚀，开展“五讲四美”活动。各高校、中学的青年学生也积极行动起来，纷纷组建青年服务队和学习雷锋小组，为政治引领夯实了道德基础，创造了良好环境。

（三）引领青年学生推进中国特色社会主义

1992 年 10 月，中国共产党召开第十四次全国代表大会，会议明确提出建立社会主义市场经济体制的改革目标，要求坚定不移推进改革开放，继续探索中国特色社会主义道路。中国共产党领导和组织广大青年学生以改革创新的精神，不断克服改革开放和现代化建设面临的困难与挑战，努力推进改革开放和中国特色社会主义事业的全面发展。

1. 引领青年学生深入学习马克思主义中国化的最新理论成果

邓小平理论和“三个代表”重要思想提出后，根据党中央的部署和号召，各学校组织广大青年学生通过举办学习交流会、座谈会、专题读书班，成立研究会、学习小组开展知识竞赛、交流研讨、宣传宣讲等丰富多样的活动，深入学习领会马克思主义中国化的最新理论成果。同时，组织青年学生深入农村、社区、工厂、中小学等开展文艺演出、知识普及等文化活动，既提升了青年学生的文化修养，又丰富了人民群众的精神生活，推动了精神文明建设。

2. 引领青年学生理性爱国

世纪之交，我国经受了驻南使馆被美轰炸、SARS 疫情等系列突发事件。面对美国轰炸我国驻南使馆，中国共产党及时引导广大青年和青年学生形成正确认识，开展有序游行，理性表达爱国情感，维护民族尊严和国家主权，促进广大青年学生成熟成长。面对突发的 SARS 疫情，引导青年学生正确做好防护，参与群防群控，共同应对困难，展现和增强了新一代青年的社会责任感。

3. 引领青年学生服务西部和农村建设

为贯彻落实党中央西部大开发战略，共青团中央实施了“中国青年西部创业行动”“博士服务团”等一系列活动，激发和引导广大青年与青年学生参与和投入西部大开发，提供智力和人才支持，推动西部地区经济社会发展。为促进广大青年学生了解国情，增长才干，加深同人民群众的联系，坚定走建设有中国特色社会主义道路的信念，中宣部、教育部、团中央、全国学联等组织开展了全国大中专学生志愿者暑期文化、科技、卫生“三下乡”社会实践活动，充分调动青年学生的创造热情，引导青年学生发挥知识技能优势，开展切实有效的针对性服务，将知识和才华奉献给祖国和人民。

（四）引领青年学生投身于建设中国特色社会主义

2002 年和 2007 年，中国共产党分别召开第十六次和第十七次全国代表大会，确立了全面建设小康社会、开创中国特色社会主义事业新局面的奋斗目标。中国共产党带领青年学生为全面建设小康社会，推动改革开放和中国特色社会主义事业的深入发展而奋斗。

1. 引领青年学生投身中国特色社会主义政治建设

这是对青年学生进行政治引领的最直接、最有效的方式。中国共产党十六大、十七大召开后，党中央和团中央、教育部组织力量在广大青年学生中积极宣传社会主义政治文明建设的精神，引导青年学生深刻认识中国特色社会主义政治发展道路是历史的选择、人民的选择，帮助青年学生增强民主意识，公民意识和国家、国防安全观念，强化青年学生政治意识；引导青年学生积极有序地参与民主选举、民主决策、民主管理、民主监督等民主实践，增强政治本领。

2. 引领青年学生投身中国特色社会主义经济建设

经济建设是党在社会主义初级阶段的中心工作。中国共产党号召和组织广大青年学生投身于社会主义经济建设，尤其是西部大开发和振兴东北老工业基地的热潮。2003 年开始，团中央、教育部等联合启动并实施“大学生志愿服务西部计划”，截至 2012 年，先后有近 9 万名大学毕业生到中西部 22 个省份的基层从事教育、卫生、农技、扶贫等志愿服务。一些学校倡导大学生课外科技活动、假期社会实践活动和为经济建设作贡献三者一体化，强调“直接参与经济建设”的主旨，突出“为经济建设、为改革开放作贡献”这一重心，以科技文化服务为主要内容，采取点面结合和分层次、多渠道的方法，组织广大学生面向农村、面向乡镇企业、面向经济建设主战场，广泛深入地开展社会实践活动。通过这种社会实践，青年学生受到了教育，增长了才干，也为经济建设作出了力所能及的贡献，实现了一举三得。

3. 引领青年学生投身中国特色社会主义文化建设

一是引领青年学生深入学习马克思主义理论、“三个代表”重要思想和科学发展观。党中央先后下发《关于在全党开展深入学习实践科学发展观活动的意见》等，共青团中央启动了“青年马克思主义者培养工程”，并要求针对群体内部的差异性分类别开展思想引导。二是引导青年学生提升思想道德修养。2003 年，中央精神文明建设委员会确定 9 月 20 日为第一个“公民道德宣传日”，组织包括青年学生在内的广大青年掀起群众性道德实践热潮。2004 年，《关于进一步加强和改进未成年人思想道德建设的若干意见》《关于进一步加强和改进大学生思想政治教育的意见》等文件明确要求，全社会要高度重视并做好青年学生的思想政治教育。

4. 引领青年学生投身中国特色社会主义社会建设

青年学生往往是新的社会风尚的引领者。中国共产党和团中央注重引导青年学生积极参加各种社会活动，在勇担社会责任中成长，增强社会责任感。2003 年，开展了包括“众志成城”“与你同心”“青春誓言”等系列活动的“同心协力，战胜非典”特别活动；组织青年学生积极参加汶川地震救援活动、北京奥运会志愿者服务活动、上海世博会志愿者服务活动等，这些活动既增强了青年学生的责任担当，又展示和塑造了青年学生的良好形象。

三　改革开放与社会主义现代化建设新时期的引领实践

中国共产党根据青年学生思想行为新特点、活动新方式、所处的时代背景，不断改进和优化政治引领方式，保证和提升政治引领效果。

（一）加强思想政治理论课

加强青年学生的思想政治教育是改革开放和社会主义现代化建设新时期的重要任务。邓小平曾指出：“十年来我们的最大失误是在教育方面，对青年的政治思想教育抓得不够，教育发展不够”，[①]“我们希望从事教育工作的同志，各个有关部门的同志，整个社会的家家户户，都来关心青少年思想政治的进步”。[②] 1980 年 4 月，教育部、团中央出台了《关于加强高等学校学生思想政治工作的意见》。1987 年 8 月，国家教委、中宣部出台了《关于加强研究生思想政治工作的几点意见》等，提出要把思想政治工作放在首位，教育学生“爱祖国、爱社会主义，拥护共产党的领导，努力学习马克思主义”，“热爱党，信任党，坚持党的领导”，[③] 重新确立起学生思想政治教育

① 《邓小平文选》第 3 卷，人民出版社，1993，第 287 页。

② 《邓小平文选》第 2 卷，人民出版社，1994，第 105~106 页。

③ 教育部思想政治工作司组编《加强和改进大学生思想政治教育重要文献选编（1978~2014）》，知识产权出版社，2015，第 81 页。

的重要地位，为开展学生政治引领工作提供了有力的组织保证。

思想政治理论课是开展青年学生政治引领和思想教育的主渠道，体现了社会主义学校的本质要求。伴随着“文化大革命”结束，学校思政课得以在拨乱反正的过程中逐步走上正规化道路。中央先后出台多个政策文件，支持和加强思政课建设。如1985年8月，中共中央下发《关于改革学校思想品德和政治理论课程教学的通知》（简称“85方案”），[①] 对大、中、小思政课程体系的改革作了总体性安排。

党的十五大之后，邓小平理论“进教材、进课堂、进学生头脑”工作蓬勃展开。其中，“进教材”是基础，“进课堂”是关键，“进学生头脑”是目标。1998年4月，党中央批准了高校马克思主义理论课和思想品德课课程设置新方案，规定要把学习邓小平理论作为“两课”的中心内容。实践证明，邓小平理论的“三进”对搞好大学生的理论学习起到了十分重要的推动作用。为了使思政课适应新形势，1998年6月10日，中宣部和教育部联合颁布《关于普通高等学校“两课”课程设置的规定及其实施工作的意见》（简称“98方案”）。[②] 根据这一方案，高校为本科生开设马克思主义哲学原理等7门思想政治理论课必修课程。2001年，在庆祝中国共产党成立80周年大会上江泽民发表讲话后不久，教育部举办座谈会，提出要积极推动“三个代表”重要思想“进教材、进课堂、进学生头脑”，各地高校普遍将“邓小平理论和‘三个代表’重要思想概论”纳入课程。一些省市的高校还单独开设了“三个代表”重要思想课程，并且编写了教材，培训了骨干教师，“三进”工作有条不紊地推进，“98方案”进一步完善。“98方案”包含了马克思主义基本原理知识、马克思主义中国化的理论成果，同时还注重道德、法律的规范和实践，是一套比较完善的方案。不足的是，“98方案”课时数太多，各课程内容之间，以及各课程与中学政治课之间存在一定交叉重复，缺乏针对性。

党的十六大把“三个代表”重要思想确立为党的指导思想并写入党章。为适应新的形势，2005年2月，中宣部、教育部颁布《〈关于进一步加强和

① 教育部思想政治工作司组编《加强和改进大学生思想政治教育重要文献选编（1978～2014）》，知识产权出版社，2015，第38页。

② 教育部思想政治工作司组编《加强和改进大学生思想政治教育重要文献选编（1978～2014）》，知识产权出版社，2015，第179页。

改进高等学校思想政治理论课的意见〉实施方案》（即“05 方案”）。[1] 根据该方案，本科生必修的思政课变为 4 门。新增一门中国近现代史纲要，用铁的事实教育青年学生，中国共产党和社会主义道路是人民的选择、历史的选择。原马克思主义哲学原理、马克思主义政治经济学原理整合为马克思主义基本原理概论，并新增科学社会主义内容。原毛泽东思想概论、邓小平理论和“三个代表”重要思想概论两门课程合并为一门毛泽东思想、邓小平理论和“三个代表”重要思想概论。原思想道德修养和法律基础两门课程则整合为思想道德修养与法律基础一门课程。“05”方案实施后，课程优化整合减少了重复交叉，提升了针对性；课程数目的减少并没有降低课程的分量，课程覆盖内容反而更加全面；“两课”学时约占总学时的 9.3%，保持了“98 方案”8%~10%的比例要求。

2008 年 9 月，中宣部、教育部颁布《关于进一步加强高等学校思想政治理论课教师队伍建设的意见》，[2] 从思想政治理论课教学科研组织工作，思想政治理论课教师选聘工作、培养培训工作、学科支撑、制度保障等 5 个维度对思想政治理论课教师队伍建设提出了要求，为把思想政治理论课教师队伍建设成一支政治坚定、业务精湛、师德高尚、结构合理的教师队伍指明了方向，也为党对青年学生进行政治引领提供了切实保障。

（二）拓展青年学生政治引领途径

中国共产党一方面继承发扬青年学生政治引领的好做法、好经验，另一方面与时俱进探索新方式、新途径。

一是推动政治引领、思想教育与生产劳动相结合，培养青年学生的劳动习惯和劳动意识。教育部在 1982 年出台《普通中学开设劳动技术教育课的试行意见》，对劳动技术教育作了全面、具体的规定和安排。1984 年 9 月出台的《中共中央宣传部、教育部关于高等学校学生参加生产劳动的若干规定》，提出：“组织学生参加一定时间的生产劳动，是实现社会主义大学培养目标不可缺少的重要环节，也是对学生进行思想政治教育的重要途径。”[3]

---

① 教育部思想政治工作司组编《加强和改进大学生思想政治教育重要文献选编（1978~2014）》，知识产权出版社，2015，第 297 页。

② 教育部思想政治工作司组编《加强和改进大学生思想政治教育重要文献选编（1978~2014）》，知识产权出版社，2015，第 374 页。

③ 教育部思想政治工作司组编《加强和改进大学生思想政治教育重要文献选编（1978~2014）》，知识产权出版社，2015，第 33 页。

1986年之后颁发了6份独立的教学大纲，对劳动教育课程的目标、内容、教学要求不同程度地进行规范化和具体化。如1997年《全日制普通高级中学劳动技术课教学大纲（供试验用）》对教学内容的基本项目作出教学单元划分并附有具体要求，对于教学要求的层次也作出具体说明（知识的了解和理解，技能的学会、掌握和运用）。[①]劳动技术教育课获得独立课程的地位，丰富了劳动教育政策的内容。

因此，在这一阶段国家基本完成对劳动教育课程政策的整体设计，对劳动教育课程的教学大纲、课程性质、课时计划、教材作出规定或予以进一步规范。如围绕国家现代化建设，积极在大、中、小学各阶段开展劳动教育，注重学生劳动价值观的培养；劳动教育内容更为明确和规范，颁布了独立的教学大纲，增加劳动教育内容中的技术比重。从总体来看，这一阶段的劳动教育政策对劳动教育的规范作用更为显著，充分肯定了劳动教育在全面发展教育中的重要作用。

二是广泛组织开展社会实践活动。社会实践是教育中不可缺少的有机组成部分，是学生理论联系实际，实现知识、能力、情感融合提升的重要途径，也是党对青年学生政治引领的重要形式。对于这个问题党和政府曾多次颁布专门文件，1987年，国务院批转了国家教委《关于改进和加强高等学校实习和社会实践的报告》，国家教委、团中央联合印发了《关于广泛组织高等学校学生参加社会实践活动的意见》，完善了青年学生参加社会实践活动的相关要求。1992年，中共中央办公厅、国务院办公厅转发了中宣部、国家教委、共青团中央《关于广泛深入持久地开展高等学校学生社会实践活动的意见》。1999年，中共中央、国务院颁布了《关于深化教育改革全面推进素质教育的规定》。尔后，教育部制定了《2003～2007年教育振兴行动计划》等。这些文件都明确强调要深入开展多种形式的大学生社会实践活动，提高大学生的思想道德素质、人文素质、科学素质和身体素质。尤其是2004年，中共中央、国务院印发《关于进一步加强和改进大学生思想政治教育的意见》，强调指出："社会实践是大学生思想政治教育的重要环节，对于大学生了解社会、了解国情，增长才干、奉献社会，锻炼毅力、培养品格，增强社会责任感具有不可替代的作用。"由此可见，"受教育、长才干、作贡献"就是大学生社会实践教育功能的重要内容，也是大学生社会实践

---

① 张荣伟编著《新中国教育实验改革》，天津教育出版社，2010，第74页。

的价值所在。①

三是利用信息技术开展政治引领。党和国家领导人在不同场合多次强调要高度重视和充分运用信息网络技术开展政治引领和思想教育工作。2000年9月，教育部出台《关于高等学校思想政治教育进网络工作的若干意见》，提出要主动占领网络阵地，充分运用网络手段拓宽工作视野，使广大师生在享受网络优势和便利的同时，增强政治敏锐性和政治鉴别力，提高抵御错误思潮和腐朽生活方式影响的能力。② 各个学校开始利用校园网站做好政治引领，努力实现思想政治教育的整合与互补，网站主题鲜明、内容丰富，具有大量的马列主义、毛泽东思想、邓小平理论和“三个代表”重要思想以及党的方针政策的相关内容，可以给予青年学生理论指导；另外，网站即时互动性强，可以通过积极回应青年学生最关心的热点、难点和专业学习、成长中的困惑和问题，组织有关专家和教师在网上答疑解惑或开展讨论，有针对性地进行影响和辅导，不断增强网上政治引领的吸引力和感染力。

（三）完善家庭、学校的联动机制

青年学生政治引领和思想教育是个系统工程，需要形成家庭、学校的强大合力。党中央围绕做好青年学生政治引领这一目标，积极把社会各方面的力量动员起来，把社会各方面的资源整合起来，使他们密切配合，发挥一加一大于二的作用。

学校是做好青年学生政治引领的关键。党中央要求各学校要切实担负起加强和改进青年学生政治引领与思想教育工作的责任，建立健全党委统一领导、党政群齐抓共管、全体教职员工共同参与的“三全育人”工作机制，做到教书育人、服务育人、管理育人相结合，实现全员育人、全方位育人、全过程育人。家庭是青年学生的第一所学校，父母是青年学生的第一任老师。家庭教育具有血缘伦理的权威性，对于青年学生的影响伴随其一生。党中央提倡和要求各家庭要注重对孩子的教育培养，父母等家庭成员要以良好的品行在言传身教中潜移默化地影响孩子。在中小学阶段，家庭、学校能较好地形成教育合力，但在大学阶段，家庭与学校的合作教育功能出现弱化现

① 柳礼泉主编《大学思想政治理论课实践教学研究》，湖南大学出版社，2006，第88页。

② 教育部思想政治工作司组编《加强和改进大学生思想政治教育重要文献选编（1978～2014）》，知识产权出版社，2015，第210页。

象。一些高校针对这一薄弱环节，建立党委领导下的家访工作领导小组，详细制定了家访工作方案，明确了重点走访学生群体，下发重点家访学生名单及家访要求，并召开动员大会，要求每名家访同志应至少走访 3 个学生家庭。辅导员与相关职能部门和二级学院认真组织研究制定个人走访计划，提高家访实效性。家长通过家访建立起了对学校的信任，主动配合学校党组织的政治引领工作；学生与辅导员建立了新型师生关系，主动接受政治引领，主动申请入党、参军、到基层担任大学生村官等，主动奉献于中华民族伟大复兴的事业。①

政府、企业和社会组织也积极投入到对青年学生政治引领的实践中。爱国主义教育基地是中华民族的优秀历史文化和中国共产党在革命、建设、改革的历程中所积累的宝贵精神财富的载体，有利于青年学生形成正确的理想信念，有利于增强学生的爱国情操，培养健全的人格。1994 年 8 月 23 日中共中央印发的《爱国主义教育实施纲要》指出，全国各地的革命纪念场所、自然风景和历史文化景点、我们艰苦奋斗取得的建设成果都可以成为爱国主义教育的载体。全国各类博物馆、纪念馆、陈列馆、烈士陵园、文化遗迹、革命遗址、爱国名人故居等作为爱国主义教育基地，② 具有较强的熏陶渲染性和实践教育性，每年接待大量青年学生参观学习，成为进行政治引领的重要抓手。

广大党政群机关积极接受大学生见习、挂职是政治引领的重要方式。例如 1987 年，四川省南部县安排下辖 17 个区、乡、镇接受电子科技大学的 43 位大学生担任见习团委书记和妇联主任，取得了较好的效果。③ 通过耳闻目睹改革开放和社会主义建设的巨大成就，亲身体验工农群众的创造和奉献，进一步增强了青年学生奋发学习、立志报国的历史使命感和社会责任感。

---

① 李庆才主编《爱的足迹——辽宁省高校“千名辅导员万家行”活动十年巡礼》，大连海事大学出版社，2018，第 60 页。

② 刘利伟、周一博：《博物馆与大学生爱国主义教育》，吉林人民出版社，2020，第 42 页。

③ 《电子科技大学志》编纂委员会编《电子科技大学志 1956~2015》（上），电子科技大学出版社，2016，第 630 页。

第四章 新时代以来中国共产党对青年学生政治引领的历程回顾

进入新时代以来，中国共产党从“培养社会主义建设者和接班人”这一目标出发，紧扣“培养什么人、怎样培养人、为谁培养人”这一根本性问题，根据新时代青年学生的身心特点，确立新时代对青年学生政治引领的战略布局，从而在宏观上形塑了青年学生政治引领。在政治行为上，广大青年学生坚决听党话、跟党走，主动建功新时代；在政治观念上，广大青年学生形成了对中国共产党、中国特色社会主义道路和实现中华民族伟大复兴中国梦的高度认同。实践证明，新时代以来，中国共产党对青年学生的政治引领是成功的。

第一节 新时代中国共产党对青年学生政治引领的时代背景

处于人生“拔节孕穗期”的青年学生面对世界百年未有之大变局和中华民族伟大复兴的战略全局，更需要在思想上和政治上接受精心引领和正确引导。只有切实做好政治引领工作，才能帮助青年学生“扣好人生的第一粒扣子”，增强政治意识，拥护党的领导；才能引领青年学生坚定理想信念和政治方向，正确认识历史使命和时代责任；才能够引领青年学生不断立足专业知识的学习，自觉接过时代的接力棒，增强政治能力，提高政治本领，成为中国特色社会主义的建设者、践行者和奋斗者，为实现中华民族伟大复兴的中国梦汇聚磅礴的青春力量。

一　世情新局面：世界正经历百年未有之大变局

习近平总书记深刻指出，“当今世界正经历百年未有之大变局”。[①] 这是我们党在科学认识全球发展大势、深刻洞察世界发展格局变化的基础上作出的科学判断，是中华民族伟大复兴战略中重要的时代判断。

百年未有之大变局是人类社会历史进程中的多重要素相互作用的大变革。随着科技的快速发展和产业的深刻变革，生产力快速发展，世界经济版图和国际力量对比发生了前所未有的变化。一边是西方发达国家的经济发展乏力，动力不足；另一边是新兴经济体和发展中国家在世界经济中的分量不断加重，日益走近世界舞台中央，世界经济重心实现“自西向东”的位移，国际格局和国际体系发生深刻的调整，世界格局已经逐渐转变为协同共治的多极格局。全球治理体系和国际力量对比发生了近代以来最具革命性的变化，新冠疫情和乌克兰危机推动世界百年未有之大变局加速演进；国际力量对比发生变化必然引起国际话语权体系的变化，国际话语权体系也逐渐由被西方发达国家垄断，转变为发展中国家在国际事务中享有更多的话语权和发言权。一大批发展中国家逐渐成为影响世界经济政治格局的重要力量，国与国之间的交流更加密切、更加频繁，你中有我、我中有你的人类命运共同体正加快形成。在这些前所未有的大变革中，中国也在坚持社会主义现代化发展道路中日益走近世界舞台中央，成为世界多极化发展进程中的一支重要力量；中国的国际地位与影响力日益提升，“中国模式”和中国发展道路为广大发展中国家提供了新的发展模式的参考与借鉴。

以美国为首的西方发达国家在意识形态领域中的一些做法和言论具有叠加效应、放大效应、诱导效应，给我国部分信念不牢固、立场不坚定、辨别能力不强的青年学生带来较大影响。面对百年未有之大变局，以及部分青年学生在意识形态方面存在的突出问题，我们要充分认识到加强对青年学生政治引领的必要性，引领青年学生坚定中国特色社会主义理想信念，帮助青年学生走出思想认识上的重大误区，帮助青年学生做到政治意识清醒、政治立场鲜明，坚定地在中国共产党的领导下走中国特色社会主义道路。

---

① 《习近平谈治国理政》第3卷，外文出版社，2020，第112页。

二 国情新方位：中国特色社会主义进入新时代

习近平同志在党的十九大报告中指出："经过长期努力，中国特色社会主义进入了新时代，这是我国发展新的历史方位。"中国特色社会主义进入新时代这一重大政治判断，充分肯定了中国共产党执政以来，尤其是党的十八大以来我国经济社会发展取得的巨大成就，表明中国社会发展所处的历史方位，揭示中国国情发生的新变化。中国共产党自成立以来，就紧紧依靠人民群众，立足中国的实际和时代发展特点，推进马克思主义中国化、大众化，探索属于中国特色的社会主义发展道路，不断带领人民奋发图强、自力更生，取得了社会主义革命和建设的伟大成就；解放思想、锐意进取，取得了社会主义现代化建设新时期的伟大成就。党的十八大以来，中国在政治、经济、文化、社会、生态文明、党的建设等各个领域都实现了跨越式发展，社会生产力、综合国力、人民生活水平实现了历史性飞跃，经济实力、科技实力、国防实力进入世界前列，中国成为世界第二大经济体、制造业第一大国、货物贸易第一大国、商品消费和服务贸易第二大国、对外投资和外资流入第二大国，国际影响力大幅提升，日益走近世界舞台中央，整体呈现经济发展、政治昌明、文化繁荣、社会和谐、生态改善，党的先进性和纯洁性不断提高的良好态势，"我们比历史上任何时期都更接近中华民族伟大复兴的目标"。[①] 与此同时，人民日益增长的美好生活需要和不平衡不充分的发展之间的矛盾成为新时代我国社会的主要矛盾。基于对国情的准确判断，我们党清醒地认识到，新时代是我国的发展关键期、改革攻坚期和矛盾凸显期，民众对我国的民主、法治、公平、正义、安全和环境的建设与发展提出了更高的要求；经济结构性矛盾不断积累，经济下行压力加大，环境保护和经济发展的矛盾需要进一步协调，公共基础服务等需要进一步加强；特别是意识形态领域，面对多元多样多变的社会思潮，拜金主义、享乐主义、极端个人主义和历史虚无主义等错误思潮起伏跌宕；管党不力、治党不严，党的领导弱化、虚化、淡化、边缘化问题依然突出等。在新的历史大背景和国家发展阶段，中国共产党如何有效应对新时代带来的新挑战，守正创新，成为摆在我们党面前的一项极为重要的工作。我们党应立足青年学生的政治引领工作，抢占思想阵地，直面社会发展中呈现出来的问题和矛盾，及时澄清错误

① 《习近平谈治国理政》第3卷，外文出版社，2020，第246页。

认识，对部分青年学生存在的思想偏差及时介入干预，进行正确思想的引导，避免出现质疑党的领导和社会主义制度，动摇政治立场和政治信念的错误和危险思想。

“中国梦是历史的、现实的，也是未来的；是我们这一代的，更是青年一代的。中华民族伟大复兴的中国梦终将在一代代青年的接力奋斗中变为现实。”① 新时代中国特色社会主义建设的光荣任务必将落在青年和青年学生身上。面对国情新方位，要克服前进道路上的困难，接续奋斗实现中华民族伟大复兴的梦想，必须要牢牢把握住广大青年和青年学生。青年学生作为祖国未来的建设者和中国梦实现的参与者、经历者，作为党和人民事业发展的接班人和生力军，他们的理想信念是否坚定、政治方向是否正确直接关系到新时代发展的后备军是否充足，关系到党和国家的事业是否后继有人，关系到中华民族伟大复兴的中国梦能否实现。

政治引领是青年学生工作的首要问题，是凝聚团结中华民族伟大复兴青春力量的根本要求。开展青年学生政治引领，能够在战略全局上确保国家的政治安全，避免国家的政权基础、政治制度、政治秩序以及意识形态受到威胁、侵犯、颠覆和破坏；能够在青年学生培养过程中把稳总舵，引领青年学生爱党、爱国、爱社会主义；能引领青年学生正确认识历史使命和时代责任，客观分析新时代国家发展面临的机遇和挑战，顺应历史潮流，勇于承担起时代赋予的伟大使命，做到直面艰难险阻，努力开拓前进，激荡新气象，展现新作为；能引领青年学生刻苦锤炼过硬本领，不断提高文化修养和综合素养，不断提高服务社会、贡献祖国的能力和本领，并将个人的命运与祖国的命运联系在一起，将个人的成长融入国家的发展，自觉做中国特色社会主义的践行者、建设者和奋斗者，做实现中华民族伟大复兴中国梦的经历者、见证者、贡献者。

三　党情新挑战：新时代的党必须巩固和扩大执政青年群众基础

马克思主义政党理论认为，“在通常情况下，在多数场合，至少在现代的文明国家内，阶级是由政党来领导的”。② 政党本质上是特定阶级利益的

① 习近平：《决胜全面建成小康社会　夺取新时代中国特色社会主义伟大胜利——在中国共产党第十九次全国代表大会上的报告》，人民出版社，2017，第 70 页。

② 《列宁全集》第 39 卷，人民出版社，2017，第 21 页。

集中代表者，是特定阶级的领导力量，是由阶级中的中坚分子为了夺取或巩固国家政治权力而组成的政治组织。任何政党要实现本阶级的利益，要夺取和巩固政权，仅依靠政党是无法完成的，必须在动员和组织本阶级政治力量的基础上，最大限度地争取广大人民群众的拥护和支持，争取其他阶级成员。因此，任何一个国家的政党，不论其什么性质，都非常看重青年，注重培育青年学生。以马克思主义为指南的中国共产党，历来非常重视争取青年和培养青年学生，无论在革命、建设年代，还是改革开放和社会主义现代化时期，历代领导人都非常重视对青年学生的政治引领，不断巩固和扩大青年群众基础。

近年来，无论是中国国内的调研还是国外著名民调机构的调查数据都显示出，中国民众对中国共产党和中国政府的认可程度远高于西方国家民众对本国政府和执政党的认可程度。毋庸置疑，中国人民对于中国共产党的领导是高度认可的，能够拥护中国共产党的长期执政。而思想最为活跃的青年承载着一个国家、民族、阶级的未来和希望，青年学生是青年中最具有活力和学习力的战略群体，他们不仅是阶级成员的重要来源，也将是政党骨干力量的重要来源。

世情在变，国情在变，党情也不可避免地在发生深刻变化。中国共产党已经从一个只有 50 多名党员的小党发展为拥有 9500 多万党员的大党，已经从一个带领人民群众为夺取政权而奋斗的党转变为领导全国人民掌握国家政权并长期执政的党。如今，中国共产党作为中国特色社会主义事业的领导核心，作为中国的最高领导力量，肩负着在百年未有之大变局下带领全国人民开启全面建设社会主义现代化国家的新征程，实现中华民族伟大复兴的光荣使命。中国共产党要实现这一光荣而又艰巨的使命，离不开全面加强党的建设，特别是政治建设，确保党中央的权威和集中统一领导；必须争取广大青年学生的认可认同和支持拥护，争取源源不断的新鲜血液和新生力量的加入与补充。特别是面对新的世情、国情、党情，我们党自身的建设也不同程度地暴露出一些问题：有些党员干部暴露出意志消退，经不住权力、金钱或美色的诱惑，腐化堕落；部分基层政府或者党组织出现作风问题，脱离实际、脱离群众、思想不端正、违背民众的意愿，甚至伤害民众的利益，让民众产生失望甚至背离的想法；部分基层组织涣散，缺乏政治担当，缺乏干事创业的事业心，责任感不强，精神懈怠，服务群众的能力不强。这些都严重削弱了中国共产党的创造力、凝聚力和战斗力，损害了党同人民群众建立起来的血肉联系，更是消解了广大群众特别是广大青年学生对党的全面领导的政治认同。

党的十八大以来，从党员队伍发展来看，中国共产党的规模在扩大、结构在优化、素质在提高，成为世界第一大执政党，青年党员在党员队伍中所占的比重也在不断增长。一是年轻党员的数量较多，占比较高；二是学生党员数量较多，占比较高。年轻党员和青年学生党员为党的肌体注入了活力，增添了新鲜血液，但由于个人阅历浅、实践锻炼少，尤其缺乏党内政治生活历练，部分学生党员的政治意识和党性修养有待加强，政治"三力"有待提升，政治信仰不够牢固，政治立场不够坚定。青年学生政治素养状况、对党的认同度和忠诚度、对中国特色社会主义的信心和决心直接关系到中国共产党的执政地位能否巩固，关系到中华民族伟大复兴的目标能否实现。为此，在新时代的机遇和挑战面前，加强青年学生的政治引领是中国共产党巩固长期执政基础、带领中国人民实现初心使命的必然要求。

四　学情新变化：新时代的青年学生出现新特点和新问题

新时代青年学生绝大多数是出生于新千禧年后的一代，成长于中国经济社会快速发展、人民生活水平迅速提高、综合国力和国际影响显著提升的时代，伴随着新时代成长起来的绝大多数青年学生对党和国家充满高度的政治认同、思想认同、情感认同。绝大多数青年学生大是大非分明，具有强烈的国家意识、民族意识，对外开放自信，充满中国人的自豪感和归属感；他们的主体意识得到较大增强，权利意识、平等意识、公平意识、自我意识都比以往时代的青年学生更为突出，他们更会主动表达，积极争取。

除了上述优点，新时代的青年学生的成长也不可避免地存在若干风险因素。首先，他们出生于中国经济、社会转型全方位深入推进，各方面矛盾高发，对劳动者的知识、能力、素质的要求越来越高的时代，对个人发展常常抱有较高期许，承受着巨大的发展和竞争压力，易于出现心理问题。其次，他们出生和成长于科技迅猛发展的互联网信息时代，被称为"数媒土著""网络原住民"，学习和日常生活都和网络密不可分。他们乐于利用网络输出观点，擅长利用网络表达诉求，也易于受到网络上别有用心者的煽动、利用。最后，随着对外开放的不断深入，他们更多接触到与社会主义核心价值观不一致的西方资产阶级价值观。这些新情况，导致了青年学生在政治观念和政治行为上出现若干新问题。

第一，政治意识淡薄。由于受到家庭和社会错误思想的影响，少数学生奉行“政治无关论”，主要有两种表现：一种是只关心专业成绩，认为好好学习，未来找个好工作就可以了，政治与自己没有关系，即使是思想政治理论课，也以功利的心态对待，甚至说什么“家事国事天下事，关我屁事”；一种是主张个人利益高于集体利益，代表性的口号是“我不在乎大国崛起，我只在乎小民尊严”。以上两种论调都是将个人与集体、民族割裂开来，其本质是极端个人主义，破坏了个人应有的对民族、国家和党的政治认同和责任感。

第二，政治信仰缺失。少数青年学生的政治信仰出现动摇。一是马克思主义意识形态阵地受到侵蚀，一些青年学生对马克思主义产生怀疑，赞成“马克思主义过时论”，认为19世纪的理论已经无法解决21世纪的问题，转而认同西方的“普世价值”。二是宗教势力渗入校园，随着改革开放后宗教活动的恢复，学生开始通过家人、朋友接触到宗教；一些非正规的宗教团体甚至以半地下的形式进入校园传教，客观上形成与党、团争夺青年学生的态势。部分学生受到宗教的影响，放弃了马克思主义信仰。2011年前后的多项调查显示，信仰宗教的大学生人数占到总数的9%左右，且有继续扩大的态势。①

第三，政治方向偏离。大多数青年学生在政治方向上是正确的，但部分青年学生仍然出现了政治方向偏离的现象。其一，一部分青年学生对党的长期执政地位持怀疑或反对的态度。中国共产党作为中国的长期执政党，是历史的选择，人民的选择。但是国内国外反对党的长期执政的声音一直不断，一些青年学生受到了此种言论的影响。2011年的一项调查显示，有超过1/3的中学生认为多党制适合中国国情，② 显示出意识形态领域的严峻局面。其二，割裂热爱祖国与热爱社会主义的关系。③ 一些受到西方影响甚至资助的学者、媒体工作者宣传热爱祖国不等于热爱社会主义，巧妙地利用了青年学生热爱祖国但政治上不成熟的情况，事实上否认了中国特色社会主义道路的必然性，否定了中国共产党长期执政的必然性。

① 虞浩臣：《地方高校学生宗教信仰的现状调查——以浙江舟山为例》，《高教论坛》2010年第8期。

② 陈志科：《当前中学生思想政治状况的基本判断——基于2011年全国中学生思想政治状况的调查与分析》，《教育科学》2013年第3期。

③ 王雄伟：《大学生政治认同状况调查与分析》，《甘肃联合大学学报》2012年第3期。

第四，政治立场不稳。相当一部分青年学生存在严重的个人主义倾向，没有站稳人民至上的政治立场。其一，入党动机不纯。正确的入党动机应该是信仰马克思主义、为人民服务，而根据一项调查，1/3 以上的学生入党的首要动机是同辈竞争、师长要求或就业需要。[①] 有些学生错误地认为自己未来会出国，党员身份会影响签证办理和入学资格审查，而在大学选择不申请入党。此外，部分学生党员中，也存在入党前表现积极、思想先进，入党后反差较大，表现不积极，带头奉献意识不强等现象。其二，抱有功利目的参与政治活动，如果觉得不参加政治活动对自己既没有损害，也没有益处，就选择不参加；如果觉得参与能够帮助自己获得某些利益，则会主动参与，抛弃了政治活动要为人民利益负责的原则。

第五，政治本领欠缺。对学生来说，政治本领主要体现在服从和服务于党的大局，以及为人民服务的能力和水平方面，包括辨别是非的能力、勇于斗争的能力、参与政治和公共事务的能力，以及敢于担当的精神、建功立业的能力等。新时代部分青年学生社会阅历浅，政治生活历练不足，缺乏政治能力和本领。其一，欠缺明辨是非的本领，易受煽动。在网络信息瑕瑜互见的环境中，小部分青年学生对很多现实政治问题一知半解，不知其所以然，对于网络上传播的所谓“劲爆”消息缺乏冷静客观的独立分析能力，容易被别有用心的人煽动情绪，进而盲目在网络空间发泄不满，造成网络舆情事件。[②] 其二，欠缺敢于斗争的本领。面对一些真正需要有敏锐甄别能力、正面斗争的情况，如不正之风、违纪违法行为时，却不知所措或毫无察觉。其三，欠缺政治参与的本领。在需要关心政治和发挥作用的实践中，部分青年学生表现出“事不关己高高挂起”的旁观者心态，缺乏政治参与的意识与能力，这也是欠缺政治本领的典型表现。

第二节 新时代中国共产党对青年学生政治引领的主要内容

历史时代的环境变迁与青年学生的思想变动相互交织，给党在新时代大背景下开展青年政治引领带来了新问题、新挑战。为适应新时代所提出的新

① 李晓丹等：《论政治认同中的三种假象及其对策——以大学生政治认同为例》，《集美大学学报》2012 年第 3 期。

② 高彩荣：《中学生思想政治教育接受障碍及对策研究》，硕士学位论文，太原理工大学，2018，第 16 页。

问题，党的十八大以来，习近平总书记从党的事业薪火相传、后继有人的战略高度出发，强调“青年工作，抓住的是当下，传承的是根脉，面向的是未来，攸关党和国家前途命运”，[①] 推动一系列富有方向性、时代性、开创性的青年学生政治引领主题的创新与突破。我们党正不断地以“民族复兴”为主题凝聚中国力量，汇聚青年力量，引领广大青年学生将“青春梦”融入中国梦，坚定走中国特色社会主义道路，实现中华民族伟大复兴。

一　民族复兴：中国特色社会主义新时代的引领主题

党的十八大以来，中国特色社会主义进入新时代。“实现中华民族伟大复兴”的目标被进一步深刻阐释，并作为第二个百年奋斗目标提出。新的历史方位和奋斗目标自然产生新的政治引领主题。1987 年，党的十三大提出了“实现中华民族伟大复兴”的目标，但未进行深入具体的阐释；在后来的中央文件和领导人讲话中，“民族复兴”和“民族振兴”经常被混用，没有成为一个内涵外延清晰的概念。党的十八大以后，习近平对这一概念进行了系统的、深刻的阐释。2012 年 11 月 29 日，习近平在参观《复兴之路》展览讲话时首次提出“中国梦”：“每个人都有理想和追求，都有自己的梦想。现在，大家都在讨论中国梦，我以为，实现中华民族伟大复兴，就是中华民族近代以来最伟大的梦想。”[②] 2013 年 3 月，习近平在十二届全国人大一次会议上进一步指出，实现中华民族伟大复兴的中国梦，就是要实现国家富强、民族振兴、人民幸福。这一概括把国家的追求、民族的向往、人民的期盼融为一体，体现了中华民族和中国人民的整体利益。2017 年 10 月 24 日，党的十九大表决通过关于《中国共产党章程（修正案）》的决议，把中国梦庄严写入党章，更是将中国梦作为动员和感召中华民族所有成员的强大精神驱动力，中国梦也自然成为党在新时代对青年政治引领的主题。中国梦的提出，受到了国内外的广泛关注，并释放出强大的号召力和感染力，在青年学生群体中引起强烈反响。

习近平总书记多次指出，“青年一代有理想、有本领、有担当，国家就有

① 《牢记关怀　重任在肩——各级团组织贯彻落实习近平总书记同团中央新一届领导班子成员集体谈话重要讲话精神》，《光明日报》2018 年 7 月 9 日，第 1 版。

② 《习近平关于青少年和共青团工作论述摘编》，中央文献出版社，2017，第 13 页。

前途，民族就有希望”，[①] 他强调“无论过去、现在还是未来，中国青年始终是实现中华民族伟大复兴的先锋力量”，[②] 希望广大青年学生树立中国特色社会主义共同理想和共产主义远大理想，始终把坚定理想信念放在第一位，并与中国梦紧密联系起来，把实现中华民族伟大复兴的中国梦作为新时代中国青年运动的时代主题。广大青年学生是实现中国梦的核心力量，党中央、教育部等贯彻落实习近平总书记重要指示批示精神，坚持以中国梦为核心开展对青年学生的思想政治教育，用中国梦筑牢青年学生的共同思想根基，抓好青年学生的政治引领，激发广大青年投身中国特色社会主义建设的精气神，带动青年在接力奋斗中实现伟大中国梦。党的十八大以来，中共中央、国务院先后印发了《关于加强和改进新形势下高校思想政治工作的意见》（2017年）、《新时代爱国主义教育实施纲要》（2019年）、《关于新时代加强和改进思想政治工作的意见》（2021年），教育部党组下发了《关于在全国各级各类学校深入开展“我的中国梦”主题教育活动的通知》，各学校结合实际开展了“我的青春我的中国梦”“中国梦·我的梦”“中国梦·学子梦”等系列主题教育，常态化地开展理想信念教育，补足青年学生精神上的“钙”，使广大青年学生坚定政治信仰，增强对中国特色社会主义和中华民族伟大复兴的中国梦的信心。

二　铸魂育人：引领青年学生树立崇高政治信仰

时代是思想之母，实践是理论之源。当今世界处于百年未有之大变局中，影响世界政治经济社会发展的不稳定性和不确定性因素增加，中国共产党领导中国人民坚持中国特色社会主义道路，推动中国特色社会主义进入新时代，习近平新时代中国特色社会主义思想在新时代应运而生，成为新时代发展的重要指导思想。在总结党的执政规律、社会主义建设规律、人类社会发展规律的基础上，中国共产党深化、拓展、升华马克思主义思想，形成了以“十个明确”为核心内容的习近平新时代中国特色社会主义思想。这一思想准确回答了新时代坚持和发展什么样的中国特色社会主义、怎样坚持和发展中国特色社会主义这一重大时代课题，是马克思主义与中国实际相结合

① 习近平：《决胜全面建成小康社会　夺取新时代中国特色社会主义伟大胜利——在中国共产党第十九次全国代表大会上的报告》，人民出版社，2017，第70页。

② 习近平：《在纪念五四运动100周年大会上的讲话》，人民出版社，2019，第5页。

的最新理论成果，是21世纪马克思主义，是指引全党和全国各族人民凝心聚力投身中国特色社会主义现代化建设的重要思想武器与精神力量。

习近平同志非常重视青年政治信仰的树立，指出新时代引领青年学生坚定政治信仰就是要“树立对马克思主义的信仰、对中国特色社会主义的信念、对中华民族伟大复兴中国梦的信心”。[①] 以习近平新时代中国特色社会主义思想作为政治引领的重要指挥棒，武装青年头脑，能够帮助青年学生认清新时代的历史方位，全面把握新时代社会发展矛盾和国际形势变化，不断树牢正确的政治信仰，树立共产主义的理想信念，并在政治立场和政治方向上帮助青年学生定好基调，把好第一关。为此，中国共产党抓紧、抓实、抓好青年学生对于习近平新时代中国特色社会主义思想的学习。一是深入推动习近平新时代中国特色社会主义思想进教材、进课堂、进学生头脑，增强学习的系统性、实效性，充分发挥中学、大学思想政治课的主渠道作用。教育部2020年制定的《普通高中思想政治课程标准》（修订版）中强调：“高中思想政治课程紧密结合社会实践，讲授马克思主义基本原理，特别是马克思主义中国化最新成果。”教育部还组织编写了中小学《习近平新时代中国特色社会主义思想学生读本》，全国各地中小学从2021年秋季学期起开始使用。在高等院校毛泽东思想和中国特色社会主义理论体系概论课程中增加习近平新时代中国特色社会主义思想的内容，各高校开设习近平新时代中国特色社会主义思想概论课程，推进在其他各类课程中穿插渗透习近平新时代中国特色社会主义思想的内容体系构建。组织开展“千万师生同上一堂课”“我们都是收信人”等活动，组建由1500多名高校负责人、院士等组成的习近平总书记重要讲话精神讲师团。二是出版发行系列读物。先后印发《习近平新时代中国特色社会主义思想三十讲》《习近平新时代中国特色社会主义思想学习纲要》等；还先后出版发行了《习近平谈治国理政》（共4卷）、《论中国共产党历史》等，帮助青年学生系统学习习近平新时代中国特色社会主义思想；出版发行工作生活经历采访实录、语言典故类图书，如《习近平与大学生朋友们》、《习近平在正定》、《习近平在福建》、《平“语”近人——习近平总书记用典》、《习近平讲故事》（少年版）、《平易近人——习近平的语言力量》等。三是由浅入深，从生活化的视角帮助青年学生掌握习近平新时代中国特色社会主义思想。各学校通过组织主题学习研讨、学术讲座、读书沙龙、理论宣

① 习近平：《在纪念五四运动100周年大会上的讲话》，人民出版社，2019，第7页。

讲、实践参观走访等多种形式的活动，推动开展习近平新时代中国特色社会主义思想的常态化学习，将治国理政新方略充实到青年学生的成长成才中，增强他们对习近平新时代中国特色社会主义思想的认同和理解，增强对党和国家的亲近感与认同感。

三　忠诚不渝：引领青年学生校准正确政治方向和政治立场

习近平同志指出，青年学生要“以实现中华民族伟大复兴为己任，增强做中国人的志气、骨气、底气，不负时代，不负韶华，不负党和人民的殷切期望！”① 他多次殷切嘱托青年学生“要时时想到国家，处处想到人民”，②“要听党话、跟党走，胸怀忧国忧民之心、爱国爱民之情，不断奉献祖国、奉献人民”。③ 具体来说，要确保青年学生拥有正确的政治方向和政治立场，就必须引领青年学生深刻领悟“两个确立”的决定性意义，增强“四个意识”，坚定“四个自信”，坚决做到“两个维护”。

2016 年 1 月 29 日召开的中共中央政治局会议首次公开提出增强“四个意识”，即“政治意识、大局意识、核心意识、看齐意识”。2016 年 7 月 1 日，习近平总书记在庆祝中国共产党成立 95 周年大会上强调，中国共产党人“坚持不忘初心、继续前进”，就要坚持“四个自信”，即“中国特色社会主义道路自信、理论自信、制度自信、文化自信”。2021 年，党的十九届六中全会正式提出“确立习近平同志党中央的核心、全党的核心地位，确立习近平新时代中国特色社会主义思想的指导地位”。深刻领悟“两个确立”的决定性意义、增强“四个意识”、坚定“四个自信”、做到“两个维护”作为一个整体要求提出，标志着中国政治、中国治理进入一个全新阶段，体现了党中央以及习近平总书记将以更大的权威与担当，带给中国民众更多获得感；体现了我们党在新时代背景下对党的政治建设的重视，以党的政治建设为统领，统筹推进党的政治建设、思想建设、组织建设、作风建设、纪律建设。

青年最富有朝气和梦想，青年更需要在时代的大潮中坚定方向、奋勇实践、成就人生。为引导青年学生保持政治上的坚定、理论上的清醒、行动上

① 习近平：《在庆祝中国共产党成立 100 周年大会上的讲话》，人民出版社，2021，第 21 页。

② 习近平：《在北京大学师生座谈会上的讲话》，人民出版社，2018，第 12 页。

③ 习近平：《在纪念五四运动 100 周年大会上的讲话》，人民出版社，2019，第 8 页。

的自觉，在学习实践中能够始终保持和党中央一致，维护党中央集中统一领导，党和国家、各学校做了大量工作。第一，以思政教育为抓手增强青年学生的政治意识。在日常学生工作中关注学生思想动态，向学生宣传党和国家、学校的方针、政策、规定，深化青年学生的政治意识，提升其政治素养；发挥学生党员的先锋模范作用，积极影响、带动身边同学共同进步。第二，以实践锻炼为抓手增强青年学生的大局意识。在校园文化活动、志愿服务、社会实践、学术科研、创新创业的过程中，引导他们培养大局意识，做到从大局出发，做出合适的判断和选择；引导他们提升分析问题、解决问题的能力，锻炼出稳中有细的工作作风、踏实谦逊的工作态度和统筹兼顾的工作能力。第三，以组织建设为抓手增强青年学生的核心意识。把加强党团组织建设和做好青年学生的管理教育结合起来，积极发挥组织的力量，引导更多优秀青年学生入团、入党。第四，以榜样示范为抓手提升青年学生的看齐意识。树立优秀青年学生典型，传播先进事迹，引导学生向优秀学生看齐，发挥榜样力量。

持续开展“四个自信”教育，克服部分青年心中自卑、妄自菲薄、崇洋媚外的心理，让“四个自信”成为全社会的普遍共识。第一，引导青年学生在学习“四史”中坚定“四个自信”。党的十八大以来，习近平总书记反复强调学习党史、新中国史、改革开放史、社会主义发展史等“四史”的重要性。“四史”为“四个自信”提供了理论依据，学习“四史”活动在大、中、小学蓬勃展开，一系列受青年学生欢迎的“四史”读物、短视频、影视剧问世，增强了学习“四史”的效果。第二，引导青年学生在伟大抗疫中坚定“四个自信”。党领导全国人民进行的伟大抗疫斗争，孕育出以“生命至上、举国同心、舍生忘死、尊重科学、命运与共”为内涵的伟大抗疫精神。党通过讲好战疫故事、推动抗疫精神进课堂、发动青年学生从事抗疫志愿服务等方式，让伟大抗疫精神成为当代青年学生坚定“四个自信”的强大内在动力。第三，引导青年学生在学习优秀传统文化中坚定“四个自信”。中华优秀传统文化博大精深，具有强大的吸引力。各地各学校在教材、课堂讲授中提高传统文化的比重，在课堂之外开展经典诵读，当地博物馆、文物古迹、名人故居参观等活动。中央广播电视总台制作播出了一系列弘扬传统文化的节目，如《中国诗词大会》《经典咏流传》《经典里的中国》等，通过现代化的视觉技术手段、生动活泼的呈现方式，让当代青年学生更深刻地感受到中华优秀传统文化的魅力。第四，引导青年学生在关注时事政治中坚定“四个自信”。立足社会热点、难点问题，聚焦国内外发生的重大事件，通过中外对比，让青年学生体会中国道路、理论、制度、文化的强大优势。

四　凝心聚力：引领青年学生夯实社会主义核心价值观基础

“核心价值观是一个民族赖以维系的精神纽带，是一个国家共同的思想道德基础。”① 社会主义核心价值观是中国共产党人和中国人民在扎根中华优秀传统文化的基础上，立足于中国改革开放和社会主义现代化建设的成功实践，不断凝练中国精神形成的宝贵精神财富，是实现民族复兴的强大精神力量，是社会主义意识形态的本质体现，是当代青年的价值规范。坚持以社会主义核心价值观引领青年学生，能够帮助青年学生形成思想认识上的共识和价值判断上的一致，能够帮助青年学生在“拔节孕穗期”形成和确立正确的价值观，能够帮助青年学生扣好“人生第一粒扣子”。

社会主义核心价值观能够凝聚人心、汇聚民智。党和国家通过教育引导、舆论宣传、文化熏陶、实践养成、制度保障等多种渠道，将社会主义核心价值观内化为人民的精神追求，外化为人民的自觉行动。2013 年，党中央印发了《关于培育和践行社会主义核心价值观的意见》，阐释培育和践行社会主义核心价值观的要求，推动社会主义核心价值观培育和践行工作长效化、常态化和科学化。中共教育部党组、共青团中央于 2014 年印发了《关于在各级各类学校推动培育和践行社会主义核心价值观长效机制建设的意见》，以及《教育部关于培育和践行社会主义核心价值观进一步加强中小学德育工作的意见》，对社会主义核心价值观在教育系统的培育和推进作出了详细部署。教育部先后于 2014 年、2015 年分别召开了全国高校、中小学培育和践行社会主义核心价值观座谈会、专题研讨会、经验交流会等，交流经验、查摆问题、探讨推进方案。为进一步推进社会主义核心价值观教育落实落细，发挥社会主义核心价值观的引领作用，教育部还组织编写了《社会主义核心价值观青少年读本》，组织开展了全国中小学社会主义核心价值观教育优秀案例评选，并积极推动将社会主义核心价值观写进法律、融入法规，如将社会主义核心价值观融入 2021 年出台的《中华人民共和国家庭教育促进法》，通过法律的约束力提升社会主义核心价值观对青年学生的政治引领作用。

① 《十八大以来重要文献选编》（中），中央文献出版社，2016，第 133 页。

总而言之，党和国家，以及各地、各学校积极推进社会主义核心价值观进教材、进课堂，通过课堂讲授、社会实践、教师示范等使其渗透进育人的全过程，引导学生用社会主义核心价值观指导日常生活和实践，内化为信念和自觉行动，在政治立场和政治方向上作出指引。

五　青春报国：引领青年学生锤炼过硬政治本领

纪念五四运动100周年大会上，习近平总书记提出："新时代中国青年要树立对马克思主义的信仰、对中国特色社会主义的信念、对中华民族伟大复兴中国梦的信心，到人民群众中去，到新时代新天地中去，让理想信念在创业奋斗中升华，让青春在创新创造中闪光!"① 我们党始终认为中国青年是中华民族伟大复兴的先锋力量，实现中国梦需要依靠青年，同时也能够成就青年。新时代号召青年在坚持中国共产党的领导下，同广大人民一道，为实现"两个一百年"奋斗目标，不断把青春梦想融入党和国家的发展事业中，将爱国情、强国志、报国行自觉融入个人的思想和行动自觉中，到基层、到国家需要的地方去建功立业、成长成才，让青春之花绽放在党和人民最需要的地方。

党的十八大以来，我们党要求各级党委和政府、各级领导干部以及社会要充分信任、关心青年，帮助、支持青年，关注青年所思、所忧、所盼，让青年在情感上最大限度地增强对中国共产党的认同，在思想上主动地肩负起民族复兴的重任，坚定信念跟党走，建功新时代。一是为青年和青年学生建功新时代创造条件。2017年，中共中央、国务院印发了《中长期青年发展规划（2016—2025年）》，这是在新中国历史上第一次专门面向青年群体制定和出台的规划，是我国青年发展事业的重要顶层设计和里程碑，具有重大的政治和社会意义。党和国家积极引领青年学生投身脱贫攻坚和乡村振兴，结合寒暑假文化、科技、卫生"三下乡"，大学生村官，选调生，"三支一扶"计划等，吸引青年学生发挥专业优势，为脱贫攻坚和乡村振兴贡献聪明才智与青春力量，涌现出黄文秀等一批先进典型。通过参与脱贫攻坚和乡村振兴，增进青年学生对中国共产党初心和使命的理解与认识，增强了青年学生的人民情怀，更加深刻理解"国之大者"。二是结合国家重大事件和主题，引领青年学生将人生理想融入国家和民族事业发展中。党和国家还积极

① 《习近平谈治国理政》第3卷，外文出版社，2020，第334页。

引领青年学生参加北京冬奥会等重大活动的后勤服务、开幕式演出等，让青年学生感受到国家的强大实力、自信开放，引领青年学生更加爱党爱国。三是引领青年学生在志愿服务中提升本领。根据青年学生的身心发展特点提供志愿服务项目。针对中学生尚处在能力、认知发展不完全成熟，学业负担较重的阶段，许多学校组织中学生走进社区、走进社会开展志愿服务。例如，进入革命纪念馆、博物馆等从事义务讲解服务，既能传播革命文化，又能在服务中接受革命历史教育，提高政治觉悟；锻炼表达和交流能力；又如配合街道办、社区服务中心开展环保宣传和环卫清洁，倡导垃圾分类，及时劝诫乱扔垃圾、乱吐痰等不文明行为，增强中学生的服务意识、劳动意识，提高为人民服务的本领。

第三节　新时代中国共产党对青年学生政治引领的主要实践

中国共产党高度重视青年学生的政治引领，着眼于在青年学生中培育共产主义信仰、中国特色社会主义信念、实现中华民族伟大复兴的信心，着眼于增强对中国共产党的认同和拥护，紧密结合新时代的特征，全方位开展政治引领，努力把青年学生培养成为能够担当民族复兴大任的德智体美劳全面发展的时代新人。

一　充分发挥党、团组织的政治引领主体作用

党的十八大以来，中国共产党立足新时代的发展节点，聚焦党的自身组织建设、共青团的协同作用、各级组织的育人职责，打造全方位的组织育人、政治引领体系，持续强化党对青年学生的政治引领。

（一）加强党的自身组织建设

“办好中国的事情，关键在党。”① “中国共产党是中国特色社会主义事业的领导核心。”② 加强对青年学生的政治引领，首先要保证党自身过硬，执政能力和业绩突出，党的核心领导地位不受质疑。进入新时代，中国共产党以政治建设为统领，以抓铁有痕、踏石留印的韧劲，推进全面从严治党，确保党的先进性、纯洁性，赢得了民心。通过加强党的全面领导和全面加强

① 《十八大以来重要文献选编》（下），中央文献出版社，2018，第355页。
② 《十八大以来重要文献选编》（下），中央文献出版社，2018，第240页。

党的建设，党和国家实现了深层次、根本性的历史性变革，取得了全方位、开创性的历史性成就，在青年学生中树立了以习近平同志为核心的党中央励精图治、开拓进取，执政能力强、自我革命勇气足的马克思主义政党形象，增强了青年学生对党和国家的政治认同与政治好感，坚定了青年学生走中国特色社会主义的信心。调查显示，有99.4%的青年学生认为“中国共产党具有无比坚强的领导力，是中国人民最可靠的主心骨”，[①] 广大青年学生爱党、爱国、爱社会主义的思想基础更加巩固，听党话、跟党走的决心更加坚定，制度自信进一步增强。

基层党组织是党的各级组织中与青年学生关系最密切、互动最频繁的一级组织。基层党组织建设的好与坏，直接关系到青年学生政治引领效果。党的十八大以来，中国共产党注重基层党组织，尤其是学校党组织建设，全方位提升学校党组织的组织力，强化其政治核心和战斗堡垒作用。此外，近年来还制定出台了《中国共产党普通高等学校基层组织工作条例》《关于加强中小学校党的建设工作的意见》《普通高等学校学生党建工作标准》，在组织设置、职责要求、队伍建设、工作机制、条件保障等方面作出全面、明确、到位的规定，有力提升了学校基层党组织工作的科学化、制度化、规范化水平。在完善制度的同时，组织开展党建示范创建和质量创优工作，实施党组织“对标争先”建设计划等，以项目带动、示范引领等有效举措激发基层党组织活力，推动学校党建工作与中心业务工作深度融合。一个党员，一面旗帜。同时，学校基层党组织建设的加强和基层党员作用的发挥，一方面让青年学生直观感受到中国共产党的先进性、人民性、战斗性，对党产生亲近感和认同感；另一方面，提升了基层党组织做好青年学生政治引领作用的政治自觉，增强了团结、凝聚、引领青年学生的能力和本领。

（二）发挥共青团协同引领作用

共青团是中国共产党的助手和后备军，发挥着联系青年、服务青年、管理青年的作用。习近平总书记曾鲜明指出：“时代各有不同，青春一脉相承。一百年来，中国共青团始终与党同心、跟党奋斗，团结带领广大团员青年把忠诚书写在党和人民事业中，把青春播撒在民族复兴的征程上，把光荣

① 《格局性变化　历史性成就》，《中国教育报》2021年12月8日，第1版。

镌刻在历史行进的史册里。”① 十八大以来，党中央充分认识到新形势下共青团工作所面临的组织建设薄弱、联系服务青年不足等突出问题，审时度势、大刀阔斧地推动共青团改革。以教育系统为例，近年来，制定出台《中学共青团改革实施方案》《高校共青团改革方案》《深化学校共青团改革的若干措施》《关于加强新形势下发展团员和团员管理工作的意见》等多项重要制度、文件，着眼于提升共青团组织的政治性、先进性、群众性，增强共青团的凝聚力和向心力，聚焦共青团改革的迫切性和关键点，加强和改进学校共青团建设，取得突出成效。在推进“上层”改革的同时，学校共青团组织重视为党培养信仰坚定、能力突出、素质优良、作风过硬的青年政治骨干，开展“青年马克思主义者培养工程”。截至 2020 年 6 月，各级各类学校的“青马工程”共培养近 200 万人。通过这些举措，推动共青团组织深入基层，走进青年学生身边，了解、倾听青年学生心声，积极回应青年学生的诉求，帮助青年学生解决实际问题，真正起到了联系、服务和管理青年学生的桥梁与纽带作用。共青团在服务和帮助青年学生过程中，积极开展思想教育和宣传引导，引领帮助青年学生培育和践行社会主义核心价值观；教育引导广大青年学生坚持党的领导，坚定不移走中国特色社会主义道路，积极投身社会主义现代化建设的伟大实践。

（三）充分利用专题活动实现引领

青年学生在成长过程中，必然存在很多困惑和迷茫，需要采取行之有效和形式多样的思想政治教育方式帮助青年学生坚定政治立场和政治方向，增强他们对党和国家的信心与信赖。

党的十八大以来，为进一步加强对青年学生的政治引领，提升青年学生对政治引领的认同感、获得感和效能感，中国共产党在注重分析和把握青年学生特点、思想困惑的基础上，立足青年学生的思想困惑，分专题开展教育引导，让青年学生切身感受到中国共产党为什么能、中国特色社会主义为什么好、马克思主义为什么行。近年来，党组织开展了党的群众路线教育实践活动、“三严三实”专题教育、“两学一做”学习教育、“不忘初心、牢记使命”主题教育、党史学习教育等活动，以活动强化引领效果，取得突出成效。如，通过党的群众路线教育实践活动，不断补足广大党员和青年学生精

① 习近平：《在庆祝中国共产主义青年团成立 100 周年大会上的讲话》，《人民日报》2022 年 5 月 11 日，第 2 版。

神上的“钙”，使广大青年学生受到马克思主义群众观点的深刻教育，更加明确地认识到中国共产党的宗旨意识和群众立场，党的形象和威望，党的凝聚力、创造力、战斗力不断增强，坚定了青年学生听党话、跟党走的信心；通过“三严三实”专题教育，聚焦反对“四风”，落实“中央八项规定”，全面加强党的作风建设，振奋青年学生干事创业的精气神，让青年学生感受到我们党与不良作风斗争到底的勇气和决心，增强了对中国共产党的政治认同；通过“两学一做”学习教育活动，实现对全体党员的经常性教育，帮助青年学生特别是青年党员以党章党规为基本遵循，以习近平新时代中国特色社会主义思想武装头脑、指导实践、推动学习与工作；通过“不忘初心、牢记使命”主题教育，推动青年学生努力投身新时代中国特色社会主义的伟大实践，不忘初心、牢记使命，为实现中国梦作出更大贡献；通过开展党史学习教育，引导青年学生重温党的奋斗历程，明确党的初心使命，积极投身全面建设社会主义现代化国家的热潮中。概言之，通过这些常态化、系统性的主题教育实践活动，中国共产党进一步加强了对青年学生的政治引领，解决了青年学生的思想困惑，统一了思想认识，明确了政治方向，增强了他们对党的政治认同，凝聚起强大的青春力量。

二　切实加强学校的政治引领主阵地建设

习近平总书记多次强调，“教育决定着人类的今天，也决定着人类的未来”，[①]“基础教育是立德树人的事业……是提高民族素质的奠基工程，要遵循青少年成长特点和规律，扎实做好基础的文章”。[②]“高等学校是教育培养青年人才的重要园地，也应该是用社会主义核心价值体系武装青年的重要思想阵地。”[③] 无论是基础教育还是高等教育，学校具有极为丰富的校园资源、育人资源和育人优势，肩负着立德树人的根本任务，肩负着为党育人、为国育才的使命，因此，学校作为政治引领的主阵地绝不可放弃，更不可丢弃。

（一）落实学校立德树人的根本任务

坚持党对学校的领导，是党实现对青年学生政治引领的基本前提。2014年，中共中央办公厅印发《关于坚持和完善普通高等学校党委领导下的校

① 《习近平关于社会主义社会建设论述摘编》，中央文献出版社，2017，第47页。

② 《习近平关于社会主义社会建设论述摘编》，中央文献出版社，2017，第58页。

③ 《十七大以来重要文献选编》（下），中央文献出版社，2013，第689页。

长负责制的实施意见》，2022 年又印发《关于建立中小学校党组织领导的校长负责制的意见（试行）》，于宏观上持续完善了坚持和加强党对大中小学校的全面领导，坚持社会主义办学方向和党的教育方针。

各学校狠抓落实，把立德树人融入学校的思想政治教育、文化知识教育、社会实践等各环节、全过程。根据《关于深化教育教学改革全面提高义务教育质量的意见》《关于新时代推进普通高中育人方式改革的指导意见》《关于深化新时代学校思想政治理论课改革创新的若干意见》等，深化立德树人关键环节和重点领域改革，切实提高育人水平，厚植青年学生爱党、爱国、爱社会主义的思想情怀，特别是从教育教学改革的角度，进一步加强大、中、小学学生思想政治理论课建设，积极推进习近平新时代中国特色社会主义思想进教材、进课堂、进青年学生的头脑，切实把立德树人融入教育的全过程，实现全员、全方位育人。此外，各高校根据国家《关于进一步加强和改进新形势下高校宣传思想工作的意见》《关于加强和改进新形势下高校思想政治工作的意见》《关于加快构建高校思想政治工作体系的意见》等，全面加强宣传思想工作，完善思想政治体系，取得突出成效。譬如，大力加强马克思主义学院建设，其数量从 2012 年的近百所已猛增至当前的近千所。

（二）抓好思政课和思政教师队伍建设

思政课是青年学生最容易、最直接获得政治引领的渠道，是青年学生健康成长、卓越成才的重要路径，思政课教师队伍是党对青年学生实现政治引领的重要力量。2019 年 3 月 18 日，习近平总书记在学校思想政治理论课教师座谈会上指出："思政课是落实立德树人根本任务的关键课程，思政课作用不可替代，思政课教师队伍责任重大。"① 这为学校如何抓好思政课和思政课教师队伍提出了关键指导性意见。

加强青年学生的政治引领，一方面需要抓好学生思想政治教育的课堂教学主渠道，立足思想政治理论课的建设和宣传、思想政治理论课程群的建设，帮助青年学生厘清思想问题，解决思想困惑，实现固本正源、铸魂育人，通过思政课进一步增强青年学生对党和国家的信赖、信任与信心，让更多的青年从"我"变为"我们"；另一方面，需要广大教师达成共识与关切，进一步增强开展青年学生政治引领的责任意识和育人本领。思政课教师

① 习近平：《思政课是落实立德树人根本任务的关键课程》，人民出版社，2020，第 2 页。

是开展思政课的主体与必然关键，十八大以来，党和国家高度重视思想政治理论课教师队伍建设，夯实机制：2013 年、2019 年、2020 年相继印发《普通高等学校思想政治理论课教师队伍培养规划（2013—2017 年）》《关于加强新时代中小学思想政治理论课教师队伍建设的意见》《新时代学校思想政治理论课改革创新实施方案》等，全方位、持续性部署思想政治理论课教师队伍的培训、发展和建设工作，并多次召开全国思想政治理论课教师座谈会，要求思想政治理论课教师发挥帮助学生扣好“人生第一粒扣子”的作用，做好学生的政治引路人。截至 2021 年 9 月，我国登记在库的高校思政课专兼职教师已超过 12.7 万人，比 2016 年增加了 6 万人，[①] 建成了一支可信、可敬、可靠，乐为、敢为、有为的思政课教师队伍，成为青年学生政治引领的主力军。此外，党和国家先后制定《普通高等学校辅导员队伍建设规定》《高等学校辅导员职业能力标准（暂行）》等文件制度，加强高校辅导员队伍建设，对辅导员开展日常思想政治教育，对青年学生的政治引领和思想教育等提出了明确要求。截至 2021 年 9 月，全国高校专兼职辅导员共有 21.87 万人，比 2017 年增加了 7 万人，师生比达到 1∶171，[②] 从根本上配齐、配强了辅导员队伍，为高校思想政治教育工作增添了新的力量。2021 年相关调查显示，九成以上的大学生对思政工作表示满意，给予了较高评价。[③]

（三）挖掘课程思政的政治引领潜力

青年学生的时间精力主要集中在专业课程的学习上。加强对青年学生的政治引领，应格外重视挖掘专业课程蕴含的潜力。近年来，课程思政成为学校思想政治教育改革的一项重要内容。挖掘非思政课程的思政元素，目的在于将专业课程的思政功能最大化，形成与思政课程同向同行、同频共振的局面，齐心协力共同开展学生思想教育和政治引领，进而落实立德树人的根本任务。为此，各学校根据不同专业课程的特点，激发教师的政治引领潜能，把课程思政的魅力释放出来。如在哲学社会科学课程方面，上海外国语大学的做法就十分值得借鉴。他们推出中外时文选读课程，先由思政课教师协同梳理、选定适宜的思政好文章，如我国国家领导人的演讲和重要论述，再由

① 《格局性变化　历史性成就》，《中国教育报》2021 年 12 月 8 日，第 1 版。

② 《格局性变化　历史性成就》，《中国教育报》2021 年 12 月 8 日，第 1 版。

③ 《格局性变化　历史性成就》，《中国教育报》2021 年 12 月 8 日，第 1 版。

英语专业课教师结合专业知识在课堂上进行分析讲解，在提升学生英文阅读、写作水平的同时，严把政治引领关，进一步加深学生对党的路线、方针、政策的理解。在自然科学课程方面，则重点要求专业课教师聚焦育人，把职业素养和科学精神融入专业课教育。例如，上海已逐步形成了挖掘专业知识讲解中的育人价值—编制课程教学指南—开展课程试点—教学反馈的课程思政模式。[①] 其中有一门特种加工——线切割教学课程，在限定的基材条件下，教师巧妙地以爱党爱国、传统节日、公益广告等为主题，由学生自主设计构思完成实习作品，不仅以创新作品的创意程度和作品的完成质量作为学生成绩的评定标准，还注重强调学生的政治辨识力与政治立场。这些本让学生觉得相对枯燥单调的专业课程，因为有了思政元素的加入，反而耳目一新。有不少学生甚至表示这样的课程应该多多益善，还有学生提出自己在上好专业课的同时，还接受了一次特别的爱国主义教育的精神洗礼，受益匪浅。

三　凝聚社会力量形成政治引领强大合力

（一）牢固占领互联网舆论阵地

习近平总书记指出，青年宣传思想工作如何能够融进“青年群”“思想圈”“朋友圈”，圈粉“新生代”，是当前宣传工作的重大课题。日益发展的互联网阵地于党对青年学生的政治引领而言，既是机遇又是挑战。中国互联网信息中心发布的第 49 次《中国互联网络发展状况统计报告》显示，截至 2021 年 12 月，我国网民规模达 10.32 亿，互联网普及率达 73.0%。[②] 互联网既成为中国人工作、学习、社交、娱乐的主要渠道，也因其多元化、去中心化的特点，成为我国意识形态斗争的主阵地、主战场。

当代青年学生是在信息化社会中成长起来的群体，是信息化社会的“原住民”，互联网已经有机地融入他们的学习、生活。新冠疫情更是大大助推了“青年网民化”这一进程。截至 2021 年末，手机已成为当前未成年

① 高德毅、宗爱东：《从思政课程到课程思政：从战略高度构建高校思想政治教育课程体系》，《中国高等教育》2017 年第 1 期。

② 《第 49 次〈中国互联网络发展状况统计报告〉专家解读》，“中国互联网信息中心网站”，https：//www.cnnic.cn/n4/2022/0401/c88-1131.html，最后访问日期：2023 年 4 月 13 日。

人的首要上网设备，在该群体中的拥有比例已达 65.0%。① 对此，中国共产党对青年学生的政治引领工作主动适应新形势和新特点，积极主动应对新变化。一是做好新时代互联网育人工作。党中央明确提出："过不了互联网这一关，就过不了长期执政这一关。"②"宣传思想工作是做人的工作的，人在哪儿重点就应该在哪儿。"③ 根据这些要求，相继推出和开通了"学习强国""青年大学习"等平台，坚持线上宣传和线下宣传双向发力，不断打造一个能够把握正确舆论导向，具有较高传播力、引导力、影响力和公信力的宣传舆论阵地。共青团中央等青年组织，各大专院校，中央广播电视总台、新华社、人民日报等主流媒体主动加强融媒体平台建设，入驻青年学生常驻的抖音、B 站、微博等网络媒体平台，使用青年学生常用的网络语言，确保宣传工作更符合青年口味、更吸引青年眼球、更适应青年生活、更匹配青年特征。二是重拳出击，整治互联网乱象。如国家于 2021 年用 3 个月时间集中开展了"清朗·暑期未成年人网络环境整治"专项行动。该行动效果明显，一方面通过盯住重点环节，督促网站平台进一步梳理了涉及未成年人的问题、风险、漏洞，如一些色情低俗、血腥暴力、封建迷信等影响青少年身心健康、妨碍青少年上网学习的内容；另一方面，创新优化青少年用网管理模式，既引导和支持网站平台提供适合"青少年模式"的产品与服务，又进一步优化网络功能设置，通过提高未成年人身份识别的准确性、账户监督等管理方式，确保守住互联网阵地。

（二）注重家庭、社会的协同引领作用

对青年学生的政治引领除了要发挥学校的主渠道作用，还要进一步协调学校与家庭、社会的联动，实现通力协作、资源互补，构建完善的政治引领培育系统。

首先，家庭是社会最基本的单位，家庭教育是青年学生教育的起点，也是一个人政治启蒙的起点，家长本身的政治观念和教育方式对孩子政治人格的形成有重要的影响。"天下之本在国，国之本在家，家之本在身。"（《孟子·离娄上》）只有家风好了，青年学生的道德建设、政治素养才有建立的基础。以习近平同志为核心的党中央历来高度重视家庭教育对青年学生政

① 《第 49 次〈中国互联网络发展状况统计报告〉专家解读》，"中国互联网信息中心网站"，https://www.cnnic.cn/n4/2022/0401/c88-1131.html，最后访问日期：2023 年 4 月 13 日。

② 《习近平谈治国理政》第 3 卷，外文出版社，2020，第 317 页。

③ 《习近平关于社会主义文化建设论述摘编》，中央文献出版社，2017，第 29 页。

治认同的启蒙作用，他指出，“广大家庭都要重言传、重身教，教知识、育品德，身体力行、耳濡目染，帮助孩子扣好人生的第一粒扣子，迈好人生的第一个台阶”。[①] 他在许多场合中号召广大人民群众重视家庭生活、重视家庭教育，尤其要重视优良家风的传承。2021 年，中宣部等部门联合印发了《关于进一步加强家庭家教家风建设的实施意见》，大力倡导家庭、家教、家风建设在培育时代新人、弘扬优良家风中的重要作用。

社会的引领作用对青年学生的成长成才而言也是一剂不可或缺的“强心针”。2019 年 4 月 30 日，习近平总书记出席纪念五四运动 100 周年大会，他号召全党全社会要主动走近青年、倾听青年并做好青年朋友的“知心人”，为青年学生干事创业提供保障，关心、支持青年发展和成长，给予青年更多发展机会。社会是青年学生锻炼自我的最好天地，社会是比学校更大的课堂，是青年学生走出象牙塔后必须面对的人生环境。当前，世界正处于百年未有之大变局，我国的社会也一样处于这个大变局之中，青年学生投身社会要面临的不仅是机遇，可能更多的是挑战。社会的关爱与引导，对青年学生而言至关重要。一是政府要积极发挥主导作用，如在高校毕业生就业方面，既鼓励青年学生到基层就业、自主创业，又积极出台相关优惠政策，为青年学生提供强力支持和保障，引导青年学生在任何工作岗位上都要积极为党和人民建功立业，引导青年实现价值、发挥青年作用。二是要发挥社会的正面宣传和引导作用，在全社会积极营造风清气正的社会教育氛围，既积极肯定青年学生在干事创业中的价值，又为其搭建青春力量的展示舞台，让他们深刻感受到党和国家、社会无处不在的关心与关爱，进而增强青年学生对党和国家的深厚情感。

（三）注重挖掘先进人物和重要庆典的育人价值

榜样的力量是无穷的，榜样是思想的压舱石、价值的定盘星，具有无穷的感染力。先进人物的示范引领，能够使青年学生在内心深处产生崇德向善的情怀，萌生见贤思齐的自觉。因而，挖掘先进人物是对青年学生进行价值塑造和政治引领的重要手段。党的十八大以来，我们党一是通过建立健全党和国家功勋荣誉表彰制度，评选“共和国勋章”、“时代楷模”、“七一勋章”“八一勋章”、道德模范、最美人物等重要奖项，广泛开展先进模范学习宣传活动，讲好不同时代英雄模范的感人故事。通过一个个鲜活的英雄人

---

① 《习近平谈治国理政》第 2 卷，外文出版社，2017，第 355 页。

物或先进人物的生动事迹，让青年学生在日常生活中就能够感受到从平凡到不平凡的升华，实现自我价值的提升，并积蓄向先进人物学习的向上向善力量，树立坚定的政治信念，培养崇高的个人品格。二是坚持“一个典型一根标杆，一个楷模一种导向”，以寻找“最美大学生”“中国大学生年度人物”等身边的优秀人物为契机，挖掘青年学生群体中的先进和典型模范人物及事迹，让青年学生感受青春正能量的风采，鼓励他们向身边的先进榜样看齐，教育和引导广大青年坚定向上向善的理想信念。

国家重大庆典是国家的重要仪式，具有重要的育人价值。党的十八大以来，我们党和国家先后召开了庆祝改革开放40周年大会、纪念五四运动100周年大会、纪念红军长征胜利80周年大会、庆祝新中国成立70周年大会、庆祝中国共产党成立100周年大会等一系列重要庆典活动，设立了中国人民抗日战争胜利纪念日、南京大屠杀死难者国家公祭日、烈士纪念日和国家宪法日等。通过系列庆典活动的开展，展现党和国家形象，借助这些重要的节日或事件记忆，帮助青年学生深化对党和国家的认识，引导青年学生树立正确的历史观、国家观、民族观等，培养和激发青年学生的爱国主义、集体主义、社会主义精神。

简而言之，进入新时代以来，党对青年学生的政治引领方式在继承以往的成功经验的基础上，大胆创新、有所突破，呈现出更加多样性、更具系统性、更富协调性的特点，极大地改善了以往青年学生的政治意识淡薄、政治信仰缺失、政治立场不稳、政治方向偏离、政治本领缺乏的情况，开创了前所未有的新局面。习近平同志在党的二十大报告中指出，新时代的十年中，“青年一代更加积极向上，全党全国各族人民文化自信明显增强，精神面貌更加奋发昂扬”。①

① 习近平：《高举中国特色社会主义伟大旗帜　为全面建设社会主义现代化国家而团结奋斗——在中国共产党第二十次全国代表大会上的报告》，《人民日报》2022年10月26日，第5版。

第五章
新时代中国共产党对青年学生政治引领的现状审视

宏观的战略布局已然指明了新时代中国共产党对青年学生政治引领的基本方向。在这一基本方向下，中国共产党对青年学生的政治引领面临何种现实问题？这需要深入青年学生中进行实证调查。从理论推导分析，对青年学生的政治引领涉及社会、家庭、学校等多个场域。然而，从实践运转角度来看，学校才是青年学生成长成才最主要的场域，是党对青年学生政治引领最重要、最直接的执行者、落实者。一方面，学校是青年学生集中学习时间最长、活动最密集的场所；另一方面，学校是党的教育方针的落实者和执行者，是党的政策精神的解释者和传播者，也是党与青年学生联系的桥梁与纽带。基于上述认识，本章拟以学校（高中、本科院校）为主要调查对象，通过对学校及青年学生群体的实证调查，全面、系统了解学校青年学生政治引领工作现状，深入挖掘其中存在的问题，深刻剖析其成因，呈现中国共产党对青年学生政治引领的现实样态，以期为党加强和改进新时代青年学生政治引领工作夯实基础。

第一节　新时代中国共产党对青年学生政治引领的现状调查

为了更客观、准确地把握学校开展青年学生政治引领工作，以及当下青年学生政治观念和行为的现实样态，在查阅相关文献资料的基础上，笔者在师生中进行问卷调查，深入开展个体与群体访谈，并对这两种途径获取的资料进行整理、统计、编码与验证，以保证资料和研究的信度与效度。

一　问卷整体设计

按照问卷调查的基本程序，笔者认真做好问卷的设计、试测、发放、回收、统计与分析等工作，为科学地分析和探讨学校对青年学生的政治引领工作提供依据和支撑。

为体现科学性、针对性，本次调查问卷编制采用自主设计和经典问卷相结合的方式，参考了黄莉的“大学生政治认同现状研究”调查问卷、左殿升的“网络时代全国大学生政治认同”调查问卷、陈飞的“当代大学生政治态度现状”调查问卷以及“福建高校学生状况”调查问卷等多份问卷，[①]并结合研究的实际需要，编制成“新时代中国共产党对青年学生政治引领研究”调查问卷（见附录1）。调查问卷旨在通过分析影响青年学生政治引领的主要因素和学校对青年学生政治引领的成效，找出当前学校在政治引领工作上存在的问题，以期找到政治引领的新方法、新举措。该调查问卷由三个部分组成。

（一）人口统计学基本情况

郑永廷的研究表明，性别和年龄是影响青年思想意识、行为认知和态度接受的重要因素。[②]基于研究对象以群体类别为主，在考察学校对青年学生政治引领工作在年龄方面的差异时，问卷主要以研究生、大学生和中学生这三个学段差异进行分析。此外，学校的育人水平、家庭经济情况、家长政治面貌等也是影响青年学生政治状况的主要因素。基于此，问卷在分析影响青年学生政治引领要素的人口学变量时，主要选取父母政治面貌、家庭经济情况、学校所在地区和类型等因素。

（二）青年学生政治引领工作开展情况的调查

第二部分为学校对青年学生政治引领工作的开展情况。调查分别从主体组织领导，中介载体的引领内容、方法途径、工作机制等维度展开，并了解青年学生对学校政治引领工作的期待，以期全面掌握学校政治引领的现实样貌，即开展现状和存在的主要问题。该部分共设计25道题，采用了选择题、

① 参见黄莉《新媒体环境下大学生政治认同问题研究》，博士学位论文，贵州师范大学，2019，第260页；左殿升《网络时代全国大学生政治认同差异研究》，博士学位论文，山东大学，2020，第265页；陈飞《当代大学生政治态度及其培育研究——以福建省为例》，博士学位论文，福建师范大学，2020，第215页。

② 郑永廷主编《思想政治教育方法论》（修订版），高等教育出版社，2010，第268~269页。

观点题、问答题等三种形式。

（三）青年学生政治状况的调查

问卷还设计了 30 道观点题，用以了解青年学生的政治状况。青年学生政治现状指标体系由政治意识、政治信仰、政治立场、政治方向、政治本领 5 个维度构成，每个维度都包含 4~6 个与之对应的不同方向的问题（见表 4-1）。每道题目分值为 5 分，所有题目的平均分就是该指标的实际得分。青年学生的政治状况指标体系总分是 5 个维度平均分之和，得分越高，表明政治状况越好；反之，政治状况则越差。

表 4-1　“新时代中国共产党对青年学生政治引领研究”青年学生政治状况评估指标体系

指标	分值	主要内容指向
政治意识	5.00	引导青年学生加强马克思主义、习近平新时代中国特色社会主义思想等政治理论学习，夯实理论基础，提升政治素养
政治信仰	5.00	引领青年学生坚定共产主义远大理想和中国特色社会主义共同理想
政治立场	5.00	引导青年学生增强以人民为中心、服务人民、造福人民的意识，站稳正确政治立场
政治方向	5.00	引领青年学生坚持党的领导，坚持中国特色社会主义道路，把个人的前途命运与党的前途命运紧密联系起来，把个人发展融入国家、民族、社会的发展中
政治本领	5.00	青年学生服务于党和国家大局，以及为人民服务的能力和本领，包括辨别、判断是非的能力，斗争能力，政治参与能力，敢于担当的精神，创新实践的能力，建功立业的本领
政治状况总分	25.00	

2021 年 11 月，问卷设计的初稿在福建师范大学和福州三中进行了小规模测试，并请教育学、社会学、政治学等领域的专家学者就问卷内容的完整性、准确性进行了评估论证。同时，邀请思政课教师、辅导员、班主任、部分学生代表，就问卷话语表达的可理解性、清晰性进行了仔细论证，经过反复斟酌、多次修订，形成最终的调查问卷。

二　调查问卷抽样实施

2022 年 1 月，笔者在全国 25 个省（自治区、直辖市）的 42 所高校、21 所中学开展了“新时代中国共产党对青年学生政治引领研究”匿名电子问卷调查。问卷采取随机抽样的方式确定调查对象，由各高校研究生工作部、学生工作部以及辅导员、政治课教师等进行发放。本次问卷调查实际发放调查问卷5000份，通过人工筛选的方式，剔除部分存在漏答、多答、所有选题答案都一样等情形的无效问卷，剩余有效问卷4752份，回收率95.04%。问卷采用四级量表，在回收、整理问卷后，运用SPSS21.0软件对数据进行整理与分析。因素分析结果表明，取样适当性量数KMO值为0.778，问卷有较好的结果效度，为了实证数据的准确，采用检测Cronbach's α值的方法检测其信度，一共4752份样本量数据，整体量表信度值为0.838，说明问卷具有良好的信度。具体抽样情况如下。

（一）样本分布情况

1. 地域抽样

问卷将全国31个省（自治区、直辖市）分为中部地区、东部地区和西部地区，每个地区都有不同类型的学校样本（见表4-2）。

表4-2 "新时代中国共产党对青年学生政治引领研究"调查问卷学校区域分布

单位：人，%

区域	省（自治区、直辖市）	被试学生数量（n=4752）	占比
东部地区	北京市、天津市、上海市、河北省、辽宁省、山东省、江苏省、浙江省、福建省、广东省、海南省	1551	32.64
中部地区	山西省、吉林省、黑龙江省、河南省、湖北省、安徽省、湖南省、江西省	1637	34.45
西部地区	内蒙古自治区、新疆维吾尔自治区、宁夏回族自治区、陕西省、甘肃省、青海省、重庆市、四川省、西藏自治区、广西壮族自治区、贵州省、云南省	1564	32.91

2. 学校抽样

在全国范围内，统筹兼顾不同层次、不同类型的学校，选取中国科学院大学、北京邮电大学、长春工程学院、天津大学、新疆大学、兰州大学、西安交通大学、南京师范大学、华东师范大学、浙江大学、重庆邮电大学、华中科技大学、华南农业大学、云南大学、四川大学、福建师范大学、龙岩学院、武夷学院等42所"双一流"建设高校、省属重点高校和地方普通本科高校展开调查。

参加本次测试的青年学生共4752人，本科生共3665人，其中填写了学校类型的有3635人，占总数的99.18%，具体学校类型分布见表4-3。

表 4-3 “新时代中国共产党对青年学生政治引领研究”调查问卷高校类型分布

单位：人，%

学校类别	被试学生数量（n=3635）	占比
“双一流”建设高校	750	20.63
省属重点高校	1459	40.14
地方普通本科高校	1426	39.23

选取上海市大同中学、陕西省铜川市第一中学、河北省石家庄市第二十四中学、安徽省六安第一中学、安徽省安庆市望江县实验学校、山东省临沂市费县实验中学、山西省灵石县第一中学、江苏省苏州市木渎高级中学、福建省福州市第八中学、福建省南安市第一中学、河南省焦作市马村区实验学校、甘肃省酒泉市第六中学、江西省南昌外国语学校等 21 所中学展开调查。参加本次调查的中学生群体共 1087 人，其中填写了学校类型的有 911 人，占总数的 83.81%，具体学校类型分布见表 4-4。

表 4-4 “新时代中国共产党对青年学生政治引领研究”调查问卷中学类型分布

单位：人，%

学校类别	被试学生数量（n=911）	占比
一级达标学校	132	14.49
二级达标学校	205	22.50
普通中学	574	63.01

3. 学生抽样

在抽样学校内，统筹兼顾不同性别、不同民族、不同政治面貌、不同院系专业、不同年级以及不同家庭经济状况在校青年学生，随机发放调查问卷。

（二）样本人口学统计

（1）被试青年学生性别分布情况。在 4752 份有效问卷中，男性学生 1803 人，有效百分比为 37.94%；女性学生 2949 人，有效百分比为 62.06%。

（2）被试青年学生民族分布情况。为便于统计和比较，本次调查将民族仅分为汉族和少数民族。少数民族学生 394 人，有效百分比为 8.29%；汉族学生 4358 人，有效百分比为 91.71%。

（3）被试青年学生生源地分布情况。城镇生源地学生 2114 人，有效百分比为 44.49%；农村生源地学生 2638 人，有效百分比为 55.51%。

（4）被试青年学生在读学历分布情况。中学生 1087 人，有效百分比 22.87%；大学生 2306 人，有效百分比 48.53%；研究生 1359 人，有效百分比 28.60%。

（5）被试青年学生政治面貌分布情况。被试学生中有中共党员（含预备党员）1076 人，有效百分比为 22.64%；共青团员 2697 人，有效百分比为 56.76%；民主党派 8 人，有效百分比为 0.17%；群众 971 人，有效百分比为 20.43%。

（6）被试青年学生父母政治面貌分布情况。父母两人都是中共党员的有 255 人，有效百分比为 5.37%；父母中有一人是中共党员的有 891 人，有效百分比为 18.75%；父母两人都不是中共党员的有 3606 人，有效百分比为 75.88%。

（7）被试青年学生家庭经济状况。自述家庭经济情况“很好”的有 56 人，有效百分比为 1.18%；家庭经济情况“较好”的有 588 人，有效百分比为 12.37%；家庭经济情况“一般”的为 3324 人，有效百分比为 69.95%；家庭经济情况“比较困难”的有 703 人，有效百分比为 14.79%；家庭经济“很困难”的 81 人，有效百分比为 1.70%。具体情况详见表 4-5。

表 4-5　“新时代中国共产党对青年学生政治引领研究”调查问卷样本人口学统计

单位：人，%

项目	类别	人数	百分比
性别	男	1803	37.94
	女	2949	62.06
民族	汉族	4358	91.71
	少数民族	394	8.29
生源地	城镇	2114	44.49
	农村	2638	55.51
学历分布	中学生	1087	22.87
	大学生	2306	48.53
	研究生	1359	28.60

续表

项目	类别	人数	百分比
父母政治面貌	一人是中共党员	891	18.75
	二人均是中共党员	255	5.37
	二人均不是中共党员	3606	75.88
政治面貌	中共党员（含预备党员）	1076	22.64
	共青团员	2697	56.76
	民主党派	8	0.17
	群众	971	20.43
家庭经济状况	很好	56	1.18
	较好	588	12.37
	一般	3324	69.95
	比较困难	703	14.79
	很困难	81	1.70

通过样本人口学的统计分析，本调查的样本数量具有一定规模，年龄结构总体符合青年学生的状况，性别、民族、生源地等变量也均有顾及。在调查中，对每一位答卷人通过文字或口头方式，提示他们认真对待并遵从自己的意愿作答，从而保证了调查样本的可参考性、客观性。因此，这份调查问卷从问卷设计、发放、收集与分析来看，可以为当前中国共产党对青年学生政治引领工作的现实状况提供实证数据。

三　开放式访谈的设计及实施

质的随机抽样是为了提高研究结果的“可信度”，而不是像量的研究那样用以保证研究结果的“代表性”。质的研究选择一定数量的样本进行不是为了回答“有多少”或“有多频繁”这样的问题，而是为了更加有力地说明“发生了什么事情”“事情是如何发生的”。[①] 为了全面了解和真实掌握青年学生政治现状，深入探究学校政治引领工作的开展情况和存在的主要问题，本书采取目的性随机抽样的方式，设定研究目的和范围，对来自兰州大学、南京师范大学、福建师范大学、华东师范大学、武夷学院、福州三中、福州华侨中学、福州屏东中学、泉州南安诗山中学、漳州一中等10所学校

① 陈向明：《质的研究方法与社会科学研究》，教育科学出版社，2016，第110页。

的71名师生进行面对面或网络电话访谈。访谈对象兼顾"双一流"建设高校、省级重点高校以及地方本科院校，兼及重点高中与普通高中。其中，政工干部2人、高校辅导员10人、思政课教师4人、专业课教师3人、政治教师8人，研究生7人、大学生20人、中学生17人，以上对象中接受深度访谈者15人。访谈采取轻松的对话方式进行，将设计的问题融入谈话之中，基本保证了受访者在轻松、真实的状态下接受采访，从而确保准确了解受访者的真实想法（见表4-6、表4-7）。

表4-6　个案学校分布

个案	地区	类型	资料主要来源
L大学	甘肃兰州	"双一流"建设高校	访谈、实践材料
N大学	江苏南京	"双一流"建设高校	访谈、实践材料
F大学	福建福州	省属重点大学	访谈、参观式考察、实践材料
H大学	上海普陀	"双一流"建设高校	访谈、实践材料
W大学	福建南平	普通大学	访谈、实践材料
S中学	福建福州	一级达标学校	访谈、参观式考察、实践材料
H中学	福建福州	二级达标学校	访谈、参观式考察、实践材料
P中学	福建福州	一级达标学校	访谈、参观式考察、实践材料
N中学	福建泉州	普通高中	访谈、实践材料
Z中学	福建漳州	一级达标学校	访谈、实践材料

注：本表中高校个案的编码采用学校名称首字拼音的第一个字母的大写，首字拼音相同的则采用第二字拼音的第一个字母的大写；中学的编码由于首字母均相同，因此采用去除地名后的首字拼音的第一个字母的大写，首字拼音相同的则采用第二字拼音的第一个字母的大写。其中H大学与H中学，N大学与N中学名称重复，以示区分将H大学称为HD，H中学称为HZ，将N大学称为ND，将N中学称为NZ。

表4-7　访谈对象编码与基本情况

访谈对象	隶属学校	身份（人数）	访谈方式	访谈时间
L-T-1	L大学	专业教师（1人）	个别访谈	2021-10-07
L-T-2~L-T-3	L大学	辅导员（2人）	个别访谈	2021-10-07
L-S-1~L-S-4	L大学	大学生（4人）	网络集体访谈	2021-10-09
ND-T-1~ND-T-2	N大学	政工干部（2人）	个别访谈	2021-10-20
ND-T-3	N大学	思政教师（1人）	个别访谈	2021-10-23
F-T-1~F-T-2	F大学	专业教师（2人）	个别访谈	2021-10-26
F-T-3~F-T-7	F大学	辅导员（5人）	集体访谈	2021-10-27

续表

访谈对象	隶属学校	身份（人数）	访谈方式	访谈时间
F-S-1~F-S-5 F-S-6~F-S-10	F 大学	大学生（5人） 研究生（5人）	集体网络访谈	2021-10-27
HD-T-1~HD-T-2	H 大学	思政教师（2人）	集体网络访谈	2021-11-20
HD-S-1~HD-S-5 HD-S-6~HD-S-7	H 大学	大学生（5人） 研究生（2人）	集体访谈	2021-11-20
W-T-1	W 大学	思政教师（1人）	个别访谈	2021-12-04
W-T-2~W-T-4	W 大学	辅导员（3人）	集体网络访谈	2021-12-04
W-S-1~W-S-6	W 大学	大学生（6人）	集体访谈	2021-12-04
S-T-1	S 中学	政治教师（1人）	个别访谈	2021-10-09
S-S-1~S-S-5	S 中学	中学生（5人）	集体访谈	2021-10-09
HZ-T-1	H 中学	政治教师（1人）	个别访谈	2021-10-16
P-T-1~P-T-3	P 中学	政治教师（3人）	集体访谈	2021-10-24
P-S-1~P-S-5	P 中学	中学生（5人）	集体访谈	2021-10-24
NZ-S-1~NZ-S-3	N 中学	中学生（3人）	集体访谈	2021-11-06
NZ-T-1	N 中学	政治教师（1人）	个别访谈	2021-11-06
Z-T-1~Z-T-2	Z 中学	政治教师（2人）	集体访谈	2021-12-25
Z-S-1~Z-S-4	Z 中学	中学生（4人）	集体访谈	2021-12-25

注：访谈对象按照学校、身份、访谈时间的先后顺序依次编码，其中学校对应表 1-2 中的个案编码；身份编码为对象最高身份对应英文单词的大写首字母，教师为 T（Teacher）、学生为 S（Student）。

访谈根据研究需要，针对党政干部、辅导员、思政课教师、不同层次的青年学生等采取灵活的方式进行，访谈的问题在预设的基础上进行了适当的拓展，并根据访谈对象在访谈过程中的回答情况进行适当的调整和变动，以保证更加有效、科学地获得质性数据。题目包括“如何理解政治引领的概念?”“近年来青年学生群体政治现状如何？有哪些突出的群体特点?”“所在学校有哪些比较好的政治引领工作经验?”“当前学校在青年学生政治引领方面存在哪些问题?”“应采取哪些举措进一步加强对青年学生的政治引领?”等（访谈提纲详见附录 2）。

资料收集完备后，根据访谈情况对资料进行整理，共获得 124093 字一手访谈原始数据。之后，根据研究目的对所获得的原始资料进行系统化、条理化整理，并采用逐步集中和浓缩的方式将访谈结果反映出来，而对访谈内容进行浓缩的一个重要工作就是找寻访谈数据之间的因果关系。这种因果关系的获得并非通过逻辑推理，而是在探究青年学生政治观念与政治行为，以及学校政治引领工作的具体情境中获得的。此外，基于上述访谈资料对调查问卷进行了修正和优化，同时为学校政治引领工作开展情况提供了翔实的一手资料。

第二节　新时代中国共产党对青年学生政治引领现状“整体可喜”

党的十八大以来，全国各地各级党组织，尤其是各级各类学校党组织对青年学生政治引领工作的重视程度逐步增强，政治引领工作的主体地位不断得到强化，内容不断充实和延伸，基础进一步夯实，形式和载体不断拓展，政治引领工作的力量建设发生根本变化，呈现出整体化、现代化、全员化的发展趋势。

一　政治引领主体力量进一步增强

政治引领工作是全员、全过程和全方位的，并不仅仅是各级党组织专门力量的专门工作。习近平总书记提出要“把思想政治工作贯穿教育教学全过程”，[①] 这为政治引领工作指明了方向。政治引领工作要融入学校教育的各个环节，不仅需要各级各类学校的党组织提高政治引领意识，更需要广大教师队伍的辛勤付出，自觉提升政治引领水平。

（一）对政治引领工作地位的认识不断提升

近年来，政治引领工作成为学校党委主体责任制的重要内容，成为巡视、巡察学校的重要指标。这有力地夯实了学校政治引领工作的根基，有效改善了学校在办学方向上存在的模糊认识，改变了学校发展目标、工作任务和育人方向把握不到位的状况。政治引领工作在学校各项工作中被削弱的局面大大改观，学校对青年学生政治引领工作的地位和作用的认识也明显深化。调查结果表明，有 3021 名（63.57%）学生认为学校非常重视对青年学生的政治引领工作，1658 名（34.89%）学生认为学校比较重视对青年学生的政治引领工作，近 97.27%的学生认为“学校经常组织政治引领方面的活动”。在访谈中，高校师生对所在学校对青年学生政治引领工作的重视也予以了肯定。

---

① 《习近平谈治国理政》第 2 卷，外文出版社，2017，第 376 页。

> 我们学校围绕建立和完善大学生思想政治教育的长效机制进行了有益探索，并取得了明显成效。比如学校的马克思主义学院，专门负责思政课授课，给予青年学生更多专业的引导。(F-T-2)
>
> 从学校领导的重视到专任老师的教学，都把政治引领放在一个重要的位置。尤其是专任教师最近都在探讨如何将“思政元素”融入专业课教学，他们坚持意识形态的指导地位，非常强调培养青年学生专业能力，也密切关心他们的身心健康以及价值观的形塑。(L-T-1)

在高中，教师们也围绕“政治引领”，开展了形式多样的活动。

> 我们高中主要是通过思政课、晨会、班会课等第一课堂和第二课堂共同开展青年学生政治引领工作。让我最受感动、感染的是上学期的“弘扬民族精神”“百年接力中国梦——强国有我，青春绽彩”“肩挑责任，战胜疫情”三次主题班会。(S-S-1)

问卷调查结果也显示，认为“学校学生政治引领工作效果”很好的有2902人（61.07%），认为较好的有1756人（36.95%），两者共计98.02%，可见学校的政治引领工作受到绝大多数青年学生的认可。

（二）基层党团组织建设不断增强

“组织是通向政治权力之路，也是政治稳定的基础。”[①] 近年来，各级党组织实施了“对标争先”建设计划，开展了新时代党建示范创建和质量创优工作，对软弱涣散的党团组织进行了整顿整改，推进“双带头人”行动，等等。这些举措有力地推动了学校党团组织生活越来越规范，凝聚力、号召力愈来愈强，战斗堡垒的功能也愈发显著。许多学校着力在党团组织建设，思政课教师、辅导员、班主任队伍建设等方面下功夫，不断探索党团组织设置新模式，积极推进在实验室、科研团队、项目组，以及社团组织、宿舍生活区等设置党支部或团支部，党团组织覆盖面不断扩大。在调查中，关于“学校在班级或专业设置了学生党支部或团支部等党团组织”，有3427人选择“非常符合”，占72.12%；有1250人选择“比较符合”，占26.30%。这

① 〔美〕塞缪尔·P. 亨廷顿：《变化社会中的政治秩序》，王冠华等译，上海人民出版社，2008，第382页。

反映了高校党团组织开展组织生活的覆盖面在逐步扩大。在访谈过程中，也有教师谈及基层党团组织建设正不断创新与发展：

> 针对部分青年学生入党难的问题，学校采取了党团共建的模式，以“活动互联、资源互享”为抓手，积极引领青年团员办好事、做实事，脚踏实地，凝聚“青”合力，实现“蝶变跃升”，助力青年学生进步成长。（W-T-3）
>
> 我所在的高中注重党团衔接以涵养学生的政治素养。学校努力推动党团管理制度创新，创造性地举办党团教育活动。充分发挥“以党带团”的共建模式，通过学生会、社团活动、志愿服务、“国旗课程”、“青春课程”等渠道，促使团员向党组织看齐，促进党团的有机融合、有效衔接。（P-T-1）

《中国大学生思想政治教育发展报告 2018~2019》数据显示，基层党团组织建设也在不断推进。2015~2018 年，定期参加高校党团组织生活的大学生的比例从 66.0%上升至 79.5%；同时，对所在党团组织定期开展组织生活状况不清楚的大学生的比例从 24.3%降低至 6.4%，这说明高校党团组织开展组织生活的规范化水平不断提升，越来越多的大学生党团员积极参与其中接受教育。[①]

（三）政治引领育人队伍不断壮大

“政治路线确定之后，干部就是决定的因素。”[②] 在学校政治引领的工作实践中，教师育人队伍发挥着不可替代的核心作用。各级学校聚焦思政课，以及辅导员、班主任等队伍建设短板，采取有力举措不断壮大队伍、加强培训，提升教师队伍的素质和能力。一是加大思政课教师引育和招聘的力度，朝着配齐配强的目标不断迈进。根据高校师生比不低于 1∶350 的要求，各地各高校采取选留、转任、转岗等方式配备思政课教师。截至 2021 年 9 月，全国登记在库的高校思政课专兼职教师超过 12.7 万人，比 2016 年增加了 6 万人；高校专兼职辅导员共有 21.87 万人，比 2017 年增加了 7 万人。[③] 二是

---

① 沈壮海等：《中国大学生思想政治教育发展报告 2018~2019》，北京师范大学出版社，2020，第 310 页。

② 《毛泽东选集》第 2 卷，人民出版社，1991，第 526 页。

③ 《格局性变化 历史性成就》，《中国教育报》2021 年 12 月 8 日，第 1 版。

提高待遇，增强职业认同感、荣誉感、责任感。许多学校将“提高思政工作者职业地位”作为明确目标，有条件的高校已经单列评审思政课教师、辅导员专业技术职务，绝大多数高校已为思政课教师发放专项岗位补贴。三是加大培训力度，不断提升队伍的素质能力。绝大多数学校重视思政课、辅导员、班主任队伍建设，积极开展校内分层培训和技能竞赛，并创造条件、提供机会让教师参加校外高水平培训、全国高校辅导员素质能力大赛、全国思政课教师教学技能大赛等，着力提升思政工作队伍的政治素质、业务能力、育人水平。调查结果显示，青年学生对老师开展政治引领工作表示很满意的有 2667 人，占 56.12%；表示比较满意的有 1920 人，占 40.40%。此外，近 97.88%的学生认为“学校辅导员（班主任）政治立场坚定、业务能力强，善于做学生政治引领工作”；近 98.07%的学生认为“思政课老师教书育人能力强，善于引导学生”。

二　政治引领内容的时代性进一步提升

学校紧扣新时代宣传思想工作的重点内容，在青年学生政治引领过程中，与时俱进充实中国梦教育、社会主义核心价值观教育、爱国主义教育和“四个自信”教育等内容。调查显示，近 98.09%的学生对学校政治引领内容表示满意；近 98.34%的学生认为“学校和教师在政治教育宣传时能够突出党和国家最新的重要会议、文件精神，如十九届六中全会等”。

（一）用党的创新理论铸魂育人的举措明显增多

中国共产党是具有崇高政治理想、高尚政治追求、纯洁政治品质、严明政治纪律的马克思主义政党。近年来，学校加强马克思主义教育，严格按照要求开设马克思主义理论课程，不断提高课程质量，并使马克思主义理论教育学习成为学生在校学习和课外社团活动的重点，坚持用马克思主义理论知识武装青年学生头脑。问卷调查显示，有 4717 人（99.26%）认为“学校政治引领的内容能紧跟时事、与时俱进”。

各高校纷纷成立习近平新时代中国特色社会主义思想研习社、研究会等社团组织，开展学习、研究、宣传、阐释活动；各中学通过国旗下讲话、读本讲解、文艺演出、演讲辩论等形式宣传中国特色社会主义理论体系。上述这些举措，对学生的政治引领起到了较为显著的成效，访谈中有部分教师反映：

我们学校有按照相关要求组织教学，通过定期组织“双代会”、国旗下讲话等集体活动，以及在党团活动和社会实践中进一步强化习近平新时代中国特色社会主义思想教育，引导同学树立正确政治观。学校从整体上对政治引领工作予以较高的重视。(P-T-1)

近几年，我们学校不断强化学生的政治理论学习和教育，尤其是习近平新时代中国特色社会主义思想的学习宣传教育。举办形式多样、生动活泼的教育活动，成立专门的学习社团，例如组建了青年学习社团，引导学生们仔细阅读《习近平在厦门》《习近平在福建》《习近平总书记教育重要论述讲义》，并邀请校内外的名师开展相关讲座，较为系统地学习习近平新时代中国特色社会主义思想。(S-T-1)

结合问卷、访谈的结果，可以发现党的创新理论铸魂育人的举措呈现逐渐增多的趋势。值得一提的是，党对青年学生开展中国特色社会主义理论体系教育也取得较好的效果。许多学校形成“学习—传播—实践”三位一体的立体学习模式，通过理论学习、志愿宣讲、直观体验等多维立体的方式帮助学生知行合一，更好地践行习近平新时代中国特色社会主义思想，做新时代中国马克思主义的学习者、宣传者与实践者。

(二) 用爱党爱国教育提升青年学生政治使命的意识愈加凸显

党对青年学生的政治引领工作，其核心要义在于培育党和国家的建设者与接班人，拥护党的领导是其必然要求，爱党是爱国教育之魂。近年来，学校政治引领工作坚持将爱党爱国教育内涵融入具体的教育实践工作当中，用科学的理论武装青年，用历史的眼光启示青年，用伟大的目标感召青年，用光明的未来引导青年，努力帮助广大青年学生树立远大理想，坚定走中国特色社会主义道路的人生信念。譬如，有许多中学组建了国旗护卫队，每周举行升旗仪式，定期举办爱国主义主题演讲、红歌比赛。在对中学师生的访谈中，有多位受访者提及学校开展爱国教育的情况：

学校会有例行的班会，组织国旗下讲话，也有“班班有歌声”“班班有美展”等大型校园活动，伴随着对青年学生的爱国爱党教育。在引导学生正确树立三观（世界观、人生观、价值观）方面做了很多颇有意义的工作，学生们都怀有强烈的家国情怀。(S-S-1)

学校大力开展爱国主义教育，如研学旅行活动、“我和我的祖国”

合唱比赛，这些教育活动频频激起我内心的爱国情，不断在心中沸腾、翻涌，让我深刻感受到“我是中国人，我自豪”。(Z-S-3)

相比于中学，高校的爱国教育更多采取实践教育的做法，如寻访身边的爱国英雄，参观爱国主义教育基地、校史馆、博物馆和主题教育馆，开展党日活动、团日活动和社会实践活动等，以此激发青年学生的爱党爱国之情和学成报国之志。问卷调查显示，近 92.24%的学生认为“学校经常组织学生到爱国主义教育基地参观学习”。在政治引领工作的作用下，诸多青年学生把爱国情、强国志、报国行自觉融入坚持和发展中国特色社会主义事业中，融入全面建设社会主义现代化国家、实现中华民族伟大复兴的奋斗之中。

（三）用“四史”教育强化政党认同的价值定位更加鲜明

历史是最好的教科书，也是最好的清醒剂。党的十八大以来，以习近平同志为核心的党中央高度重视党史、新中国史、改革开放史和社会主义发展史的教育价值，并在多个场合加以强调。各学校大力推进“四史”教育，访谈资料显示，通过“四史”教育强化了学生对党和国家的认同：

本校加强对学生的“四史”（党史、新中国史、改革开放史、社会主义发展史）教育，贯穿于学生学习生活教育过程中，贯穿于对学生政治引领工作中，让学生不忘学习的初心，肩负起作为青年学生所应承担的使命。总体而言，“四史”教育效果较为良好，学生在吸收知识的过程中政治素养普遍得到提升。(ND-T-1)

我感觉近年来学生对党和国家的认同明显增强，学生可以大胆自信地提出热爱自己的祖国和党。学生认同感的增强离不开先进思想的引领。比如，2020 年以来开展的“四史”教育，使学生在学思践悟中坚定理想信念，对中国共产党也有了更加深刻的认识。(F-T-5)

诚然，这种欣喜局面的形成与各学校结合自身特点，深入开展“四史”教育活动密切相关。各学校开展了各种活动：一是用好校史资源，把校史有机融入“四史”宣传教育，开展革命文物调研、珍贵史籍和文物展览、红色经典文艺作品展演等活动；二是结合重大节日，强化“四史”学习教育的仪式感，如在改革开放 40 周年、新中国成立 70 周年、五四运动 100 周年、辛亥革命 100 周年、建党 100 周年等重大年份，统筹谋划系列重大主题教育，开展系列“四史”学习教育。显而易见，这些学习教育活动的效果极为显著，既增强了政治引领工作的针对性和感染力，让红色基因、革命薪火代代传承，更重要的是大大激发了学生的积极性、主动性，在青年学生群体中掀起了学习“四史”的活动热潮。调查显示，96.91%的学生认为“学校经常开展‘四个自信’‘四史’宣传教育”。有4697人（98.84%）认为“学校的政治引领工作有效促进了对党和国家的认同”。“中国共产党的历史是一部丰富生动的教科书”，作为教育主要载体的学校要努力帮助青年学生真正将这本“教科书”内化于心，使他们深刻体认党的发展历程与使命。

三　政治引领的方法和途径进一步丰富

新时代，伴随着新问题的出现、新任务的提出，党对青年学生政治引领工作提出了新要求，也使政治引领工作呈现新特征。党的十八大以来，全国各学校都在努力探索更为丰富的工作方式与方法，希望以喜闻乐见、明白流畅的语言把深刻的道理说出来、说透彻，让青年学生于春风化雨、润物无声中获得精神成长。调查显示，近90.38%的学生认为学校政治引领的途径载体丰富多样。

（一）政治教育的教学模式不断创新

近年来，各高校、中学认真落实全国思想政治理论课教师座谈会精神，经过共同努力，构建起以思政课堂为核心的思想政治教育课程体系。调查结果显示，4752名调查对象中，有4167人（87.69%）认为思政课堂是学校政治引领的载体，高于讲座报告（63.78%）、主题活动（51.85%）、宣传栏和校内刊物（45.10%），可见思政课堂仍然是政治引领最重要的途径。而案例式教学、探究式教学、体验式教学、互动式教学、专题式教学、分众式教学等多种教学形式的出现，不仅提升了思政课堂的鲜活性、趣味性、可行性，也极大提升了学生主动学习的兴趣。这在与多位思政课教师、政治课教师的访谈中可以得到佐证：

> 我们会把“案例讨论”引入思政课教学，学生分组围绕教学主题进行讨论，教师则扮演“导演”的角色，适时插话“推波助澜”。思想的碰撞引发了思考，让抽象枯燥的理论课变得生动活泼起来，让“中国故事”真正走进了学生心中。（S-T-1）
>
> 思政课教师结合“对话—反思”模式，探索出讲述中国故事、老

科学家口述史、科技人物访谈等教学方法，把枯燥的理论变成妙趣横生的中国故事和人物案例，让思政课一改严肃的面貌，魅力十足，吸引学生主动学习探究。(ND-T-1)

我们学校在思政课中探索体验式教学，开设“八闽红印筑梦青春——思想政治理论课社会实践”，每学期组织一次思想政治理论课社会实践，带领学生走出课堂、走进社会，打造“理论主课堂+实践大课堂”的思政课程群。(W-T-1)

我们学校的创新主要是开展议题式教学。将政治课教学内容通过议题方式呈现，教学过程以大议题与小议题推导，教学目标用议题深化，引导学生在议题情境中合作学习和探究学习。引导学生走进生活，带着主题去调研，调研结果还可以用来作课堂教学的案例，让学生真正理解课堂的教学内容，增加教学趣味，提高学生学习兴趣。(P-T-2)

政治教育的教学模式日益多元化、多样化，多种教学模式齐头并进，使政治引领的内容日益深入青年学生的内心。思政课教师与政治课教师时刻秉持“守好一段渠、种好责任田”的自觉追求，创新变革教学模式，使思政课变得更具针对性、感染性、生动性与实效性。新颖的课程形式也极大地满足了青年学生政治学习的需求，使他们听了能“解渴”、学了能“共鸣”、品了有“回甘”。

（二）政治引领的活动外延不断拓宽

政治引领只有理论联系实际，让青年学生感受到说服力，才能从思想上达到“解渴”的作用，在现实生活中达到解决问题的目的，实现政治认同。党的十八大以来，各学校十分重视政治引领的形式创新。调查显示，有4522人（95.16%）认为“学校和老师在开展政治引领时，会根据内容的区别采取不同的方式”，有4341人（91.35%）认为“学校和老师能够根据同学的不同分类开展政治引领”。这些创新、丰富、多样的主题教育，拓宽了政治引领的空间场域，极大地丰富了政治引领工作的内涵与外延。

首先，发挥红色资源作用。开展党史考察活动，让青年学生在实地深刻学习党的革命历程。调查中，4383名学生（92.23%）认为“学校经常组织同学们到各类教育基地参观学习”。有些受访者也提及：“我们组织了学校学生赴上海瞻仰中共一大会址、赴浙江嘉兴瞻仰南湖红船，回顾党的创业历程，重温入党誓词，强化初心使命。”（W-T-2）“受到疫情的影响，我们学校则是通过参观数字博物馆、数字展览馆的形式，虽不是身临其境，但是也能感受到党在新民主主义革命时期艰苦卓绝的奋斗历程。”（HD-S-3）

其次，为充分发挥青年学生的主体能动性，许多学校相继成立青年理论宣讲团，开展情境式理论宣讲大赛、“红色故事会”巡演，鼓励青年学生成为宣讲志愿者，深入班级、社区进行理论宣讲，讲好身边的红色故事。不少青年学生会主动参与到活动中，正如一位学生所言：“我们会统一组织学习、收集资料，制作黑板报或手抄报，用同学们容易理解的案例、语言，甚至是用我们在教育技术课上刚学会的视频制作，做成视频给同班同学看，让他们感受中国共产党就在我们身边，党和国家的变化就发生在身边。”（S-S-3）

最后，许多学校结合新时代青年学生的审美需求，根据学生学科专业的不同，挖掘美术、影视、音乐中的“政治引领元素”，让学生“在不同的形式中学习中国共产党的知识，有着更深刻的认识和理解”。（P-S-1）在对部分学校的实地考察中，研究者发现不少学校的政治引领活动融入了艺术的色彩与元素，开展了党史中的音乐会、书画中的百年党史、电影里的中国等系列活动。

（三）运用网络开展政治引领的形式不断丰富

在信息获取渠道愈发多元的今天，从“文字为王”到“读图时代”再到“视频快餐”，人们越来越喜欢以最短的时间、最便利的方式获取最有效的信息或精神愉悦。习近平总书记也强调，要运用新媒体新技术使工作活起来，推动思想政治工作传统优势同信息技术高度融合，增强时代感和吸引力。各校坚持“主动积极、正面引导、加强管理、趋利避害、为我所用”的方针，采取青年学生喜闻乐见的方式打造网络专题栏目，让青年学生通过网络主动积极地接受主流文化的熏陶和政治、思想、价值上的引领。调查中，4598人（96.76%）认为“学校经常运用微信、网页、广播、小册子等多种形式开展宣传引导”，近93.33%的学生认为“学校和老师开展宣传教育时经常运用短视频、动漫、图文等具有时代感的新载体”。也有学生反映学校近年来开始尝试以丰富的形式向学生普及政治知识，例如利用网络技术，增强活动对学生的吸引力。（HD-S-6）由此可见，学校逐步尝试“面对面”与“键对键”相结合，有效提升政治引领工作的亲和力和针对性。显然，网络教育的形式更容易将青年学生喜闻乐见的作品、话语体系与生动鲜活的事例相结合，并以此强化中国共产党的主流话语在网络中的主体地位。此外，青年学生通过自己创作的健康向上的网络文艺作品，也能影响身边同学，从而更好地引领校园文化风尚，传递主流价值。

四 政治引领的工作领域进一步拓展

伴随着青年学生生活领域、视域范围的拓展，学校政治引领工作的范围也逐步拓展。诸多学校提出构建全员、全过程、全方位引领的工作机制，坚持立足全局、统筹兼顾的原则，实现政治引领工作的整体性、系统性、协同性、发展性，确保引领效果的最大化。调查中，有96.50%的学生认为“学校政治引领工作运行机制较为健全完善”。

（一）课堂教学的统合性进一步增强

课堂教学在学校教育工作中所占时间最多，涉及面最广，对学生的发展影响最全面深刻，对学校教育质量的影响也最大。大多数学校除了加强思想政治理论课引领作用外，还强调引导其他课程与思政课同向同行，要求教师回归课堂、用好用足课堂，在教学中引导学生站稳正确的政治立场。调查显示，近95.81%的青年学生认为“其他课程的老师在课堂上经常结合课程内容进行政治引领”，近96.23%的青年学生认为“思政课老师与专业课老师会经常沟通学生思想政治表现”。另外，全国上下也积极开展思政“一体化”改革探索，统筹构建“一体化”思想政治理论课课程体系，在教材、教学资源、教学平台“一体化”方面取得了长足进展。这在与教师的访谈中可以得到印证：

> “一体化”建设能够让大学优质的教研资源下沉，帮助中学思政课教师提高教育教学水平，真正实现大、中、小学思政课之间的相互衔接，这是大、中、小学思政课教师队伍专业发展一体化建设的关键。（F-T-2）
>
> 部分地区开始探索成立大、中、小学思政课一体化建设联盟，为邻学段、同学段、跨学段相互听课集体备课，思政课“堵点”集体攻关及思政课教学资源共享搭建平台。（L-T-1）

此外，全国各地相继颁布了“德育”课程一体化的相关文件。譬如，北京组织编制《北京市大中小幼一体化德育体系建设指导纲要》，山东编制完成囊括小学、初中、高中17门学科的《山东省中小学生德育课程一体化实施指导纲要》，浙江组织编写《中小学德育课程教学指导意见》和29门学科的《中小学学科德育指导纲要》。河北工业大学依托自身优势，签订了大、中、小学思政课共建协议，不仅大学的思政课教师走进中小学课堂，一些相关专业的大学生也加入探索“大中小一体化”思政课育人格局的建设队伍中；广东实施“大中小学实践育人共同体”，树立系统思维，打破学段的隔膜。这些指导纲要、意见及举措，有力地推动了学科、学段之间的整合，使政治引领工作更加具有系统性。

（二）政治引领的工作格局进一步完善

党的十八大以来，学校政治引领格局发生了深刻变化。在人员力量上，各学校构建了由校党委统一领导、职能部处分工负责、全员协同参与的责任体系，同步建立党务部门协作常态机制。在强调专任教师和辅导员、班主任等政工干部作为主体的基础上，强化管理干部、教辅后勤人员的育人责任感、使命感，建立完善了教师与政工干部、思政课教师与辅导员、行政后勤人员与辅导员的联席会议制度、情况通报制度，形成了全员重视青年学生政治引领的良好局面。此外，政治引领工作成为各个部门的责任，大家互相协调形成合力，才有可能解决重科研轻教学、重智育轻德育、重教书轻育人等问题。(S-T-1)

在引领机制上，建立了较为完善和成熟的政治引领教育管理制度，从学生入学直至毕业，在各年级、各阶段都精心安排教育内容，有计划、有步骤地开展宣传引导，把对青年学生的政治引领融入课堂教学、第二课堂、创新创业、科研活动等学习与生活的方方面面，使政治引领的影响“像空气一样无所不在、无时不有”（Z-T-2）。此外，学校还逐渐贯彻、落实“三全育人”理念和要求，不断完善思政工作“责任链条”，形成“工作闭环”（HD-T-2）。调查中，近 97.60% 的学生认为学校学生工作部（德育处）、团委等各部门开展政治引领时能够相互配合、多管齐下，形成合力。

（三）政治引领的保障机制进一步落实

为调动学校、教师做好青年学生政治引领和思想教育工作的积极性，各学校努力健全完善、合理的保障机制。首先，建立完善的奖惩机制，树立鲜明导向。各学校以政治引领和思想教育工作成效为重点，开展教育工作先进集体、教书育人楷模、优秀教师、“三育人”、思想政治先进工作者、优秀辅导员、优秀班主任等先进个人评选，树立先进典型，激励教师用心、用情做好青年学生政治引领和思想教育工作。调查中，有 96.33% 的学生表示“学校会定期表彰思想政治引领工作优秀的老师”。其次，健全完善约束考核机制。各学校把开展学生政治引领和思想教育情况列入党委书记抓党建工作述职、党建和思想政治工作考核、意识形态工作责任制检查、文明校园评选等考核、检查的内容。部分学校探索"摸底巡查—执行通报—责任追究—倒逼落实"的政治引领督查工作体系。调查中，有 95.39%的学生认为"学校有开展政治引领情况的检查、评比"。同时，很多学校把教师履行学生政治引领和思想教育职责列入年度考核、职称评聘、评优评先的内容，把在课堂上、讲座上发表违反政治纪律要求的不当言论列入一票否决范围，进一步强化了对青年学生政治引领工作的重视。最后，为开展政治引领工作提供物质保障。在经费上，明确规定学校要单列学生思想政治工作经费并提出比例要求，团委日常工作经费也被纳入学校年度经费预算安排，并在活动场所、设备等方面对团的工作予以保障。很多中学充分考虑团组织对学生参与党团活动、社团活动、志愿服务、社会实践活动等相关活动评价的任务和职责，建立中学共青团工作与学生综合素质评价的有效衔接机制。在设施上，各地各学校结合实际，兴建了一批爱国主义教育基地、党史学习教育基地、国防教育基地，有的甚至运用了增强现实（AR）、虚拟仿真（VR）等技术，采取了情境式、沉浸体验式教育，有效提升了政治引领的效果。

综上所述，笔者将调查数据结果采用单样本 t 检验，将政治引领主体重视程度、总体评价、内容满意度、方法举措、工作机制的得分与理论得分进行比较。结果显示，5 个部分的得分均明显高于理论均值。可见，当前学生对学校在政治引领重视程度、总体评价、内容满意度、方法举措、工作机制方面总体评价较好（见表 4-8）。

表 4-8　学校对学生政治引领重视程度与理论均值的比较结果（n=4752）

项目	M	SD	t	df	P
学校对青年学生政治引领工作的重视程度	4.60	0.59	187.56	4751	<0.001
您对学校学生政治引领工作效果的总体评价	4.57	0.62	174.95	4751	<0.001
您对学校政治引领内容的看法	4.55	0.61	174.99	4751	<0.001
您对学校政治引领方法举措的看法	4.40	0.70	137.96	4751	<0.001
您对学校学生政治引领工作运行机制的看法	4.43	0.69	142.95	4751	<0.001

五　青年学生政治意识和能力进一步提升

亚里士多德曾指出："政体若想长治久安，必须使各阶级的人们都能参加而且怀抱着让它存在和延续的意愿。"① 政体的稳定性实质上就是政治认同与政治归属的问题。因此，当代青年学生是否具备强烈的政治意识、牢固的政治信仰、坚定的政治立场、正确的政治方向、过硬的政治本领就成为中国共产党政治引领工作开展好与坏的展现。而剖析青年学生的政治现状是分析和解决中国共产党政治引领工作问题的逻辑前提。笔者将青年学生政治现状5个维度的总分除以题目数转化为平均分。随后，采用单样本 t 检验，将政治状况总分及其5个维度的平均分与理论得分进行比较，结果显示，5个维度的平均分均显著高于理论均值，由此可以发现，当前青年学生政治现状总体状况及其各方面的政治状况都较好（见表4-9）。

表4-9　青年学生政治状况与理论均值比较结果（n=4752）

	M	SD	df	t	P
政治意识	4.54	0.55	4751	193.06	<0.001
政治信仰	4.60	0.45	4751	244.16	<0.001
政治立场	4.25	0.60	4751	143.09	<0.001
政治方向	4.47	0.52	4751	194.20	<0.001
政治本领	4.36	0.60	4751	156.27	<0.001
政治现状	4.44	0.44	4751	228.92	<0.001

（一）政治意识不断增强

《中国大学生思想政治教育发展报告2018~2019》调查显示，2015~2018年，青年学生对党的领导认知认同度呈显著上升趋势，② 青年学生对党和中国特色社会主义理论体系的认知认同状况越来越好。经过多年的教育，新时代青年学生对于社会制度、国家领导体制、治理方式等基本政治知识、现象总体保持科学正确认识，有一定的政治理论水平。

（二）政治信仰愈加牢固

政治信仰作为人类超越动物的本质属性，是人类社会发展到一定阶段产生的一种特有精神现象，是世界观、人生观、价值观在政治追求和政治理想

① 〔古希腊〕亚里士多德：《政治学》，吴寿彭译，商务印书馆，1965，第88页。

② 沈壮海等：《中国大学生思想政治教育发展报告2018~2019》，北京师范大学出版社，2020，第111~112页。

上的集中表征。[①] 政治信仰的培育是党对青年学生政治引领工作的重要任务，关系到我国培养社会主义合格建设者和接班人目标的实现。总体来看，经过家庭引导、学校教育、社会宣传，以及自身的观察、体验，绝大多数青年学生能够把马克思主义、共产主义作为自己的崇高政治信仰，感受到中国特色社会主义制度的优越性，能够牢固树立马克思主义信仰和中国特色社会主义共同理想。

（三）政治立场更加坚定

2020 年 5 月，习近平向新时代广大青年提出“站稳人民立场”的新要求，不仅丰富了时代新人的科学内涵和具体标准，而且对新时代青年的理想人格建设具有政治层面的价值指引作用，进一步强化了对青年的政治引领。可以明确的是，绝大多数青年学生政治立场坚定，对中国共产党作为我国执政党的地位是认可的，支持党的各项方针、政策，拥护党的基本纲领和基本路线，坚持四项基本原则，对中国社会发展前景保持乐观，对实现中华民族伟大复兴充满信心。

（四）政治方向更加明确

中国特色社会主义道路、理论体系和制度是党和人民在长期实践中摸索和创造出来的根本成就，需要每一个中国人认真学习、深刻领会，不断深化对中国特色社会主义道路、理论体系与制度的认同，坚定中国特色社会道路自信、理论自信、制度自信和文化自信。调查结果显示，4688 名（98.65%）青年学生在“个人想法与党的决定有冲突时，会接受和服从党的决定”，4674 名（98.36%）青年学生在“规划发展目标时，会把个人的梦想与中国梦结合起来”，4634 名（97.52%）青年学生“会把国家未来重点发展的行业作为自己就业的主要参考”。作为享受改革开放成果的一代，新时代青年亲历了我国经济社会的快速发展、安定稳定，见证了综合国力的日益强盛，感受了我国在高铁、航空航天、5G 通信技术等领域取得的巨大成就。青年学生充分感受到中国共产党坚强有力的领导和中国特色社会主义制度优越性，对中国共产党和中国特色社会主义制度表现出强烈的认同感与自豪感，更愿意把自己的青春奉献给祖国的发展事业。

（五）政治本领更加强大

作为党和国家未来建设的生力军，拥有较强的政治本领有利于青年学

① 陈云云：《新时代中国共产党政治信仰建设的困境与对策》，《理论导刊》2021 年第 2 期。

生的社会性发展，更好地肩负起民族复兴的历史使命。调查数据表明，新时代青年学生在政治问题面前能够准确地判断是非，当有政治事件出现时，能够采取正确的方式和举措表明自己的态度与观点，政治本领总体过硬。

第三节　新时代中国共产党对青年学生政治引领“尚存不足”

学校政治引领工作在新时代不断开拓创新、巩固强化，取得了长足进展和突出成就。总体而言，学校政治引领工作与新时代中国共产党的时代要求及学校所肩负的育人使命是相适应的。然而，在调查中也发现，学校政治引领工作也面临一些现实困境与考验。

一　政治引领主体建设重视程度高与部分落实程度低的矛盾

（一）学校基层党组织设置的合理性有待提升

目前，一些地处偏远、师生数少的中学党组织力量薄弱、体系不够健全，甚至尚未独立设置党组织，存在与其他中学或近邻单位同属一个支部的现象，严重削弱了党对学校工作的全面领导以及党对青年学生的政治引领。从高校的角度而言，“党组织体系总体是健全的，但随着办学规模不断扩大、高校职能不断拓展、组织结构和组织方式更加多样，党组织设置出现了一些空白点”。① 当前高校党组织按照行政隶属关系进行层级化设置，属于垂直纵向的管理体系，如学生主要按照年级、专业设置党支部。但随着高校尤其是“双一流”建设高校的科研组织形态变化，越来越多的研究生主要以课题组或科研团队为单位进行学习和研究，导致传统党组织的引领工作存在空白。支部各党员缺乏熟识度，联系也不够紧密，党支部缺乏较强的内聚力和凝聚力，导致党员学生在学生群体中的先锋模范作用难以发挥，党组织服务青年学生成长的工作难以落实。此外，一些党支部规模过大、人数过多，属于大型党支部，给党员的日常管理和教育带来一定难度。虽然近年来不断推动在实验室、创新团队、课题组、项目组等最具有创新能力和最活跃的组织设立党支部，一些高校也尝试在书院、生活区宿舍楼、学生社团组织

① 伍处文：《加强高校基层党组织建设　提升党在高校的凝聚力影响力》，《学校党建与思想教育》2015 年第 17 期。

等设立党支部，但总体而言，这些“新兴”形式的党支部设置仍存在数量不够多、覆盖面不够广等问题。问卷调查中，针对问题“您对学校学生政治引领工作效果总体评价不高的理由主要有哪些?”选择“学生党团组织覆盖面不够”的占 18.6%，居第三位。研究者前期实地考察了 F 省的三所省属重点高校，从政工干部、辅导员处得知，三所高校均未在宿舍生活区设置党支部。可见，如何更好地适应高校内部的管理体系改革，以更有利于青年学生成长的方式设置基层党组织，进一步扩大党组织的覆盖面，增强其结构力，已成为学校政治引领工作的当务之急。

（二）学校政治引领工作执行落实程度参差不齐

根据调查数据，本书采用单因素被试方差分析考察不同类型、不同地区的学校在政治引领工作中存在的差异。在分析考察对政治引领的重视程度、总体评价时，发现“双一流”建设高校这些指标明显低于省属重点大学（$P<0.001$），普通高校也明显低于省属重点大学（$P<0.001$），但不同中学之间无明显差异［$F(2, 908)=0.33$，$P>0.05$］[①]。总体而言，中学对政治引领的重视程度与总体评价得分要低于大学（详见表 4-10 至表 4-13）。

表 4-10　大学不同类型的学校政治引领重视程度差异比较结果

变量	学生群体			F	Bonferroni 事后比较
	1.“双一流”（n=750）	2. 省属重点（n=1459）	3. 普通高校（n=1426）		
政治引领重视程度	4.60±0.60	4.73±0.48	4.59±0.57	25.90	2>1，2>3

注：n 表示样本数量。

表 4-11　中学不同类型的学校政治引领重视程度差异比较结果

变量	学生群体			F
	1. 一级达标学校（n=132）	2. 二级达标学校（n=205）	3. 普通中学（n=574）	
政治引领重视程度	4.50±0.63	4.45±0.67	4.45±0.70	0.33

① P 值大于 0.05 表示无差异，小于 0.05 表示有差异。F 是方差分析中的检定值，用于判断两个总体方差是否相等。

表 4-12 大学不同学校类型的政治引领总体评价差异比较结果

变量	学生群体			F	Bonferroni 事后比较
	1. “双一流”（n=750）	2. 省属重点（n=1459）	3. 普通高校（n=1426）		
总体评价	4.55±0.66	4.68±0.52	4.56±0.60	19.48***	2>1，2>3

表 4-13 中学不同学校类型的政治引领总体评价差异比较结果

变量	学生群体			F
	1. 一级达标学校（n=132）	2. 二级达标学校（n=205）	3. 普通中学（n=574）	
总体评价	4.42±0.81	4.43±0.63	4.46±0.70	0.26

可见，由于学校工作定位和学生政治素质不同，不同学校对政治引领的重视程度不平衡。部分学校党组织在思想上放松警惕，没有把政治引领工作摆在众多工作的首要位置。尤其是中学，面对激烈的升学竞争和家长的期待，面对上级和社会的教育评价，学校更强调学生的学习成绩，把追求高升学率和高质量升学当作学校工作的重中之重，将道德教育、政治教育放在了次要的位置。此外，受职数的限制，多数学校党组织负责人与校长由同一人担任，未配备专职副书记，未设立党务工作机构。再如，诸多学校的党务工作缺乏专职人员负责，而多由教师兼职。上述这些情况，无疑都削弱了学校对青年学生的政治引领效果，导致政治引领工作“说起来重要，做起来次要，忙起来不要”。在和部分高中教师的座谈中，他们也普遍反映了此种现象：“学校当然知道做好青年学生政治引领工作的重要性，可是面对升学的压力，学校不得不把主要精力投入教学，尤其是高三阶段，高考是第一位的。”（P-T-2）更有教师毫不避讳地指出：“虽然嘴巴上经常讲，要重视学生核心素养的培养，可现行的教育体制和评价办法，仍然是以考试成绩为核心，成绩第一、德育第二，政治引领工作有时就忽视或放松了。”（S-T-1）

（三）学校教师队伍政治引领水平仍需提高

名义上，学校的全体教职员工都承担着对青年学生政治引领的职责。然而，从实际情况来看，主要承担引领职责的是高校辅导员、中学班主任、思政课和专业课教师。从调查和访谈中可以发现，精力投入、育人理念、业务能力等因素也制约着教师对青年学生政治引领工作的开展。

第一，政治引领精力投入不足。目前高校的辅导员、中学的班主任均具有“多重身份”，承担着思想教育、政治引领、党团活动、文体比赛、日常管理等事务，工作面广、职责任务重，因此，“显示度”低、见效慢的政治引领工作常常被其他“显性”的、容易出成绩的工作所替代，辅导员（班主任）将大量的时间精力投入其他工作，而政治引领成为“副业”和“守底线”的工作。正如有些学生所反映的，“辅导员主要在晚点名和集体活动时见到，我不是主要学生干部，平时几乎和辅导员没有接触，有次在路上遇见，他甚至记不清我的名字叫什么，心中还有少许失落”。（F-S-4）相比于辅导员，思政课教师和专业课教师则是在个人的课堂教学、论文写作、课题研究、职称晋升、家庭事务等方面投入了绝大多数的时间和精力，无暇顾及与学生交流思想、谈心谈话，缺乏对青年学生政治引领的精力。有位在读的研究生也坦诚地说道：“我是文科的，导师平时很忙，除了偶尔有专业学习、论文写作的交流，其他时间交往也不多。导师即使有时关心我，也主要关心学习、生活，很少谈思想、谈政治。”（HD-S-6）无独有偶，问卷调查结果也证实了上述事实，在“您对老师开展学生政治引领工作总体评价不高的原因有哪些?”的回答中，32.28%的青年学生选择“老师与学生交流太少，不了解学生情况”，高居所有原因首位。

第二，育人思维理念仍需纠正。受错误政绩观和评价指标体系的影响，部分学校和教师更关心和关注学生的学习状态、学业成绩，甚至把学习成绩作为评价学生最重要的或唯一标准。在树立典型时，也优先将成绩摆在首要位置，表扬的几乎都是成绩优异的学生。而有一些品德良好、政治表现突出而成绩稍逊的学生常常被忽视。有中学生感叹：“我好想排到班级前三，座位可以优先选，关键的是各种表彰可以‘拿到手软’，而且，成绩好的感觉是老师‘亲生的学生’，成绩差的感觉则是老师‘收养的学生’。”（S-S-5）另有学生反映：“班主任在评选三好学生、优秀学生干部的时候，名义上让我们民主选举，实际上最后都会把名额留给成绩排名靠前的那几位学生。”（S-S-3）这种现象在高校中也不鲜见。在评优评先、推荐免试升学时，成绩依旧是考核的关键指标。例如，部分高校在本科生“推免”时，只把学业成绩作为评选条件，学生的思想品德分并不列入考察范围，这些做法在青年学生中形成了不良的价值导向。由此可知，作为教师，除授业、解惑之外，还需树立全体发展、全面发展的教育理念，树立主体性与公平性相结合的教育过程观。

第三，政治引领胜任力有待加强。问卷调查显示，对于问题“您对老师开展学生政治引领工作总体评价不高的原因有哪些?”“老师缺乏政治引领工作的能力”“老师缺乏政治理论素养”分别排在第三、第四位。个别访谈发现，面对青年学生政治引领工作，多数教师表示“工作不好做、压力大”，有“本领恐慌”感，存在“青年教师想做不会做，老教师能做却做不到位”现象。有些青年教师由于参加工作时间较短，社会经历、体验积累不够丰富，在政治素养、理论涵养、知识见识等方面积累也不够扎实，因而在开展青年学生政治引领工作时，时常无法把道理讲明白、把事实讲清楚，难以让学生完全认可、接受、信服。正如访谈中的教师所言，“现在一些学生对政治问题、社会现象有观察、有思考，我在上政治课的时候，遇到多次被学生问倒的情况；有些时候对学生的问题，不懂如何回答，绕开回避或答非所问，学生不满意，自己也觉得非常尴尬”。(ND-T-3) 与青年教师不同，部分中老年教师虽然有经验、有能力、有热情，但对新时代青年学生的了解不够深入，对其特征把握不准，在与青年学生交流时，不善于用青年学生当下常用的方式和话语，无法让理论知识入耳、入脑、入心，也影响了政治引领效果。他们感慨：“我们老了，跟不上了，与现在的大学生交流有障碍、有压力，有时‘get’不到他们的点，话题经常不在一个频道，很难‘圈粉’了。”(HD-T-2) 也有老教师表示了同样的困惑：“学生经常用一些不知所云的词语，比如‘yyds’‘逆行者’‘凡尔赛’‘爷青结’‘躺平’等。为了能够增进对他们的了解，我只能亦步亦趋地去查查这些语词的含义，后来才发现这些词太多了，根本查不完，索性也就不管了。”(Z-T-2)

二 政治引领内容教育重视度高与引领实效度低的矛盾

调查显示，有近 57.49%的青年学生认为“优化教育内容是政治引领工作需要改进的方面”。可见，政治引领内容的不足已成为青年学生对学校学生政治引领工作效果总体评价不高的最主要原因之一。毋庸讳言，政治引领内容经过长时间不断的更新和优化，具有科学性、思想性、理论性、丰富性的特征。然而，也不可否认政治引领的内容在供给上仍然存在滞后、泛化、离散以及亲和力欠佳等问题。①

① 沈壮海：《思想政治教育有效性研究》第 3 版，武汉大学出版社，2016，第 9 页。

（一）内容枯燥晦涩，影响学生认知

思政课是青年学生政治理论学习的主渠道，是各学校落实立德树人根本任务的关键课程，是学校对青年学生进行政治引领的最主要载体。近年来，党和国家高度重视思想政治理论课建设，使思政课的主渠道作用得以凸显。调查显示，超过六成（60.9%）的青年学生认为思政课在个人政治观念和政治行为调适中发挥重要作用。[①] 但由于思政课的内容，尤其是马克思主义原理知识理论性、思想性较强，较为抽象、不易理解，且思政课教学内容量大、课时少，教师缺少足够的时间向学生作详细的理论阐释，影响了青年学生对理论知识的理解，影响了政治引领的成效。在访谈中，有些大学生反映："我的思政课教师仍习惯以自我为中心，'填鸭式'单向'灌输'，授课内容简单、枯燥，加上他又不爱与我们交流，整个课堂死气沉沉，当然这与教材内容较为晦涩有一定的关系，都是抽象的理论阐释，吸引不了我和其他同学的注意力。"（F-S-4）部分中学生也反映了思想政治教材存在理论过深、内容枯燥的情况（P-S-3）。还有不少学生表示学习的政治引领内容枯燥乏味、深奥难懂："一些政治原理、理论比较抽象、比较拗口，如跨越'卡夫丁峡谷'、供给侧结构性改革，希望把这些比较深奥的词语用比喻来表达，或用通俗易懂的词语解释。"（L-S-3）上述问题在问卷调查中也得到了呼应：针对问题"您对学校学生政治引领工作效果总体评价不高的理由主要是哪些？"选择"内容空洞枯燥乏味"和"内容深奥难懂"的分别占28.00%和24.43%，位列首要和次要理由。

（二）内容陈旧过时，缺乏现实性和创新性

政治引领的内容不是沉睡在故纸堆里，而是要常讲常新，既要有传授真理和总结经验的历史深度，又要有启迪现实和引领未来的高度。"理论只要彻底，就能说服人。所谓彻底，就是抓住事物的根本"，[②] 要让政治引领的内容对现实具有指导性意义。当前，部分学校教师在讲解或与青年学生交流时，容易脱离社会现实讲方向性的、空洞的思想和道理，导致青年学生认为政治引领的内容不准确、不到位，与现实情况不吻合。此外，没有用历史的眼光、辩证的思维看待和分析现实中存在的一些现象和问题，内容过于片面，不够

① 沈壮海等：《中国大学生思想政治教育发展报告2017》，北京师范大学出版社，2018，第463页。

② 《马克思恩格斯文集》第1卷，人民出版社，2009，第11页。

全面客观、辩证统一，容易引起学生的质疑、反感。有学生反映，学校开展政治引领的思维方式不够创新，多以思想理论教育为主，理论研究和实践探索未达到“同频共振”，存在一定程度的形式主义。新时代政治引领的内容，需要思政课教师深刻把握新教材的内容和精神，避免在教学过程中出现“拿着新教材”却“照着老教案”，“朝着新学生”却“讲着旧话语”的情况。因此，教师应做到课课有新意，内容常翻新，保证思政课“出勤率”“抬头率”的同时，以春风化雨的方式让青年学生浸润其中，从而提升“入脑率”“走心率”。

（三）内容重复脱节，难以契合学生需求

新颖的教学内容是激发学生学习热情的重要因素。内容重复或脱节，以及不符合学生需求将严重挫伤青年学生学习的积极性。其一，内容重复问题，主要表现为部分内容在不同思政课、不同场合重复讲、多遍说，“炒旧饭”让青年学生失去了新鲜感。访谈中，不少学生表示内容的重复性严重削弱了他们学习的激情和热情。（L-S-4）

其二，政治引领内容难以契合学生需求的问题也非常突出。教师通常过分强调青年学生的思想要与国家、社会要求相契合，而忽视了青年学生个体的现实需求和精神发展需要，缺乏人文关怀，易导致政治引领内容与青年学生的现实生活相脱节，也造成青年学生的政治学习不主动、缺少动力。例如，有学生说：“我遇到的困惑是现实中不时会出现党的决定或号召与个人愿望、想法不一致的时候，该如何权衡做出选择。”（HD-S-3）此外，访谈中还有不少青年学生表示，政治引领内容并非他们所关心和需要的。问卷调查结果与访谈结果总体一致，数据显示对于“学校和老师所宣传的内容和信息是我所关注和希望了解的”这一问题，选择“比较不符合”“非常不符合”的占3.36%；对于“老师政治宣传引导的内容能够解答我遇到的困惑”这一问题，选择“比较不符合”“非常不符合”的达3.58%。青年学生的社会化与个性发展是其成长中亟须解决的一对“矛盾”，如何平衡二者的关系，是考量教师智慧的“试金石”。

此外，通过卡方检验进行不同类型的学校在政治引领内容上存在的主要问题的差异性分析，结果显示，在“双一流”建设高校和省属重点大学学生中，认同“内容重复”“内容不符合需要”等问题的要明显多于普通院校学生（详见表4-14）。说明不同学校学生，由于个体需求层次不同，对政治引领的内容需求也不同。不同类型的中学生对于内容的反映同样有所不同，普通中学的学生中认为“内容陈旧”的要明显多于二级达标学校（$P<$

0.05)；在“内容深奥难懂”上，二级达标学校明显多于一级达标学校（$P<0.05$）（详见表 4-15）。说明不同类型学校政治引领内容方面存在的主要问题的确具有明显的不均衡现象，教师对政治引领内容选择和理解、教学解释能力和水平仍需进一步提高。

表 4-14　大学不同类型的学校在政治引领内容方面存在的主要问题差异比较结果

	学生群体			χ^2	Bonferroni 事后比较
	A“双一流”n（%）	B 省属重点 n（%）	C 普通高校 n（%）		
内容陈旧	124（16.5%）	252（17.3%）	266（18.7%）	31.75**	
内容重复	303（40.4%）	555（38.0%）	498（34.9）		A>C
内容枯燥乏味	383（51.1%）	729（50.0%）	747（52.4%）		
内容空洞	197（26.3%）	325（22.3%）	349（24.5%）		
内容深奥难懂	288（38.4%）	577（39.5%）	615（43.1%）		
内容不符合需要	52（6.9%）	106（7.3%）	64（4.5%）		A>C，B>C

表 4-15　中学不同类型的学校在政治引领内容方面存在的主要问题差异比较结果

	学生群体			χ^2	Bonferroni 事后比较
	A 一级达标学校 n（%）	B 二级达标学校 n（%）	C 普通高中 n（%）		
内容陈旧	24（18.2%）	31（15.1%）	145（25.%）	38.72***	C>B
内容重复	44（33.3%）	53（25.9%）	195（34.0%）		
内容枯燥乏味	66（50.0%）	80（39.0%）	240（41.8%）		
内容空洞	26（19.7%）	24（11.7%）	92（16.0%）		
内容深奥难懂	55（41.7%）	120（58.5%）	282（49.1%）		B>A
内容不符合需要	16（12.1%）	12（5.9%）	38（6.6%）		

三　政治引领线下活动形式单一与媒介信息多元的矛盾

“载体发展是思想政治教育发展最为直接、最为活跃、最为显著的标志。”① 随着 5G 通信、直播、H5 应用等技术手段日新月异的变革和发展，人类社会进入全媒体时代。信息化发展与全球化变革对传统政治引领方式带

① 孙梦婵、杨威：《论新时代思想政治教育载体的新发展》，《思想政治教育研究》2018 年第 3 期。

来诸多冲击，其中载体活化与政治引领渠道不足成为影响当前青年学生政治引领工作的现实问题。问卷调查显示，9.62%的青年学生认为所在学校开展政治引领的途径载体“不够丰富多样”或“非常单一”，57.20%的学生认为“学校政治引领工作方法有待改进”。

（一）政治引领线下教育的引领力仍需提升

调查显示，学生日常生活中了解国内外大事和政治信息主要通过网络新媒体（70.10%）、课堂（83.59%）、广播电视（52.17%）。然而，这并不能改变理论讲授法、榜样示范法依旧是学校开展政治引领工作最常用的方法的现状。尽管学校已逐步将政治引领内容融入社会实践、文娱活动、社团活动等第二课堂活动中，但政治引领教育也仍然比较缺乏“质”的改变。从整体上看，学生获取政治引领的渠道与学校开展政治引领工作的载体之间存在凿枘不投的情况，访谈过程中谈及的问题可以佐证：

> 受实践体验的方法运用还不够，授课时量、授课内容多的影响，每学期能组织学生前往实地进行考察、体验和实践的机会太少了，而且基本1~2天就完成了，实践体验容易流于走马观花的形式。（HD-T-1）
>
> 有些活动每年都差不多，就没新鲜感了。有些活动意图太明显了，如若在活动中、游戏中、参观考察中把政治引领的价值理念和要求渗透进去，这样我们会更容易理解和接受。（NZ-S-2）

不仅如此，许多师生反映学校举办的各种政治引领活动虽然形式丰富、数量很多，但存在质量不高、重复多、层次低的问题；有些活动仅仅是为了举办而举办，看似场面宏大，实则“雨过地皮湿”，既不受学生喜欢，也不见成效，甚至还引起学生反感；有些活动缺乏创新和设计，流于“程式化”思维，每年流程相同、内容相似，象征性“走过场”的形式化痕迹明显。

（二）网络新媒体的运用有待加强

面对层出不穷、快速更新的新平台、新阵地，不少学校受技术、人员、资金等因素制约无法有效主导网络空间话语权。研究调查显示，新媒体目前还没有成为学校开展青年学生政治引领的主要载体，仅有18.03%的青年学生认为“微博、微信、互联网等新媒体是学校开展政治引领的主要途径载体”。

通过交叉分析还发现，不同学生群体在日常生活中了解国内外大事和主要政治信息的途径存在明显差异，多重比较结果显示，在“网络新媒体”上，大学生、研究生多于中学生（$P<0.001$），说明新时代大学生对新媒体呼声极高（详见表 4-16）。

表 4-16　不同身份的大学生在日常生活中了解国内外大事和政治信息的途径差异比较结果

单位：%

	学生身份			χ^2	Bonferroni 事后比较
	A 中学生 n	B 大学生 n	C 研究生 n		
课堂	782（72.0%）	1666（72.3%）	883（65.0%）		A>C，B>C
网络新媒体	820（75.5%）	1977（85.8%）	1175（86.5%）		B>A，C>A
广播电视	569（52.4%）	1161（50.4%）	749（55.1%）		C>B
书籍报刊	354（32.6%）	640（27.8%）	405（29.8%）	149.80***	A>B
同学交流	248（22.8%）	587（25.5%）	356（26.2%）		
家庭成员交流	117（10.8%）	153（6.6%）	61（4.5%）		A>B，A>C，B>C
其他	0	0	0		

新媒体已成为多数学校开展青年学生政治引领的重要载体。许多学校尤其是高校建立了“校—院—年级”纵向贯通，以及“学院—学院团委”“学生会—社团组织”等横向覆盖的网络体系，创作了短视频等形式多样、内容丰富的新媒体作品。但通过交叉分析发现，在“微信、微博、互联网等新媒体”的运用上，“双一流”建设高校高于省属重点高校和普通高校（$P<0.05$）（详见表 4-17），一级达标学校高于二级达标学校和普通中学（$P<0.05$）（详见表 4-18）。这些数据表明，学校运用新媒体开展政治引领的业务水平仍不均衡，普通高校、普通中学运用新媒体开展政治引领的能力仍需提高。

表 4-17　大学不同类型的学校开展政治引领的途径载体差异比较结果

	学生群体			χ^2	Bonferroni 事后比较
	A “双一流” n（%）	B 省属重点 n（%）	C 普通高校 n（%）		
微信、微博、互联网等新媒体	347（46.3%）	659（45.2%）	644（45.2%）	60.88***	A>B

表 4-18　中学不同类型的学校开展政治引领的途径载体差异比较结果

	学生群体			χ^2	Bonferroni 事后比较
	A 一级达标学校 n（%）	B 二级达标学校 n（%）	C 普通高中 n（%）		
微信、微博、互联网等新媒体	62（47.0%）	91（44.4%）	258（45.1%）	32.05*	A>B，A>C

四　青年学生思想政治方面存在的问题

当代青年学生是伴随着改革开放成长起来的一代，由于受到当前整个社会环境发展变化的影响，他们的政治状况仍存在一些问题。通过调查发现，主要体现在以下四个方面。

（一）政治意识仍需进一步提高

虽然绝大多数青年学生非常认可中国共产党领导和中国特色社会主义制度，但部分青年学生缺乏过硬的知识和理论基础，导致这种认同的根基并不牢固。这一问题主要体现在三个方面。第一，政治常识不足。这些学生对思想政治课缺乏热情、应付了事，对马克思主义、中国特色社会主义的基本概念、基础理论掌握得不够扎实。一些青年学生不能准确回答新时代我国社会的主要矛盾。多位教师也反映了部分学生存在“知其然，不知其所以然”的问题，比如知道要坚持“四个自信”，但是回答不出“四个自信”具体是什么。第二，政治态度冷漠。自媒体平台已经成为青年学生接收信息的主要渠道，这些平台迎合用户兴趣的推送机制加剧了“信息茧房”效应，即用户只能看到自己感兴趣的内容。体现在部分青年学生身上，就是每天浏览娱乐、体育信息，对国家大事懵然无知。一些青年学生没有关注党的二十大等大事要事，不了解党和国家重要会议、文件、政策精神。第三，存在一定的个人主义观念。在个人与集体的关系上，个别青年学生认为“个人服从集体、先公后私等观念已经过时”，国家、集体存在的意义即在于增加个体的福利。

（二）部分学生政治立场不够正确

部分青年学生未能站稳人民立场，不能从党和人民的立场看待世界、考虑问题。第一，轻视劳动和劳动人民，把收入作为衡量职业优劣的唯一标准，对工人、农民等一线劳动者缺乏尊重和敬意，认为他们是“失败者”，自己则立志成为“人上人”。第二，不拥护党的领导地位。少数青年学生受到国内外反共宣传的影响，不愿意加入中国共产党，甚至不认同中国共产党的领导是我国发展进步的根本保证。第三，在大是大非问题上没有站稳人民立场。一些青年学生没有站在“人民至上、生命至上”的高度看待我国的疫情防控政策，被碎片化的谣言或舆论误导。

（三）少数学生政治意识出现偏差

受西方资产阶级个人主义、自由主义、虚无主义等错误思想观念的影响，少数青年学生在政治方向上出现偏差。第一，一些青年学生没有把个人的梦想与实现中华民族伟大复兴的中国梦结合在一起，整体思维、系统思维、大局观念不强。第二，认同西方资产阶级政治思想。受西方的新闻报道、政治理论著作的显性宣传，以及影视、综艺、音乐等隐性宣传的影响，部分青年学生向往西方所谓的议会民主、三权分立、新闻自由等政治理念，认同西方资产阶级的自由、民主、人权等价值观，认为这些价值观就是在世界范围内推行的“普世价值”，而没有认清其背后维护西方资产阶级利益的政治意图。极少数青年学生甚至散布“精日恨国”、亲美崇美等言论，走向了彻底错误的方向。

（四）部分学生政治本领有待增强

部分青年学生政治勇气不足、政治本领欠缺，具体体现为“犬儒主义”和“激进主义”。犬儒主义是指对错误言行视而不见、得过且过，缺乏与之斗争的勇气与本领。部分青年学生遇到网络谣言时，认为只要自己做到不传不信即可，不愿反驳或抨击；面对污名化、丑化党和国家的言行，为了“明哲保身”而选择沉默、回避；在现实生活中，出于面子和关系考虑，不会主动指出或批驳身边同学或家人在政治上的错误观点或做法。“激进主义”是指不顾影响、使用过激的言行表达不满。少数青年学生针对网络媒体中真伪混杂的消息，不首先辨别真伪、曲直，就根据臆想发表激进的言论，无意间成为别有用心的煽动者的工具；一些青年遇到个人利益与集体利益冲突时，为了发泄不满，在互联网上歪曲夸大事实，产生严重不良影响。

五　政治引领协同机制较完善与协同成效低的矛盾

本书调查显示，32.89%的青年学生表示“学校、家庭、社会、政府已建立青年政治引领的协同机制，但效果一般”。为深入做好政治引领协同创新工作，各校纷纷设立了协同创新中心，并建立了相应的运行机制、管理机制等，但仍存在部分机制僵化、运行不合理、机构不完善等情况。

（一）课程思政政治引领的机制不够成熟

近年来，各级教育部门和各学校大力推进课程思政建设，取得了相当成效。一些专业课程任课教师已经树立了课程思政意识，并在专业教学中对青年学生进行政治引领。然而，目前课程思政的政治引领机制整体而言仍有待健全和完善。一是管理与激励机制有待健全。由于许多学校尚未建立完备的人事管理制度，现有人事管理制度未对课程思政工作进行单独的认定，导致政治引领工作停留在自我摸索的阶段，针对开展或研究课程思政的教师的考核、奖励、晋升、提拔等激励举措也尚未出台。二是课程思政的协同育人机制有待完善。目前，课程思政的协同育人机制大多数还停留在“口头号召”的层面，第一课堂、第二课堂、第三课堂之间缺乏联系，渠道不通畅，往往“各守一段渠”，难以达到综合融通的整体育人效果。这主要表现在三方面。第一，第一课堂（思政课教学/专业课教学）偏“虚”。一些教师存在教学与育人“两张皮”的“鸵鸟”现象，只埋头教书，不顾及育人，更不懂育人的方法。第二，第二课堂的适配性不强。第二课堂多数是活动课程，重在“行”，强调政治引领的实践性，以丰富的活动为载体，把思政小课堂的理论同社会大课堂的实践有机融合。然而，第二课堂的内容与第一课堂的联系不甚紧密，也存在“两张皮”的现象。第三，第三课堂的作用难以发挥。第三课堂重在“特”，这类课程通常是隐性课程，文化育人润物无声，其主要载体是文化环境和网络空间，而第三课堂往往会被娱乐化、项目化，从而抑制其政治引领功能的发挥。综上，第一、第二、第三课堂脱节，缺少内在关联，导致三个课堂各行其是、相互独立，无法发挥其整体协同育人的功能，严重影响了学校政治引领工作的效果。

（二）家庭、学校协同引领的机制有待完善

家庭、学校协同引领的机制是建设高质量教育体系，也是政治引领工作能够发挥实效的重要支撑。经过社会各界的长期呼吁与推动，我国学校、家庭协同教育的机制已初步建立并逐渐发挥出协同育人的作用。然而，与人民群众对高品质教育的要求，以及立德树人的期待相比，二者的协同机制还有待健全完善。首先，家校的定期沟通机制尚未形成。学校与家庭的联系不够紧密，多数班主任、辅导员只是通过微信家长群了解学生的基本情况，并且主要关心学生的学习情况，而不能充分地知晓学生的家庭政治状况，更遑论

把握青年学生的政治状况和心理需求，精准有效地开展政治引领工作。其次，家校育人共识尚未达成。学校为形成固定的机制体制，大多通过家长学校、家长委员会、家长会、学校开放日、家访等途径与家长交流政治引领工作的效果，既不能及时听取家长对学校工作的意见和建议，也无法把握时机对家庭教育进行适当的引导和指导。如引导家长正确教育学生的言行，及时纠正学生的政治偏差；指导家长正确引导学生学会理性判断和认识网络信息，能够明辨是非，站稳政治立场。最后，家校未能形成制度化、常态化的政治引领共同体。家庭和学校是青年学生成长过程中最为重要的两个场域，学校与家庭的权责边界在现实教育中经常模糊不清，导致责任越位、缺位现象，家庭与学校经常出现矛盾纠缠，两者的割裂与对立又加剧了教育的矛盾，失去共同联结的纽带，进而影响学校政治引领力量的发挥。

（三）社会环境参与协同引领的氛围不够浓厚

马克思曾言："国家本身教育自己成员的办法是：使他们成为国家的成员；把个人的目的变成普遍的目的，把粗野的本能变成合乎道德的意向，把天然的独立性变成精神的自由；使个人以整体的生活为乐事，整体则以个人的信念为乐事。"[①] 这句话表明以国家为代表的政治集团不仅是政治引领的主体，而且是最高主体。换言之，学校应在党和政府的主导下，联合有关社会机构、团体、组织和个人，形成统一的政治引领共识，向着同一性目标，形成专业化体制机制，加大政治宣传力度，拓展推介渠道，以常态化、声势化举措强化中国共产党政治引领的主体权威，协同发力，构建齐抓共管的政治引领大格局。目前，政府、学校、企业等共同搭建的政治引领教学、实践平台屈指可数，而大多数校外机构由于教育公益属性不强、社会主义办学方向不牢，主动提供公益性质的政治引领资源的意愿也不够强烈。现行高中、高校思想政治教育课程与政治引领活动大多缺乏强有力的实践实训平台的支撑，导致很多专业化、系统化、多样化的教育引领手段无法开展。概言之，党和政府主导、社会环境参与协同引领的氛围不够浓厚，缺少各类网络平台、实践平台与课程资源，难以满足学生个性化的发展需求。

---

① 《马克思恩格斯全集》第1卷，人民出版社，1995，第217页。

第四节 新时代中国共产党对青年学生政治引领的制约因素分析

毛泽东指出："常常问题是提出了，但还不能解决，就是因为还没有暴露事物的内部联系，就是因为还没有经过这种系统的周密的分析过程……"① 既然发现了新时代青年学生政治引领工作中存在的问题，那么必须系统分析制约引领效果的具体因素，更加准确地把握政治引领工作的要领。因此，需要将其置于更大的社会环境和时代背景中去考量制约青年学生政治引领效果的因素，以及影响青年学生政治观念和行为的因素。

一 学校特有的属性与权责关系制约政治引领实效

对制约学校政治引领效果的各项因素进行深入剖析，是推进中国共产党对青年学生政治引领的重要前提。影响学校政治引领工作的因素中，学校内部管理建设是核心，直接决定政治引领工作的政治正确性、学生的接受度和引领的实效性。前文详细分析了当前学校政治引领工作中仍存在的诸多问题，究其原因，有更深层次的矛盾与制约因素。

（一）学校特有的属性矛盾

访谈中有多位教师提及，政治引领工作难以真正有效落实，其核心因素在于学校党委、教师、思政队伍与学生对政治引领缺乏全面而客观的认识。他们简单地把政治引领作为一项"不起眼"的任务，是在完成教学任务之余，"有余力"才去完成的工作。这种错误认识的根源在于学校特有属性产生的"后遗症"。学校因其独特的组织特性和师生思想行为特征，具有与党政机关、企业截然不同的组织文化。现代学校是以传播知识为中心任务的社会组织，兼具学术性与科层性。有些学校难以将政治引领与人才培养、教学科研等业务工作有机融合，遂将政治引领与业务工作剥离，导致许多党政人员、教师将学生政治引领完全让位于教学科研工作。

不容忽视的是，无论是中学还是大学，师生工作的重心都集中在知识的传授与汲取、学术的研究与切磋上。在高校，学科的高度细分导致师生的思维方式、价值观念更加多元，青年学生也处于思想观念高度活跃、思维方式易受影响的特殊阶段。上述这些特点也深深嵌入高校的组织文化中，"高校

① 《毛泽东选集》第3卷，人民出版社，1991，第839页。

组织属性中强自由性、求变性、融合性、多变性，会弱化管理体系中的纪律性和统一性”。[①] 换言之，学校组织的离心力与向心力并存，文化的自由基础与整合机制俱在，[②] 这就给学校政治引领工作提出了相当大的考验与挑战。因此，如何将政治引领工作与学校科研教学工作有机融合，真正做到政治与教学科研同向同行，是学校政治引领工作需要重点探索的方向。

（二）主体责任尚未完全落实

当前，一些学校基层党组织落实主体责任流于形式，常以学文件、学会议精神等“一阵风”的做法应付上级要求和检查。虽然“一岗双责”制度规定了各个岗位的责任，但由于对主体责任缺乏明确细致的规定，内容过于笼统，无法形成层层抓落实的工作机制。同时，政治引领工作的可量化程度不如教学科研等业务工作，更难以将政治引领工作纳入基层党组织和教师考评体系，只能通过定性的材料检查、口头汇报进行工作考核，因而缺乏具有实际可操作性的考评体系，也使部分学校党政领导存有侥幸心理。

主体责任的落实，关键在于监督考核。有效的监督考核可以形成一种无形的压力，推动学校党组织和党员不断前进，履行政治引领的工作职责。据笔者在一线学校的参观调研，部分学校虽然推行党委书记述职制度，但更多的是对上负责，强调的是上级监督，存在依汇报定性、视材料定量的情况。这种监督机制不痛不痒，难以及时发现问题，也不敢对存在的问题采取强有力的措施，盲目营造“一团和气”的氛围，造成政治引领缺乏应有的权威。访谈中，部分教师和学生表达了相似的看法：

> 政治引领具体要引领什么？引领到什么程度？是否有明确的标准和量化的评价指标？学校和我们老师都不太明确。（HD-T-2）
>
> 虽然现在每年支部都有组织民主评议，但是都还是会给“人情”分，都合格，而且评议等级“优秀”和“合格”除了在评优时可能优先考虑之外，没有本质区别。就会存在大家在支部中“混”日子的情况，久了就挫伤了那些认真参与支部活动的党员的积极性，也会影响党组织的权威，削弱同学们对党组织的信任。（Z-T-1）

① 陈荣武：《高校党组织整体功能的实现路径研究》，《思想理论教育》2016 年第 1 期。

② 陈永明：《新时代高校基层党组织组织力研究》，硕士学位论文，华南理工大学，2019。

主体责任落实不严，导致领导干部在政治引领工作方面缺乏压力。在缺乏压力的环境中，领导干部的履职情况也受到一定的影响。许多领导干部对政治引领工作的目的、要求、内容缺乏清晰的认识，影响政治引领工作的整体推进。与此同时，在此种氛围中，普通教师和青年学生参与政治引领活动的热情也不高。不容忽视的是，主体责任落实不严，缺乏监督考核，导致在诸多方面无法形成量化考核指标，直接造成师生党员责任意识不强、主动性不够。

（三）政治引领内生动力不足

马克思指出，人们所奋斗、争取的一切都同他们的利益有关。他和恩格斯在《神圣家族》一文中强调："'思想'一旦离开'利益'，就一定会使自己出丑。"① 可见，人类的一切社会活动都同人类对各种各样的利益追求息息相关，利益是推动人类开展实践活动的内在动力，也是人类社会运行的底层逻辑。深入思考中国共产党政治引领存在的困境时，需要把产生困境的原因建构在利益逻辑的基础之上，思考政治引领工作与人的利益需求之间的联系。西方学者曼瑟尔·奥尔森认为，"个体付出与否并不会对集体利益产生明显影响，也不会减少其所获得的共同利益"。② 所以，在集体中极易存在"搭便车"现象，个体难以为了增加集体共同利益而额外付出，因为个体的努力不会对集体产生显著影响，而且无论是否努力都能享受集体给予的好处。这为我们分析学校政治引领问题提供了新的视角，即利益是影响教师开展政治引领和青年学生接受政治引领的关键动力。

社会高速发展，经济结构发生重大变化，人们的价值观也面临新的考验。学校教师普遍更重视教学和科研，因为教学和科研关乎教师教学能力、职称评聘、收入待遇和社会名誉；学生普遍更关心学业成绩、学生干部身份和实践活动，因为这关乎学生奖学金评定、能力提升、保研升学和就业机会，这些都无可厚非。但一些师生完全把个人的利益凌驾于党的利益与人民的利益之上，有的科研造假、挪用公款，有的自私自利、损害他人和集体利益，这些为了个人谋私利的极端行为，与党的宗旨格格不入。因此，当前，学校基层党组织要切实思考个体利益与集体利益的关系，在加强对师生政治引领工作的物质激励的同时，要更多地赋予他们充分的精神收益。除此之

① 《马克思恩格斯文集》第1卷，人民出版社，2009，第286页。
② 吴旭：《高校全面从严治党的瓶颈及解决路径》，《学校党建与思想教育》2016年第23期。

外，健全惩戒约束机制，引导师生积极投入政治引领工作。

二　社会变革发展的自发性弊端削弱青年学生对党的信心

历史唯物主义认为，经济基础决定上层建筑，上层建筑对经济基础也具有反作用。[①] 可见，人的思想观念和态度在一定程度上受到自己所处的经济条件的影响和制约。马克思主义认为，社会存在决定社会意识。“环境是人赖以生存和发展的各种因素的总和。人的思想和行为与环境密切相关。”[②] 改革开放以来，随着我国经济体制由计划性向市场化推进，政治领域开展一系列改革，过程中存留的一些“症候”暂时无法完全克服，也影响了青年学生对中国共产党的信任。

（一）党的自我建设水平直接影响中国共产党的公信力

信任的建立是一个长期的过程，认可度的提升也并非易事。美国学者弗朗西斯·福山在《信任——社会道德与繁荣的创造》一书中写道：“社会资本就像一个齿轮，往一方转动容易，但从另一方去推动就显得倍加困难；政府施政很容易就能挥霍掉前人累积的社会资本，但想要重新聚集这种的资本可说是难上加难。”[③] 改革开放虽然带来了市场经济浪潮，但政治领域的转型却尚未同步成功，这种经济与政治转型的移位为权钱交易、司法不公、腐败蔓延提供了巨大空间。公共权力异化最直接的表现就是腐败现象成为社会顽疾。近年来，个别政府官员牟利受贿动辄上百万、上千万元，一些行政执法人员为一己私利侵害百姓权益，让青年学生看到党自身建设存在的问题。不可否认，这些贪污腐败的少数分子对党和政府的威信造成了严重损害，削弱和降低了政府公信力，甚至可以说已直接影响中国共产党对青年学生政治引领的效果，削弱青年学生对党和政府的信任与认可，在一定程度上“吞噬”了青年学生的政治认同感。亚里士多德就曾说：“群众对自己不担任公职，不一定感觉懊恼，他们甚至乐于不问公务，专管家业，但一听到公务员自己在侵蚀公款，他们就深恶痛绝，他们因此感觉自己在名利两方面都有所损失。”[④]

---

① 李秀林、王于、李淮春主编《辩证唯物主义和历史唯物主义原理》，中国人民大学出版社，2004，第 203～204 页。

② 陈柏万、张耀灿主编《思想政治教育学原理》，高等教育出版社，2015，第 99 页。

③ 〔美〕弗朗西斯·福山：《信任——社会道德与繁荣的创造》，李宛容译，远方出版社，1998，第 374 页。

④ 〔古希腊〕亚里士多德：《政治学》，吴寿彭译，商务印书馆，1965，第 269 页。

（二）市场经济体制建设不成熟降低对中国共产党的认可度

市场能自发调节劳动力、生产资料等资源在各部门的分配，优化资源配置，但也造成部分生产者、经营者过分追求利润而引发不正当的生产、经营行为。而这些不正当行为引发的诸多弊端，会给食品、住房、教育等与民生息息相关的生产生活带来不安全、不稳定等问题。

这些问题会对青年学生产生两方面的负面影响。一方面，易使青年学生对社会存在的种种不公平、不道德、弄虚作假等现象产生困惑、厌恶等心理，冲淡青年学生对中国共产党执政的信心，从而降低政治引领的工作成效。另一方面，易使部分学生受西方政治思潮影响，产生“崇洋媚外”心理，降低青年学生对中国特色社会主义道路的认同、信心及践行程度。诚然，当一些受到西方政治思想影响的青年学生无法深刻理解和正确看待这些由市场经济自发性所造成的负面现象时，他们就容易对资本主义国家的政治、经济、文化产生艳羡和向往心理，对国外的政党领导和政治形态产生崇拜和谄媚心态。久而久之，将消解青年学生对中国共产党领导的信心与认同，在一定程度上也冲击和削弱了学校对他们政治引领的实效性。

（三）社会思潮的多样性冲击中国共产党的话语权威

“社会思潮是在一定社会历史环境中，以人们的社会心理为基础，以某种思想理论为支撑，以动态形式反映一定阶段、阶层或不同社会群体的理想、愿望、利益、要求并在传播中产生较大影响的思想潮流。”① 改革开放打破了我国一元的文化格局，虽然社会主义意识形态和社会主义核心价值观仍发挥核心主导与引领作用，但受到经济全球化的影响，各种新的文化形态传入中国，中华传统文化、社会主义文化、西方外来文化相互激荡、交织碰撞，形成了如今我国多元复杂的文化格局。学校作为思想观念活跃的阵地，是多样化社会思潮的聚集地。青年学生身处多元文化的时代环境中，思想观念、价值取向和理性判断力还不够成熟稳定，既缺乏认清社会思潮的理论分析能力，又很难准确区分社会思潮的真正性质，不可避免地受到多样化社会思潮的冲击。这种影响和冲击潜移默化地影响了青年学生的思想意识和价值观念，进而影响青年学生的政治态度。

长期以来，历史虚无主义思潮以“重新评价历史”为名歪曲中国共产党历史，否定中国共产党领导中国人民取得的历史成就，在一定范围内造成

① 邓卓明主编《社会思潮专题研究》，中国社会科学出版社，2012，第7页。

青年学生思想认知的价值混乱，诱导青年学生“得过且过”，信仰缺失、迷茫，发生问题逃避责任，事不关己高高挂起，导致不少青年学生不爱参加党团活动，不想参加各类学生干部竞选，对自己学业成绩、职业规划和是否优秀无所谓等。上述这些现象，在很大程度上降低了青年学生对学校组织的各类政治引领活动的参与度，对政治引领工作造成了巨大挑战。此外，西方文化所倡导的“普世价值”，所谓的“自由、平等、博爱、民主”等思想，通过西方文化产品也不断地向我国青年学生渗透。这些文化渗透紧紧地抓住青年学生的社会文化心理，试图借形象生动的图文和影视作品迷惑学生，使青年学生政治认知错位、政治信仰迷失、政治情感减弱，削弱青年学生对中国共产党领导的认同和对中国特色社会主义的信念，给政治引领工作带来了巨大的困难。

三　教育信息化趋势给青年学生政治引领工作带来新冲击

互联网和信息化产业的快速发展使新媒体成为青年学生生活中不可或缺的部分。截至 2020 年 12 月，在我国网民群体中，青年学生占比最高，为 21%。移动互联网接入流量从 2017 年的 245.9 亿 GB 增长至 2020 年的 1656 亿 GB，年均涨幅高达 143.36%。这说明新媒体正在以常态化的姿态强势进入大众的视野，为大众所接受。与此同时，新媒体传播也对中国共产党的政治引领构成了诸多现实挑战。

（一）网络社会虚拟延伸削弱政治引领正向传播的效度

随着网络信息发展，学校不再是传播政治引领信息的唯一，政府、社会主流媒体和学校共同构成了政治引领的主导力量和信息传播的主场。然而，“环境的改变和人的活动”具有一致性。[①] 网络空间的存在，导致信息提供的边界无限扩张、边界壁垒不清，“去中心化”的传播特点也使学校政治引领的主体身份被不断泛化。网络信息传播的即时性、快捷性、直接性等特点让每个人都能轻而易举地成为传播主体，不仅使政治引领信息传播渠道趋于多元化，还使传播主体身份日趋模糊，更给学校政治引领的正向传播带来新的难题。

传统学校教育是一种自上而下、信息垄断式的教育，新媒体模式下传统教育二元对立的主客体格局被打破，取而代之的是交互式、平等式、交流式

① 《马克思恩格斯文集》第 1 卷，人民出版社，2009，第 504 页。

的教育过程，这个过程的特点是话语表达开放化、思想交锋合法化。政治引领很容易被混淆和代替，政治引领的话语权很容易遭到弱化。[①] 此外，网络空间的不良生态和法律监管漏洞成为滋生舆论乱象的温床，成为谣言等不理性言论的“法外之地”。在访谈过程中，有教师谈及网络教育对课堂教学产生的严重影响以及他对网络不良生态的顾虑：

> 网络信息的发达使学生有了大量机会接触未经审核的信息，这一现象在许多热衷国际政治、外国文化和娱乐方式的学生里尤为常见。他们更易接触到西方国家基于和平演变目的而刻意制造和散播的似是而非的反动言论和野史。在日常教学和讨论中能够发现部分学生受其影响已在政治倾向上产生动摇，需要及时进行引导。（P-T-2）

网络环境容易被一些别有用心之人利用，恶意放大中国出现的政治、经济、环境等问题，甚至断章取义地抨击社会公正缺失现象，严重削弱学校政治引领工作开展的有效性和可信度。

（二）网络舆论的复杂性降低青年学生对政治引领内容的兴趣

与线下舆论相比，网络舆论具有观点容量大、信息传播快、发酵互动性强、追随者多、风险防控难等复杂性特征。一些网络舆论制造者片面地解读甚至歪曲党的历史、人物和文化，再以图片文字、恶搞视频、网络段子、聊天表情包、吐槽弹幕、流行音乐、网络游戏等青年学生喜于接受、乐于参与、善于运用的形式进行传播，更利用各种话题制造具有一定负面冲击力的“舆论广场”，从而冲击和削弱学校政治引领内容的传播力和有效度。尼尔·波兹曼在其《娱乐至死》一书中指出：“有两种方法可以让文化精神枯萎，一种是奥威尔式的——文化成为一个监狱，另一种是赫胥黎式的——文化成为一场滑稽戏。”[②] 在这样的背景下，个别教师、部分家长和学生易受虚拟化、伪真实、娱乐化的信息影响和误导，对党和国家的理解、对政治事件的认识缺乏理性辨别，迷失政治引领方向，造成“有意识人格的消失，无意识人格的得势，思想和感情因暗示和相互传染作用而转向一个共同的方

① 邢晓红：《新媒体境遇下提升我国主流意识形态传播力的研究》，《南京师大学报》2016年第6期。

② 〔美〕尼尔·波兹曼：《娱乐至死》，章艳译，广西师范大学出版社，2011，第162页。

向”，[①] 并可能促使他们把现实舆论场域和网络意识形态中一些带有暗示性的观念转化为现实生活中不理智的政治言行。有教师坦诚地指出：“网络上有很多讲党史故事的作品，用很精巧的故事、用很生动的动画来呈现，内容的可读性确实比课堂上老师干巴巴地讲理论有趣很多。”（F-T-4）网络舆论的复杂性使青年学生长期沉湎于娱乐化、消费化的“享受世界”，削弱了他们的意志力，也使他们对学校提供的政治教育、道德教育提不起兴趣。

（三）网络信息平台的多样性影响政治引领活动的参与度

学校教学活动是开展青年学生政治引领的主渠道，是在网络信息时代保证政治引领的科学性和方向性的重要方式之一。然而，不论是在理论教学还是在实践教学上，由于线下教学活动的时间和空间相对有限，教师难以将政治引领的所有内容全面、系统、有效地呈现给青年学生。与此同时，不断涌现的网络学习平台（如超星、学习通、智慧树、慕课中国等）以及QQ、微信、抖音等直播平台提供的开放式教育场，让“人人、处处、时时”可学成为现实，教师的信息优势面临极大冲击。当政治课堂教学无法激发青年学生的兴趣或提供满足其成长需求的政治知识时，他们便会自发“转战”至网络信息平台获取相关资讯。尤其当一些备课不充分的教师在讲授过程中出现知识偏差或吸引力不强时，就更容易促使青年学生对网络空间中所传播的文本形式感、画面色彩感、视听冲击感、内容娱乐感都更强的信息产生兴趣，从而逐步丧失对政治课堂活动的参与热情。不仅如此，网络信息平台的发展也会在一定程度上降低学生对学校组织的各类政治引领活动的兴趣，激发青年学生在实践教育活动中对网络的需求。在访谈中，就有师生反映了这一问题：

> 当前是互联网信息时代，很多学生受其影响较大，文化之间的交汇和差距、网络的传播形式也给学生在思想方面带来更多的挑战性。（ND-T-3）
>
> 老师花一整堂课讲的内容，可能在网络视频中10分钟就能呈现，其中的道理仿佛差不多而且节约时间，学生也就不会去关注老师讲的内容。（NZ-S-3）
>
> 网络真是一个人外有人的地方，确实也有很多“大V”，他们分析

---

① 〔法〕古斯塔夫·勒庞：《乌合之众》，冯克利译，中央编译出版社，2014，第10页。

问题的能力、看待事件的观点和理论讲解有时候一点都不比老师差。但是这样的“大V”还是少，如果“大V”讲的内容是错误的，那造成的影响就是更危险的。(Z-S-3)

问卷调查结果也验证了这一事实。对于“学校和老师会根据同学的不同情况，分类开展政治引领”这一问题，有8.65%的青年学生认为“比较不符合”或“非常不符合”；对于“学校和老师在开展政治引领时，会根据内容的区别采取不同的方式”这一问题，有4.84 %的青年学生认为“比较不符合”或“非常不符合”所在学校的情况。

第六章

新时代中国共产党加强对青年学生政治引领的策略选择

思想政治教育是由教育主体、教育客体、教育介体等构成的实践活动。同理，青年学生政治引领工作是由引领主体、引领对象、引领介体等要素构成的有机整体，主要包括“谁来引领”“引领谁”“怎么引领”。基于这一逻辑，对于如何加强和改进新时代青年学生的政治引领工作，可以在遵循思想政治工作规律、教书育人规律、学生成长规律的前提下，从加强引领主体建设、深入分析引领对象，以及优化引领介体等方面入手，选取最优策略。

第一节　主体建设：提升政治引领组织力

中国共产党和其下属的各级党组织，以及共青团、学校是开展青年学生政治引领的主体。青年学生处于心智逐渐走向成熟的阶段，教育主体对青年学生具有重要的影响、示范带头作用，“其身正，不令而行，其身不正，虽令不从”（《论语·子路》）。新时代，加强青年学生的政治引领，首先要加强政治引领主体建设，提高引领主体的吸引力，其主要内容包括宏观层面的中国共产党自身建设、中观层面的学校党团组织建设，以及微观层面的师资队伍建设等方面。

一　固本强基：推进中国共产党自身建设

从根本上说，党的自身建设是加强对青年学生政治引领的灵魂。中国共产党以其百年的奋斗历史和伟大成就充分证明它无愧为伟大、光荣、正确的政党，深受包括青年学生在内的全国人民的高度认可和衷心拥护。“办好中国的事情，关键在党，关键在坚持党要管党、全面从严治党”，[①] “以史为鉴、开创未来，必须不断推进党的建设新的伟大工程”，[②] 新时代引导青年学生坚持党的领导，坚定不移听党话、跟党走，关键在于中国共产党加强自身建设，提高执政能力，取得非凡成就，成为有强大影响力、号召力、吸引力的政党。

（一）坚持人民至上

人民至上是中国共产党人初心和使命的再次诠释，是以人民为中心的发展思想的再次深化，是中国特色社会主义制度优势的再次彰显，是习近平总书记对全党的再三嘱托。[③] “江山就是人民，人民就是江山”，[④] 党的理论究其本质，就是一切为了人民的理论。政治引领的首要工作即让青年学生深刻理解“中国共产党是什么，要干什么”这个根本问题的意蕴。各级党组织和广大党员干部要时刻秉持人民至上的理念，切实践行党的宗旨，为青年学生树立良好的典范。要走好新时代群众路线，密切联系群众，畅通与百姓交流交往的途径，建立长期有效的沟通机制；要坚持全心全意为人民服务的宗旨，积极回应百姓的合理诉求，快速、妥善解决群众最关心的现实问题，增进党群感情，改善党群关系；要从维护和实现群众的切身利益着手，最大限度地满足和协调不同社会群体的利益，让群众在参与中共享改革的成果，最大限度地凝聚人心。尤其是面对新冠疫情，不放弃、不抛弃每一位感染者，全力以赴救治每一个生命，最大限度地保障人民生命安全，是中国共产党对14亿多人民的庄严承诺。疫情防控中留下的一幕幕感人的画面、一个个动人的场景，都在青年学生的心中埋下了“人民至上”理念的种子。新时代推进中国共产党自身建设，要把“人民至上”落实到“脱贫攻坚”“疫情防控”“保民生、保就业”“实现共同富裕”等具体的决策部署和实际工作之中，要把“人民至上”、满足人民群众对美好生活的需要作为最核心的政绩考核标准，要把“人民至上”作为衡量党员干部党性的重要标尺。中国共产党只要牢记党的根基在人民、血脉在人民、力量在人民，把人民群众放在心中最高位置，就能实现根基永固、血脉永续、力量永存，并在青年学生中

① 《习近平谈治国理政》第3卷，外文出版社，2020，第188页。

② 习近平：《在庆祝中国共产党成立100周年大会上的讲话》，人民出版社，2021，第19页。

③ 亓利：《始终坚持人民至上的价值理念》，《黑龙江日报》2020年6月11日，第5版。

④ 习近平：《在党史学习教育动员大会上的讲话》，人民出版社，2021，第15页。

树立光辉伟大的形象，赢得青年学生的认同和支持。

（二）增强执政本领

青年学生的政治认同集中表现在对政治共同体与国家制度的认可，尤其是对执政党的肯定。“且夫水之积也不厚，则其负大舟也无力。”（《庄子·逍遥游》）能够带领有 14 亿多人民的社会主义大国走向繁荣昌盛，彰显了我党高强的执政本领。正如习近平总书记所言：“我们党一步步走过来，很重要的一条就是不断总结经验、提高本领，不断提高应对风险、迎接挑战、化险为夷的能力水平。”① 加强思想淬炼、政治历练、实践锻炼、专业训练，进一步提高党的执政本领是增强青年学生对中国共产党政治认同的重要途径。新时代，党要全面增强执政本领，一是要深化对执政规律的认识，在深刻总结执政经验的基础上，坚持用马克思主义的立场、观点、方法观察时代、把握时代、引领时代，不断深化对共产党执政规律、社会主义建设规律、人类社会发展规律的认识；二是要在解决人们对美好生活的需要与发展不平衡不充分问题上下功夫，立足新发展阶段，贯彻新发展理念，构建以国内大循环为主体、国内国际双循环相互促进的新发展格局，推动经济社会高质量发展；三是要以促进共同富裕为目标，加强基础性、普惠性、兜底性民生保障建设，着力解决好地区差距、城乡差距、收入差距等问题，不断提高发展的平衡性、协调性、包容性；四是要强化底线思维，提升应对“两个大局”背景下各种显性和隐性风险的能力与本领，确保国家安全、社会稳定。敢于斗争、善于斗争是党克服千难万阻的内生动力，也是党练就高强执政本领的重要“磨刀石”。概言之，中国共产党增强执政本领是赢得广大青年学生的认可和支持的关键。

（三）从严管党治党

从严管党治党是中国共产党的鲜明品格与最大优势。从严管党治党，勇于“刀刃向内”开展自我革命，既可以保持党的先进性、纯洁性，跳出政党执政的历史周期率，又可以让青年学生认可、尊崇中国共产党，坚持党的领导。

从严管党治党，首先要加强党的建设。习近平总书记强调：“党的政治建设是党的根本性建设，决定党的建设方向和效果。”② 新时代加强党的政

① 习近平：《在党史学习教育动员大会上的讲话》，人民出版社，2021，第 16~17 页。

② 《习近平谈治国理政》第 3 卷，外文出版社，2020，第 48 页。

治建设，要坚持问题导向，针对忽视政治、淡化政治、不讲政治，政治意识不强、政治立场不稳、政治能力不足、政治行为不端等突出问题强弱项补短板，引导全党坚定政治信仰、强化政治领导、提高政治能力、净化政治生态，实现全党团结统一、行动一致。只有不断地加强政治建设，才能树立新时代青年学生对马克思主义的信仰，对中国特色社会主义的信念，对中华民族伟大复兴中国梦的信心。

其次，要强化党的思想建设。理想信念是共产党人精神上的“钙”，共产党人如果没有理想信念，精神上就会“缺钙”，就会得“软骨病”。要树立青年学生的政治信仰，首先需要政治引领主体充分认识到马克思主义信仰、共产主义远大理想、中国特色社会主义共同理想是中国共产党人的精神支柱和政治灵魂，也是保持党的团结统一的思想基础；要从思想上正本清源、固本培元，筑牢信仰之基、补足精神之“钙”、把稳思想之舵，保持共产党人政治本色，挺起共产党人的精神脊梁。

最后，要加强党的作风建设。党员干部的作风好坏、形象好坏是影响青年学生对党印象的重要因素。加强作风建设要以抓铁有痕、踏石留印的坚韧和执着，继续坚定不移推进党风廉政建设和反腐败斗争，坚决清除一切损害党的先进性和纯洁性的因素，清除一切侵蚀党的健康肌体的病毒，确保党不变质、不变色、不变味，构建良好的政治生态，树立良好的执政党形象，并且要努力遏制群众反映的不良风气，促使党员干部转变作风、以身作则，不断自我净化，保持与人民群众的血肉联系。

二　突出重点：加强学校基层党组织建设

各级各类学校党组织是中国共产党对青年学生政治引领的落实者，也是青年学生对党印象好坏的直接关联者。新时代，要以提升组织力、凝聚力为重点，切实加强学校党组织建设，为政治引领工作奠定坚实的基础。

（一）突出学校基层党组织建设的政治性

“党的政治建设是党的根本性建设，决定党的建设方向和效果。”① 在新时代党的建设总体布局中，党的政治建设是统领和核心，对党的其他建设起到纲举目张的作用。加强学校基层党组织建设，必须牢牢抓住政治建设这个根本，进而发挥党的政治思想、组织作风纪律优势，才能更好地激发学校党

① 《习近平谈治国理政》第3卷，外文出版社，2020，第48页。

组织的创造力、凝聚力与战斗力。首先，各级各类学校要坚持把党的政治建设摆在首位，确保学校始终成为坚持党的领导的坚强阵地。坚决维护习近平同志在党中央的核心、全党的核心地位，保证党的领导在学校全面发挥作用，使学校切实成为坚持党的领导的坚强阵地。其次，要将立德树人作为根本任务、办学之本，牢牢把住社会主义办学方向，并将正确的政治方向、价值取向贯穿到办学治校、教学科研、育人育才的全过程，引导师生自觉做到"四个服务"。最后，学校各级党组织要落实全面从严治党要求，增强党内政治生活的政治性、时代性、原则性、战斗性。要抓好选人用人这个源头和风向标，树立正确选人用人导向，把政治标准放在第一位，坚持德才兼备、以德为先，真正把学校事业发展需要、深受师生认可的好干部、好教师选出来、用起来，营造风清气正的良好校园政治生态。学校基层党组织政治性的增强，必将推动学校更加有力地坚持社会主义办学方向，落实立德树人根本任务，进而加强对青年学生的政治引领。

（二）增强学校基层党组织建设的组织力

组织力是基层党组织为完成其承担的职责任务、实现党组织的工作目标而组织、凝聚、动员、影响基层社会各方面力量的能力。增强学校基层党组织的组织力，第一，要优化学校党组织设置。以高校为例，长期以来，学校一般按照院系、年级、班级或专业设置学生党支部。随着高校后勤社会化改革、书院制等人才培养管理新模式的出现，以及高校重大攻关任务、科技创新竞赛等大型活动的增多，学生的组织管理与以往相比发生了较大变化。面对学生学习、生活组织形态的变化，高校党组织必须及时调整党组织设置方式，在学生公寓、生活园区、社团组织、课题组、实验室、科创团队、实践项目组等设置党组织，探索学生党建工作向最活跃、最具创新能力的组织拓展，做到纵向到底、横向到边，实现党团组织全覆盖，真正做到哪里有党员，哪里就有党组织，为开展青年学生政治引领工作打下扎实的组织基础，以期更好地发挥党支部战斗堡垒作用和党员先锋模范作用。第二，强化各级党组织功能。各级各类学校及其下属党组织要认真履行各自职责，落实主体责任，全面实施"对标争先"建设计划，其中，学校各级党组织要充分发挥政治核心作用，坚持抓基础促规范，全面加强支部建设，做到教育管理监督服务党员、组织宣传凝聚服务师生全面有力。尤其要加强学生党支部建设，让学生党支部在学生工作中"唱主角"，使学生党支部成为团结青年学生的核心、教育党员的学校、攻坚克难的堡垒，真正成为党密切联系青年学生的桥梁和纽带，引领大学生刻苦学习、团结进步、健康成长的阵地。学校党组织组织力的增强，有助于以更大的力度、更实的举措做好青年学生的政治引领。

（三）增强学校基层党组织的吸引力

学校基层党组织要做好青年学生的政治引领工作，首先要能吸引人。增强学校基层党组织的吸引力，一要选优配强党组织负责人。“火车跑得快全靠车头带”，加强学校党组织建设，做好青年学生政治引领工作，离不开政治强、业务精、作风好的负责人。其中，中学与高校的教工党支部要实施支部书记“双带头人”培育工程，推动基层党建与教学、科研双促进、双提高。而高校学生党支部要按照守信念、重品行、有本领、敢担当、讲奉献的要求，从优秀大学生党员、辅导员或骨干教师中选拔党支部书记，增强党支部书记和支委对青年学生的凝聚力、号召力。二是开展丰富多彩富有吸引力的活动。要根据青年学生的喜爱程度和特点，结合重要时间节点和节日，组织开展“重走长征路”网络竞答、“微型党课”等喜闻乐见、形式多样、内容丰富的主题党日活动、党建带团建活动，在活动中增进青年学生对党和国家的认识和了解，增进对党和国家的理解和认同。三是充分发挥师生党员先锋模范作用。一个党员就是一面旗帜，党员当先锋、作表率，群众就会跟上来。要严格把好发展学生党员质量关，始终把政治标准放在首位，坚持把综合素质作为重要考察内容，充分保证每个新发展的学生党员都是学生的先进分子，都是其他青年学生成长进步的榜样。加强师生党员队伍教育管理，教育引导师生党员以优异成绩、突出表现走在前列，当好表率，让青年学生向往并积极加入党组织。四是健全服务联系青年学生的工作机制。政治引领是做人的工作，强化青年学生的现实体验度和具体获得感是政治引领工作落实落地、取得成效的关键。牢记和落实习近平总书记“做青年朋友的知心人、青年工作的热心人、青年群众的引路人”要求，[①] 引导各级党组织负责人和党员牢记中国共产党的初心使命，牢固树立全心全意服务青年学生成长的宗旨，建立完善师生党支部共建、师生党员联系服务学生制度，真正深入学生、了解学生，坚持想学生之所想、急学生之所急，及时帮助青年学生解决学习、生活、情感等成才成长中的实际困难；畅通青年学生利益诉求表达渠

① 习近平：《在庆祝中国共产主义青年团成立 100 周年大会上的讲话》，《人民日报》2022 年 5 月 11 日，第 2 版。

道，尊重和保障青年学生权益，让青年学生感受到党组织的关怀、党员的关心，从而在充满人性关怀和贴心服务的氛围中自发地产生对党组织的亲近感、认同感、归属感，做到联系一个点、抓好一条线、带动一大片。

“党有号召，团有行动”，聚焦政治引领，巩固和扩大中国共产党执政的青年群众基础，把广大青年学生最广泛、最紧密地团结在党的周围是共青团的政治责任。习近平总书记通过对共青团百年历史的梳理，充分肯定了其对青年的政治引领作用：“历史和实践充分证明，中国共青团不愧为中国青年运动的先锋队，不愧为党的忠实助手和可靠后备军！”[①] 中学共青团是共青团事业的基础，在共青团组织发展、思想教育等方面起着关键作用。从组织发展来看，中学共青团是共青团事业的源头；从团员来源来看，中学是成为共青团员的主要入口；从团员数量来看，中学生团员是团员队伍中最大的一部分；从团员教育管理来看，中学是团员教育的基础阶段和主要场所。在加强党组织建设的基础上，做好青年学生的政治引领工作，还必须加强中学共青团组织建设。中学团组织作为中学生团员学习共产主义理论的“大学校”，需要组织广大中学生团员广泛开展共产主义的理想信念教育，帮助青年学生树立为共产主义事业奋斗终身的政治理想和信念。要贯彻落实习近平《在庆祝中国共产主义青年团成立 100 周年大会上的讲话》以及《中共中央关于加强和改进党的群团工作的意见》精神，立足保持和增强政治性、先进性、群众性，紧紧围绕提升共青团的吸引力、凝聚力和扩大工作有效覆盖面，突出制度创新和组织活力提升，着力破解制约中学共青团发展的体制机制问题。推进服务型团组织建设，发挥校级团委主体作用，充分发挥班级团支部的战斗堡垒作用。坚持中国特色社会主义青年运动方向，坚持服务青年学生的工作生命线，深化以青年学生为中心的改革，把准青年学生脉搏，了解青年学生心声，使共青团深深植根于青年学生，引领广大青年学生坚定跟党走，团结带领广大青年学生按照党的要求努力成长为中国特色社会主义事业的合格建设者和可靠接班人，实现党的殷切期待，实现祖国和人民的殷切期待。

三　抓住关键：强化政治引领队伍建设

“百年大计，教育为本；教育大计，教师为本。”教书育人是学校教师

① 习近平：《在庆祝中国共产主义青年团成立 100 周年大会上的讲话》，《人民日报》2022 年 5 月 11 日，第 2 版。

的首要和重要职责，落实全员育人要求，构建全员育人格局是推进青年学生政治引领的必然要求。在学校，领导干部、管理干部、专业课教师、思政课教师、辅导员、班主任、教辅后勤人员等都担负着教育学生、培养学生的职责和使命。“政治路线确定之后干部就是决定因素”,[①] 加强和改进新时代青年学生政治引领工作，要贯彻落实全员育人理念，增强管理人员、专业教师、教辅后勤人员等全体教职工的政治意识、责任意识、使命意识，调动广大教职工参与青年学生政治引领工作的积极性、主动性；要进一步增强教师的政治理论素养，使之坚定理想信念、锤炼高尚品格；要进一步增强教师的教书育人能力和水平，使其把握新时代学生特点和成长规律，提高工作质量和实效。在教师队伍中，要重点加强思政课教师队伍，专业课教师队伍，辅导员、班主任队伍建设，不断提升他们对青年学生的感召力、引领力。

（一）加强思政课教师队伍建设

思政课是学校落实立德树人根本任务的关键课程，是开展青年学生政治引领的主渠道。思政课教师是办好思政课的关键。做好新时代青年学生政治引领工作首先要重视和加强思政课教师队伍建设。一要强化政治责任意识。引导思政课教师充分认识到自身工作对于培养、引导青年学生坚定共产主义和社会主义的信念，坚决拥护和支持中国共产党领导，成为德智体美劳全面发展的社会主义建设者和接班人的意义所在、价值所在。二要强化政治素养。积极引导思政课教师按照“政治强、情怀深、思维新、视野广、自律严、人格正”的要求，自觉用习近平新时代中国特色社会主义思想武装头脑，始终在政治立场、政治方向、政治原则、政治道路上同以习近平同志为核心的党中央保持高度一致，做学习和实践马克思主义的典范和为学为人的表率。引导思政课教师慎独修身，不断提高师德修养，真正做到有理想的人讲理想，有信仰的人讲信仰。三要强化专业素养提升。组织做好统编教材教法培训工作，并做好集体备课工作，引导教师积极钻研教材内容，“吃准、吃深”教材的基本精神，熟稔教材重点、难点，认真撰写教案，切实推动教材体系向教学体系转化。组织教师加强思政课教学研究，大胆进行教学改革创新，按照政治性和学理性相统一、价值性和知识性相统一、建设性和批判性相统一、理论性和实践性相统一、统一性和多样性相统一、主导性和主体性相统一、灌输性和启发性相统一、显性教育和隐性教育相统一的要求，

① 《十七大以来重要文献选编》（下），中央文献出版社，2013，第440页。

增强思政课的针对性、思想性、理论性和亲和力，切实提高思政课质量和水平。同时，要加强大中小学思政课教师队伍专业发展一体化建设。以高校马克思主义学院为“原点”，鼓励他们与中小学开展结对共建，与中小学思政课教师定期开展教学研讨、课程研究与教师实践教育等活动。四要强化服务保障。建立完善思政课教师培训体系，落实思政课教师每3年至少接受一次专业培训的要求；拓展思政课教师培训渠道，设立思政课教师研学基地，定期安排思政课教师出国研修，比较分析国内外经济社会发展状况，坚定“四个自信”；定期组织国内考察，实地了解中国改革发展成果；创造条件支持思政课教师到地方挂职、实践锻炼，使其全面加深对国情社情的了解，增进思想感情；加大对思政课教师教学科研的支持力度，设立专项课题和相关项目，并支持建立思政课教师教研共同体，开展高质量教学研究和专项课题研究。

（二）加强专业课教师队伍建设

教师是人类灵魂的工程师，是人类文明的传承者。专业课教师由于具有扎实的专业知识、渊博的学识、开阔的视野、较为丰富的经历，深受青年学生的认可和信任，对青年学生有着重要的不可估量的影响。无怪乎有学生直言：“专业课老师一句话，可以抵得过辅导员十句话。”据调查，专业课教师成为影响大学生思想言行和成长的首要因素。因此，加强青年学生的政治引领工作，离不开发挥专业课教师队伍作用，离不开加强专业课教师队伍建设。一要提升职业使命感。引导专业课教师认清所肩负的塑造灵魂、塑造生命、塑造新人的神圣使命，增强做好青年学生政治引领、思想引导的责任感。二要引导专业课教师争做“有理想信念、有道德情操、有扎实学识、有仁爱之心”的“四有”好老师，坚定中国特色社会主义理想信念，坚定中华民族伟大复兴的信心、决心。要引导专业课教师履行教书育人职责，做到“四个相统一”，教育与育人并重，言传与身教齐下，潜心问道与关注社会并行，学术自由与学术规范兼顾，注重提高道德修养，陶铸良好师德师风，为青年学生做表率、树榜样，以身作则、言传身教，引领青年学生。三要提高专业课教师对职业的敬畏感。引导专业课教师认真遵守教师职业道德规范，把握学术研究与课堂教学的区别，严格遵守教学和意识形态工作有关规定，增强纪律意识、红线意识、底线意识，做到“学术研究无禁区，课堂讲授有纪律”，坚决不给青年学生带来负面影响。

（三）加强辅导员和班主任队伍建设

辅导员是大学生日常思想政治教育和管理工作的实施者，是开展大学生政治引领的骨干力量。班主任是中学德育工作的主力军，是中学生全面发展的引路人。大学辅导员和中学班主任是青年学生在日常学习、生活中接触最多、交往最多的老师，也是对青年学生影响最直接、最深刻的老师之一。做好新时代青年学生政治引领工作，必须要重视和加强辅导员、班主任队伍建设。一要坚持政治标准，把好选人关。坚持把政治标准放在辅导员、班主任选聘工作的首要位置，通过资格审查、知识测试、综合面试、政治考察以及延伸考察等方式，严把政治质量关。二要强化政治训练，把好素养关。高校辅导员中多数是年轻人，中学班主任中年轻教师也不少，他们自身在政治理论素养和政治历练上都需要加强。各学校要构建理论培训和实践锻炼一体化培养机制，通过专家辅导学习、网络在线学习、个人自学等加强辅导员和班主任政治理论学习，并积极选派辅导员、班主任参加挂职实践，组织他们参与社会实践、国情考察，在实践中锤炼政治品格。三要强化政治引领技能训练，把好能力关。建立日常培训和专题培训相结合、中长期学习与短期培训相结合、国内培训与国外研修相结合的分层次、多形式、重实效的培训体系，积极组织辅导员、班主任技能竞赛，以赛带练、以赛代训、以赛促学、以赛促建，全面提升辅导员、班主任的履职能力和业务水平；举办政治引领专题培训，帮助辅导员、班主任全面深入把握青年学生政治现状、思想动态，掌握与青年学生交流沟通方法、政治引领技巧；举办“一案一析”工作坊、沙龙、研讨会等，聚焦青年学生政治引领工作的重点难点，开展专家解读、案例剖析、集中研讨、经验分享、联合攻关等，提升辅导员、班主任的职业素质与能力。四要强化综合素质训练，提升人格魅力。积极引导和创造条件帮助辅导员、班主任全面提高政治素养、品德修养、学识能力、业务水平、表达技巧，成为深受青年学生喜欢、爱戴、认可、信任的好老师，以强大的人格魅力感召和带领广大青年学生。

在加强辅导员队伍建设方面，访谈对象所属的 F 高校积攒了宝贵的经验。该校搭建了五大发展平台，精准推进辅导员队伍专业化、专家化，进而较好地发挥了对青年学生的政治引领作用。第一，发挥学校拥有 F 省唯一的马克思主义理论一级学科博士点、马克思主义理论博士后科研流动站的优势，搭建专业化发展平台；第二，强化专业技能，该校连续 9 年组织辅导员参加各级素质能力大赛，搭建了职业能力发展平台；第三，依托百年办学文化底蕴，传承思想政治教育的优良传统，搭建了团队文化发展平台；第四，突出辅导员工作的主业主责，搭建了师生共同体发展平台；第五，搭建了辅导员成长保障发展平台，使辅导员队伍的职业认同感、归属感和光荣感进一步增强，战斗力、凝聚力进一步提高，在省内外高校产生了较好的反响。近年来，该校3名辅导员在全国辅导员职业（素质）能力大赛决赛中获奖，其中一等奖2名，二等奖1名；多名辅导员在片区赛、省赛中获奖。1名辅导员获得全国辅导员年度人物提名奖，5名辅导员获得入围奖；2名辅导员获得F省青年五四奖章，5名辅导员获得“F省高校十佳辅导员”称号，8名辅导员获得“F省高校优秀辅导员”称号。①

第二节　把握对象：提升政治引领向心力

青年学生政治引领工作是针对青年学生这个特殊群体开展的实践活动。正确认识和准确把握青年学生群体，是做好青年学生政治引领工作的起点和基础；精准服务青年学生是做好青年学生政治引领工作的关键。新时代做好青年学生政治引领工作，提高工作针对性和实效性必须要正确认识和分析青年学生这一教育对象，深刻认识和准确把握青年学生群体的心理、思想、行为等基本特征，科学把握青年学生的时代特征、政治观念和行为等具体特征。

一　全面系统：把握新时代青年学生的总体特征

作为青年的一个重要组成群体，新时代青年学生在生理、心理、行为方面具有青年群体共有的基本特征。不可忽视，青年学生由于年龄跨度较大，又大多是“00后”，他们在政治观念、行为方面也有其特殊性。因此，要做好新时代青年学生的政治引领工作，必须全面系统地了解其所言、所想与所行。

（一）把握新时代青年的基本特征

从心理上看，新时代的青年学生存在心智日趋成熟与不稳定共存的特征。一是他们感知敏锐、思维活跃，具有较强的好奇心和探究精神，自我意识、独立意识日渐增强，有强烈的获得他人认可及希望自己决定事情的心理。但是，他们的心智还不够成熟，容易冲动，心中充满迷茫、困惑。二是

① 叶燊主编《立德树人：大学生思想政治工作创新纪实》，光明日报出版社，2019，第249页。

思维广度和深度得到较大拓展，关注点从自身逐步扩展到周边和国内外大事；同时，思维方式由具体思维向抽象逻辑思维过渡，开始以批判的逻辑、质疑的态度看待和解决问题。三是情绪具有外露和封闭两极性，在道德感、理智感等方面都具有明显的社会性，意志行动的目的性日渐清晰，支持和调节自己行为的能力得到较大发展，但不轻易向他人敞开自己的心扉，表达自己的想法时有所保留。

从思想上看，新时代的青年学生具有态度积极与意志不足同时存在的特点。青年学生的世界观、人生观、价值观正处于发展、变化、重构、定型的关键时期，具有很强的可塑性。学校传授和传播的科学知识和思想文化、社会大环境风尚和价值取向都会对青年学生产生重要的影响，都会影响到青年学生的自主选择和认同。不容忽视的是，青年学生的思想情感不断发展变化，控制力不够强，思想情感冲动较为明显。譬如，他们关心社会、关心政治，但政治信仰内容倾向于理想化，对新事物总是持开放的态度，愿意为自己认为有价值、有意义的事情付出精力、努力甚至生命。与此同时，他们又因缺乏社会经验、辨别能力，且经常以自我为中心观察、体验、评判社会，容易与社会现实产生矛盾冲突，对社会现实产生不满，在信念上出现动摇。

从行为上看，新时代的青年学生存在“行为理性”与“盲目从众”交织的特征。与上述心理、思想特征一致，青年学生在行为上也是理性和非理性交织，独立性和从众性同在，行为特征复杂且充满矛盾，不稳定中带有极端。多数青年学生能够根据客观现实和自身条件，在广泛收集相关信息材料的基础上，在比较权衡中做出选择，能够控制自己的心理和行为，为确定的行为目标努力奋斗，具备较为成熟的、独立的理性行为能力。但是，由于青年学生与社会接触少，缺乏对社会的深入了解和深刻体验，经常出现以理想和愿望代替现实、以情感冲动代替深思熟虑的非理性行为。特别是在多元社会环境中，面对多样思潮，面对较为复杂的社会问题时，青年学生能够更敏感、更快地做出反应，并经常会在情绪和行为上做出强烈反应。同时，青年学生具有从众心理，容易跟着感觉走，盲目肯定或追随与传统或社会正统相对立的所谓“新思潮”，并形成群体性的盲目从众行为。①

① 董娅主编《中国共产党加强和改进大学生思想政治教育研究》，人民出版社，2016，第23页。

（二）把握新时代青年学生的时代特征

每个群体、每个人都是特定时代的产物，其思想行为都带有其生活和成长时代的独特特征。新时代青年学生大多成长于中国特色社会主义新时代，他们的思想观念和行为活动中具有不同于以往时期的鲜明特征。

首先，新时代青年学生成长于社会变革和网络发展的时代。一是成长于中国快速发展的时代。与“80后”“90后”相比，新时代青年学生绝大多数出生于2000年后，这一时期中国经济社会快速发展，社会生产力、人民生活水平大幅提高，他们普遍享受优越的物质生活，不再过多关注物质，而更加注重个体的情感体验、精神生活和价值实现。同时，这一时期中国综合国力和国际影响力显著提升，在此背景下成长的青年学生，对外交流更加开放自信，能平视这个世界，不再一味仰视，也不会习惯性自卑。二是出生和成长于移动互联网时代。新时代青年学生被称为“数媒土著”“网络原住民”，其思想行为深受网络环境影响。他们普遍形成了互联网思维，具有较强的网络学习、网络社交、网络消费、网络娱乐习惯，把网络作为社交、消费、娱乐、学习的主要平台。调查研究显示，新时代青年学生日均使用网络时间甚至超过5小时，人均手机App数量高达59个。①

其次，新时代青年学生个体意识突出，思想开放。物质决定意识，特殊的时代背景、生活经历决定了青年学生具有其独特的思想特征。一是新时代青年学生主体个体意识突出。伴随着社会主义市场经济的深入推进，以及受“四二一”家庭结构影响，青年学生“以我为中心”的主体意识显著增强。他们追求人人平等，排斥或不接受“命令”“服从”；他们主动表达个人意愿、意见，不甘做“沉默的大多数”，不愿意“被代表”；他们强调自我选择和自我认同，认为自己有能力作决定，不愿“被安排”。他们中一部分人在看待个体与集体关系时，不再认可“个人服从集体”“集体利益高于个体利益”，而是认为集体要包容和拓展个体的个性，要能够帮助个体实现价值，否则集体就没有存在的必要。② 二是新时代青年学生思想开放、多元共融。新时代青年学生在接受主流思想、价值和文化的同时，积极将亚文化融入主流思想文化中，呈现共存共融，如近年流行的“饭圈”文化、“二次

① 吕小亮：《“00后”大学生思想行为特质及其培养对策》，《当代青年研究》2019年第3期。

② 王海建：《“00后”大学生的群体特点与思想政治教育策略》，《思想理论教育》2018年第10期。

元”文化、恶搞文化和佛系文化得到青年学生广泛接受。他们思想开放、包容，对社会中有争议的话题，他们允许各方观点存在；对于边缘性群体，青年学生也能够理解和接受。值得重视的是，新时代青年学生思想呈现以趣缘为纽带的小众分化趋势，他们根据自己的兴趣，选择“志同道合”之人进行同质化群体交流，从而陷入网络“信息茧房”，造成群体极化。

最后，新时代青年学生在行为上呈现务实理性和逃避推脱并存的特点。新时代青年学生在选择和行动时，主要考虑是否有利于自己、是否容易实现，期望通过小付出获得大回报。他们较为注重现实和眼前，求学只是为了找份好工作、过上好日子，较少考虑他人、社会和国家；在个人消费时，不会盲目“剁手”，而是会根据需要多方比价后慎重购买。在务实理性的同时，面对困难挫折，他们往往会逃避推脱。面对成长过程中日益激烈的升学、就业竞争以及无力解决的困难，部分青年学生或选择逃避，或颓废消极对待，或自我解嘲缓解焦虑，或通过他人的虚假夸奖来获得情感支撑，寻求自我认同。“躺平”“丧文化”“夸夸群”“原谅群”等现象和行为的出现是青年学生逃避、自我矮化的体现。此外，还有部分青年学生面对自己的错误，存在道德推脱行为，即有选择性地忽视、违反内部道德标准，并通过重新定义自己的行为使其伤害性显得更小，从而降低内疚和自责感。[①]

（三）把握新时代青年学生的政治观念、行为特征

根据教育部大学生思想政治状况滚动调查结果、学界其他学者的研究，以及本书问卷调查、访谈结果，我们概括出新时代青年学生的政治观念和行为存在如下特征。

第一，政治认知基本正确，但政治理论深度不足。多年的学校教育，使新时代的青年学生能对社会制度、国家领导体制、治理方式等基本政治知识、现象总体保持科学、正确的认识，具有基本的政治常识、政治认知，他们认可中国共产党领导、中国特色社会主义制度。但是，青年学生对政治理论掌握的深度和广度有欠缺，对于政治的认识和理解浮于表面，“知其然，不知其所以然”，不能对政治现象或政治问题作进一步分析，甚至个别学生对于我国的经济制度、政治制度等常识均不能完整回答，缺乏应有的政治理论素养。

① 张睿、吴志鹏、黄枫岚：《“00后”大学生的思想观念及行为倾向研究》，《思想理论教育》2021年第8期。

第二，政治理想信念明确，但政治信仰意志不够坚定。经过家庭引导、学校教育、社会宣传，以及自身的观察、体验，青年学生充分感受到中国共产党执政所取得的巨大成就，感受到中国特色社会主义制度的优越性。他们在绝大多数情况下认同马克思主义是科学理论，认同中国共产党是中国特色社会主义事业的领导核心，基本树立了马克思主义信仰、中国特色社会主义共同理想的信念。但青年学生缺乏稳定的政治心理，容易受到外界错误舆论或他人政治情绪和行为的暗示与感染。面对一些错误言论或不良信息，以及党和国家在具体工作中存在的不足与问题，部分青年学生缺乏辨别力、判断力，容易盲目相信错误信息，甚至对党和国家产生偏见或不满，进而动摇理想信念。

第三，政治情感充满热情，但关注政治的主动性不强。青年学生对政治的关注和兴趣呈两极分化，调查发现，青年学生中对政治感兴趣，经常关注政治事件，会通过思政课、互联网等渠道主动了解国内外大事，在日常学习生活中谈及政治的约占1/3。对政治不感兴趣，平时很少关心国内外政治事件，很少谈及政治的青年学生的数量也不少。有小部分青年学生在思政课之余几乎不主动阅读政治类书籍。

第四，政治认同日益增强，但对政治发展存有困惑。2020年以来，我国在新冠疫情防控中取得了举世瞩目的成绩，青年学生充分感受到中国共产党坚强有力的领导和中国特色社会主义制度的优越性，对中国共产党、国家和中国特色社会主义制度表现出强烈的认同感和自豪感，对中国社会发展前景充满乐观，对实现中华民族伟大复兴充满信心。但是，面对我国发展过程中存在的制度机制不够健全完善、公平正义落实不够到位、发展机会和空间不足等问题，尤其是个人发展受挫或受到不公平待遇时，个别青年学生容易对党和国家产生动摇，对中国特色社会主义制度产生困惑。

第五，政治参与积极性高，但理性不足。绝大多数青年学生能够积极参与班级学生干部推荐投票、人大代表选举，多数青年学生具有参加学生会、社团等学生组织，参与服务学生、管理学生工作的强烈愿望。面对国家主权受到外国干涉、侵犯，或国家利益受到侵害时，绝大多数青年学生能够坚决和国家站在一起，坚决反对外国的干涉、侵犯，坚决维护国家利益。但是个别青年学生参与政治活动时，存在不理性、不合理甚至不合法问题。

二　精准服务：解决新时代青年学生的困惑困难

"'思想'一旦离开'利益'，就一定会使自己出丑"，[①] 历史证明人类社会所开展的一切活动都离不开现实生活中个体的利益。从心理学上讲，一个人政治思想、价值观方面的问题，大多源于困难得不到解决、需要得不到满足。青年学生在其成长过程中，不可避免地会在人生理想、思想情感上遇到困惑，在学业学习、经济生活、升学就业等方面遇到困难。政治引领工作能否解答青年学生政治、思想上的困惑，能否满足青年学生在学习生活、个人发展方面的诉求和需要，直接影响到青年学生对党和国家的看法、评价。新时代做好青年学生的政治引领工作，必须全面准确了解青年学生在思想情感、学业、升学就业、经济生活、人际关系、政治参与、权利表达等方面的困惑困难和诉求需要，回应青年学生关切，解答青年学生疑惑，解决青年学生困难，满足青年学生合理诉求，实现好、维护好、发展好青年学生的利益。青年学生政治引领工作只有满足青年学生的需要，才能吸引青年学生、"粘住"青年学生，进而实现党对青年学生的政治引领，把青年学生团结和凝聚在党的周围。在新时代，青年学生政治引领工作要着重准确把握和全力解答解决好青年学生的困惑与困难。

（一）帮助解答学生思想政治困惑，满足青年学生政治成长需要

面对我国仍处于社会主义初级阶段，在经济社会、民主政治、文化制度等方面出现的问题，部分青年学生在政治上、思想上出现一些困惑和不解。在开展青年学生政治引领工作时，必须针对青年学生存在的这些政治上、思想上的困惑、疑问，有针对性、有策略地予以解答回应，引领青年学生正确认识在实现共产主义社会、实现中华民族伟大复兴目标过程中，理想与现实，长远目标与阶段发展，民主与集中，党的领导和政府、法律等方面的关系。

（二）帮助解决学生学业就业困惑，满足青年学生个体成长需要

学习是青年学生的首要任务和最重要的任务，调查发现，有 10.8%的青年学生认为自己"压力很大"，43.3%的青年学生认为"压力较大"，两

① 《马克思恩格斯文集》第 1 卷，人民出版社，2009，第 286 页。

项共有54.1%的青年学生认为自己学习压力大。[①] 对于学习压力大和学习困难的青年学生要加强关心指导，引导他们制定学习规划，明确目标方向，激发学习兴趣，增强学习动力；要深入分析学习困难原因，有针对性地加强学习方法指导，引导学生科学安排时间和精力，选择合适的学习策略和方法，科学合理利用学习资源，学会及时掌握自己的学习状况，调整学习策略；教师之间要积极沟通，共同鼓励学习困难学生并全方位挖掘其潜力，善于抓住时机表扬学习困难学生取得进步，通过正向激励提升学习困难学生的自我效能感。青年学生还面临升学压力，尤其是中学生和大学生，要引导青年学生在科学合理做好职业生涯规划的基础上积极提升学历层次，帮助学生确定合理目标、制定科学备考计划；要指导学生总结考试经验，掌握考试答题技巧，邀请经验丰富的老师和优秀学长学姐进行指导和交流，经常给学生提供考试资料、信息；平时多关心交流，帮助学生调适心态，缓解考试压力，取得优异成绩。

就业是民生之本。我国已进入高等教育普及化阶段，高校毕业生的数量逐年增加，而受新冠疫情、经济低迷等因素影响，就业岗位相对紧张，就业压力增大。社会各界和学校要高度重视青年学生的就业工作，尤其是就业困难学生的帮扶工作。要引导学生在入学之初做好职业生涯规划，加强专业能力训练，提高综合素质，提升就业竞争力。加强对就业困难学生的指导，引导就业困难学生树立“先就业后择业”和到农村、基层、艰苦岗位锻炼的观念；帮助就业困难学生正确开展自我评估，明确兴趣方向和能力水平，找准求职方向和合适岗位，掌握求职方法技巧，提高求职能力；加强就业信息服务，拓宽就业渠道，提升就业质量，积极帮助青年学生“就好业”。

（三）帮助解决学生的经济就业困难，满足学生的成长需要

虽然我国取得了脱贫攻坚的决定性胜利，消灭了绝对贫困，全面建成小康社会，但仍然存在相对贫困家庭。本书调查表明，青年学生中家庭经济困难的比例约占20%。学校党组织要热诚关心家庭经济困难学生的实际状况，充分利用各种资助政策，给予经济补助、生活资助。习近平总书记指出，扶贫先扶志，扶贫必扶智。扶志就是扶思想、扶观念、扶信心，学校党组织应该积极提供勤工助学岗位，引导学生树立自强自立、人穷志不穷的积极观

① 沈壮海等：《中国大学生思想政治教育发展报告2015》，北京师范大学出版社，2016，第254页。

念，正确看待暂时的家庭困难；扶智就是扶知识、扶技术、扶方法，帮助家庭经济困难的青年学生提升知识技能，量身定制开展专业技能培训，提升综合素质和就业竞争力，让家庭经济困难的青年学生看到未来希望之光，让帮扶工作真正扶到点上、扶到根上。同时注重发挥家庭经济困难学生的引领示范作用，使他们有学习的途径和动力。

（四）帮助疏导学生社交心理困惑，满足青年学生美好生活需要

随着社会变迁、升学就业竞争压力加大，有心理问题的青年学生的比例逐年增加，调查显示，2.9%的大学生“经常有”痛苦、焦虑、忧愁等负面情绪，14.9%的大学生“时常有”负面情绪，57.2%的大学生“偶尔有”负面情绪。[①] 可见青年学生的情绪和心理健康仍是值得关注的问题。对于有心理问题的青年学生，要以诚相待，加强交流，做学生的知心朋友；平时要细心观察学生，了解学生的真实思想，充分尊重、理解和信任学生；要根据有心理问题的学生的实际情况，采取分层分类办法，及时开展心理咨询辅导，必要时予以药物干预；要加强家校沟通、师生沟通，关心、关爱有心理问题的学生，不嘲笑、不歧视，营造友好氛围；要加大心理健康知识的宣传普及力度，引导学生树立心理健康意识，学会预防心理问题和缓解心理压力的方法，提高心理素质，增强心理适应能力。

“00后”青年学生自我个体意识较强，协作谦让精神较弱，网络互动多，不善于与同学相处。调查显示，人际关系问题成为青年学生心理问题中较为突出的问题。尤其是新生人际关系问题，排在各种心理问题的首位。一项调查发现，有68%的青年学生有人际关系问题，另有51.4%的青年学生“在乎别人的视线”，27.9%的青年学生觉得“别人轻视自己”，17.6%的青年学生“不相信同学”，10.2%的青年学生“厌恶交往”。[②] 对于人际关系紧张的学生，要引导其正确处理个人与集体、个人与他人的关系，做到相互尊重理解、宽容谦让，要学会欣赏融入、取长补短，要坦诚相见，敞开心扉交流沟通。要引导青年学生树立正确的恋爱观，帮助学生端正恋爱动机，处理好恋爱、学业的关系，掌握迎接爱和拒绝爱的能力，正确对待恋爱挫折。

---

① 沈壮海等：《中国大学生思想政治教育发展报告2015》，北京师范大学出版社，2016，第301~302页。

② 王维杰：《大学新生人际适应问题的调研》，《思想教育研究》2006年第1期。

第三节　夯实举措：提升政治引领执行力

方法和途径是连接主体和客体的中介、桥梁、纽带，是主体为了达到一定目的所采取的活动方式、程序或手段、载体的总和。科学的政治引领方法和途径是连接政治引领主体和客体的纽带，也是实现政治引领目标、提升政治引领效果的有效保障。新时代，加强对青年学生的政治引领，要健全完善内容、方法、载体，形成协同配合、三位一体的新格局。

一　优化引领内容：提高青年学生政治认知

“理论在一个国家实现的程度，总是取决于理论满足这个国家的需要的程度”，① 马克思的这句话，既揭示了唯物史观的真谛，也指明了政治引领工作的关键，即完备的政治理论体系和扎实的政治理论功底有助于引导青年学生增强政治意识，更快速、准确地分析政治现象和理解政治问题。只有与青年学生利益相关，能够满足其需要的政治引领的内容，才能得到青年学生更多的关注，才能占领青年学生的思想阵地并满足其信念需求。在新时代，青年学生政治引领内容既要包含必要的政治理论知识、最新的精神要求，又要尽力符合青年学生的年龄特点，满足成才的切身需要，并探求两者的契合点。

（一）以习近平新时代中国特色社会主义思想为重点，增进对马克思主义真理性的认同感

党的十九届六中全会指出：“过去一百年，党向人民、向历史交出了一份优异的答卷。现在，党团结带领中国人民又踏上了实现第二个百年奋斗目标新的赶考之路。”② 以史为鉴，开创未来，走好新的“赶考之路”，更加需要思想的力量、理论的指引。

习近平新时代中国特色社会主义思想科学回答了新时代坚持和发展什么样的中国特色社会主义、怎样坚持和发展中国特色社会主义，建设什么样的社会主义现代化强国、怎么建设社会主义现代化强国，建设什么样的长期执政的马克思主义政党、怎样建设长期执政的马克思主义政党等重大时代课题，提出一系列原创性的治国理政新理念、新思想、新战略，是当代中国马

① 《马克思恩格斯文集》第 1 卷，人民出版社，2009，第 12 页。

② 《中共中央关于党的百年奋斗重大成就和历史经验的决议》，人民出版社，2021，第 71 页。

克思主义、21世纪马克思主义，是中华文化和中国精神的时代精华，实现了马克思主义中国化新的飞跃，是我党在新征程上的指导思想和行动指南。它不仅为我党做好青年学生政治引领工作提供了科学的理论基础和方法论指导，而且是对当代青年学生进行政治引领的根本所在。做好新时代青年学生的政治引领工作，首先要积极引领青年学生深入学习领会习近平新时代中国特色社会主义思想，坚持学思用贯通、知信行统一，做到知其言更知其义，知其然更知其所以然。

（二）以党史为重点不断深化“四史”教育，增进对中国共产党伟大历史征程的认同感

历史是最好的教科书、最好的营养剂、最好的清醒剂，学史可以看成败、鉴得失、知兴替。2021年5月，中共中央提出要在全社会开展党史、新中国史、改革开放史、社会主义发展史宣传教育。“四史”包含了中国共产党和中华民族兴衰得失、治党治国治军的方方面面，深刻阐明了中国共产党为什么能、马克思主义为什么行、中国特色社会主义为什么好等道理。加强青年学生“四史”教育，可以让青年学生深刻理解中华民族从站起来、富起来到强起来的历史逻辑、理论逻辑和实践逻辑，坚定对马克思主义的信仰、对中国特色社会主义的信念、对中华民族伟大复兴中国梦的信心，有效提升政治认同、思想认同、情感认同；可以让青年学生弄清楚当今中国所处的历史方位，进一步检视和校准自身坐标，明确自己所应担负的历史责任，知史爱党、知史爱国，增强听党话、跟党走的思想自觉和行动自觉，激发青年学生以昂扬姿态为全面建设社会主义现代化国家而努力奋斗的热情。

面向青年学生开展党史学习教育，要着重讲清楚中国共产党的性质和宗旨，中国共产党为国家和民族作出的重大贡献，为什么要始终坚持党的领导。中国共产党是社会主义发展的主体，是新中国的建立者，是改革开放的推动者。“四史”内容虽各有侧重点，但主线是中国共产党为人民谋幸福、为民族谋复兴、为世界谋大同的探索实践史。为此，党史是“四史”的核心与关键所在，在“四史”中有着独特而重要的理论地位，在青年学生中开展“四史”教育时要把党史学习教育作为重点。

（三）深入开展“四个自信”教育，增进对中国特色社会主义制度优越性的认同感

中国特色社会主义是党和人民历经千辛万苦、付出巨大代价取得的根本成就，是道路、理论、制度、文化的有机统一，“既是我们必须不断推进的伟大事业，又是我们开辟未来的根本保证”。[1] 中国特色社会主义道路是实现社会主义现代化、创造人民美好生活的必由之路，中国特色社会主义理论体系是指导实现中华民族伟大复兴的正确理论，中国特色社会主义制度是当代中国发展进步的根本制度保障，中国特色社会主义文化是中华民族伟大复兴的精神支撑。坚定中国特色社会主义道路自信、理论自信、制度自信、文化自信，是新时代党团结带领人民面对未来、面对挑战，始终不忘初心、继续前进的底气和力量所在，是新时代青年学生政治引领的重要内容。新时代深入开展“四个自信”教育，关键是理解、把握“四个自信”与实现民族复兴、个人全面发展的密切联系，讲清楚“四个自信”的必要性和重要性；深刻认识文化自信是更基础、更广泛、更深厚的自信，是更基本、更深沉、更持久的力量，讲清楚“四个自信”的内在逻辑关系；深刻阐释中国特色社会主义是科学社会主义理论逻辑和中国社会发展历史逻辑的辩证统一，明确我们“从哪里来”“到哪里去”，讲清楚“四个自信”的理论渊源和时代指向。

（四）加强中华优秀传统文化教育，增进对中华民族和国家精神伟力的认同感

作为综合国力竞争中的软实力，文化是民族凝聚力和创造力的重要源泉，是中华优秀传统文化屹立于世界文化之林的根基。中国特色社会主义道路是马克思主义与中国实际相结合、与中华优秀传统文化相结合的产物，是在传承中华优秀传统文化和悠久文明中走出来的。新时代的中华优秀传统文化教育，要引导青年学生系统熟稔中华优秀传统文化的历史渊源、发展脉络、精神内涵，增强文化自觉和文化自信；要着重引导青年学生更加全面准确认识中华民族的历史传统、文化积淀、基本国情，充分认识到走中国特色社会主义道路反映中国人民意愿，适应中国国情和时代进步；要着重引导青年学生厚植天下兴亡、匹夫有责的家国情怀，树立仁爱共济、立己达人的公益精神，培养自立自强、勇于创新的行为习惯。

（五）以马克思基本理论为基础开展政治理论教育，提升青年学生政治理论素养

“坚定的理想信念，必须建立在对马克思主义的深刻理解之上，建立在

① 《习近平谈治国理政》第2卷，外文出版社，2017，第36页。

对历史规律的深刻把握之上。”① “一个人如果没有这种理论上的了解，就不能成为自觉的共产主义者，成为马克思主义者。”② 加强青年学生马克思主义理论基本知识教育有利于深化青年学生对马克思主义历史必然性和科学真理性的认识，教育他们学会运用马克思主义的立场、观点、方法观察世界、分析世界；有利于青年学生深刻感悟马克思主义的真理力量，为青年学生成长成才打下科学思想基础。加强马克思主义理论体系教育，一要注重马克思主义基本原理的学习。马克思主义哲学是无产阶级科学的世界观和方法论，是无产阶级认识世界和改造世界的锐利思想武器，马克思主义是人类思想优秀成果的结晶，是无产阶级政党进行革命和从事社会主义建设的指导思想。要教育引导学生认真学习《共产党宣言》等经典文献，了解马克思主义哲学、政治经济学、科学社会主义等基本原理，把握马克思主义的科学性、人民性、实践性和开放性，掌握其科学的世界观和方法论。二要注重马克思主义中国化理论成果的学习。毛泽东思想、邓小平理论、“三个代表”重要思想、科学发展观、习近平新时代中国特色社会主义思想等是马克思主义基本原理同中国国情和具体实际相结合、同中华优秀传统文化相结合的理论成果。这些成果是我党科学的指导思想和全党、全国人民为实现中华民族伟大复兴而奋斗的行动指南，也是引导青年学生树立正确政治思想的行动指南。三要注重马克思主义政治观的学习。引导青年学生深刻掌握政治是经济的集中体现、政治的核心问题是国家政权问题等基本常识，牢固树立正确唯物史观，科学理性认识和分析我国现在所处的历史阶段和发展中存在的问题，正确分析和把握当代资本主义发展现状及其历史趋势。

二　改进引领方法：促进青年学生政治认同

方法不对，事倍功半；方法对头，事半功倍。新时代对青年学生进行政治引领要根据青年学生的身心发展规律和个性特点、教育教学规律和思想政治教育规律，选择和优化教育引导方法，不断提高工作效果。

（一）坚持显性教育与隐性教育相结合

显性教育和隐性教育是两种相对的教育方式。所谓显性教育，是指在开

① 《习近平谈治国理政》第 2 卷，外文出版社，2017，第 35 页。

② 刘建军：《信仰教育：马克思主义思想理论教育的本质内容》，《中国人民大学学报》2000 年第 4 期。

展青年学生政治引领工作时，采用公开的教育形式、外化的教育手段，意图明显、目标明确地开展教育引导。所谓隐性教育，是指将政治引领主体、内容、目的等要素隐藏在丰富多彩的活动中，渗透于活动全过程，使广大青年学生在愉悦的氛围和环境中，在潜移默化中感受、领悟，受到启迪和教育。在新时代，青年学生的思想行为特征发生了较大变化，信息技术的发展使青年学生接收信息的方式也发生了很大变化，单一的显性教育或隐性教育都难以达到政治引领效果，需要将两者结合起来。

一方面，要旗帜鲜明地坚持和完善显性教育。任何一个政党、国家都非常重视对青年学生的政治引领和思想教育，注重培养青年学生，“共产党人不屑于隐瞒自己的观点和意图”,[①] 中国共产党重视青年学生的政治引领，引导青年学生听党话、跟党走，成为中国特色社会主义事业的合格建设者和接班人，对此应该公开地、理直气壮地表达，没有什么可隐晦的。要持续加强马克思主义学院和思想政治理论课建设，大张旗鼓地推进思政课程和课程思政建设，旗帜鲜明、理直气壮地在课堂上对青年学生进行政治教育和引导。在发展党员、升学就业政审时，必须坚决把政治标准作为考察和衡量青年学生的第一标准，全面、深入、准确地了解青年学生的政治意识和政治观念。报刊、广播电视等传统媒体和网络新媒体要更加主动地加强政治方面的宣传，提高其比重和分量。

另一方面，要积极强化和创新隐性教育。要大力推进课程思政建设，积极挖掘专业课程中的思政教育资源，在专业课程学习中“润物细无声”地对青年学生进行教育和引导。在组织开展科技、文体、艺术、创新创业等与青年学生相关的活动时，要主动、巧妙地把政治引领的要求融入活动中，如在组织和开展演讲比赛时，可设置“红色”主题，在锻炼学生思维能力和表达能力的同时，“润物细无声”地对青年学生进行爱国主义教育、党史学习教育，实现能力提升与价值引领相统一。要借助、结合党史、国史中的重大节庆日、纪念日或重大活动、事件，如五四、七一、国庆、抗战胜利日等开展教育，既有庄重的仪式感、浓厚的氛围，又有丰富的内容、厚重的政治教育。要重视文化建设，让青年学生在积极向上、充满正能量的文化氛围中耳濡目染，要推动中华优秀传统文化的创造性转化、创新性发展，充分发挥红色文化、革命文化作用，实现以文化人；要创作和推出更多主题鲜明、内

① 《马克思恩格斯选集》第1卷，人民出版社，2012，第435页。

容向上、题材多样、艺术性强的文艺作品，如电影《战狼》《长津湖》等，让青年学生在文化熏陶中增进对党的认识和了解，强化对党的认同和支持。要重视校园文化建设，在创设物质环境时，多摆放、设置革命题材、红色题材的雕塑等景观；在制度建设时，把爱党、爱国、爱社会主义，坚持中国共产党的领导，坚持中国特色社会主义道路等内容写入各项管理制度中，进而影响青年学生的价值观，规范其政治行为。

（二）坚持理论灌输与实践锻炼相结合

所谓理论灌输，也称理论教育，是指作为政治引领主体的中国共产党有目的、有计划地向政治引领客体，即对青年学生进行马克思主义理论和习近平新时代中国特色社会主义思想等马克思主义中国化理论成果教育，引导青年学生逐步树立正确的政治信仰、方向、立场，形成正确的政治行为。所谓实践锻炼，是指通过有目的、有计划地组织、引导青年学生参加各种社会实践活动，促使青年学生在实践中形成正确的政治观念和行为。理论是行为的先导，实践有助于理论的内化，新时代青年学生政治引领工作要把理论灌输与实践锻炼紧密结合起来。

一方面，要坚持和改进理论灌输。理论灌输的基本依据是马克思主义灌输理论，它是苏联以及我国等社会主义国家取得革命胜利的重要法宝，是被无产阶级历史实践证明的行之有效的教育方法。随着青年学生主体意识的增强，以及信息接收方式的多元化，不少人质疑理论灌输的当代适用性，提出“过时论”“无用论”等观点。笔者认为，理论灌输在新时代青年学生政治引领工作中仍然具有重要作用和积极意义。“工人本来也不可能有社会民主主义的意识。这种意识只能从外面灌输进去。”① 与工人相似，青年学生由于年龄较小、社会阅历较浅，其精力主要投入学习和升学，政治理论不可能不学而知、不教而会，必须通过多种形式的理论灌输，才能掌握基本的政治理论知识和观念。当然，新时代背景下，理论灌输也要与时俱进创新方式，要改变以往单向、简单生硬的“填鸭式”灌输模式，多采用短视频、知识竞答等青年学生乐于接受的形式和方法；要紧密联系社会生活实际和青年学生的思想实际，注意有的放矢，坚持正面引导，以情感人、以理服人。

另一方面，要推进和强化实践锻炼。实践锻炼的直接理论依据是马克思主义认识论和实践观。理论来源于实践并指导实践，实践有助于青年学生理

① 《列宁选集》第1卷，人民出版社，2012，第317页。

解和接受理论。邓小平曾说："群众从事实上感觉到党和社会主义好，这样，理想纪律教育，共产主义思想教育和爱国主义教育，才会有效。"① 这说明，政治意识、政治信仰、政治立场和政治行为的培养必须扎根于社会实践，存在于现实生活中。青年学生思维活跃、精力旺盛、活泼好动，实践锻炼是适合青年学生，也深受青年学生喜爱的重要教育方式。新时代，通过实践锻炼实现对青年学生的政治引领，一要加强实践锻炼的设计和规划。目前，实践锻炼和实践体验场所有课堂、校园、工厂企业、田间地头、展览馆、纪念馆、革命旧址、战争遗址等，实践锻炼形式有参观考察、主题调研、社会调查、志愿服务、顶岗实习、劳动锻炼等，它们各自有其不同的教育功能和作用，必须根据不同教育目的选择不同的实践锻炼方式和场所。比如，为引导青年学生体验中国共产党领导我国经济社会发展取得的伟大成就、感受中国特色社会主义制度的优越性，可组织青年学生参观新中国成立70周年主题展，深入现代化工厂企业参观，深入新农村体验农村发生的巨变等；为增强青年学生的社会责任感和历史使命感，可以组织青年学生参加国情调研、志愿服务、顶岗实习、援边支教、劳动锻炼等。二要善于做好实践锻炼的引导与提升。组织者，尤其是教师要不断提升自身的理论功底、理论引导能力，丰富社会阅历，练好内功、提升本领；要学习和掌握引导、启发学生的能力与本领，引导青年学生围绕实践目的，按照实践锻炼和体验的要求落实各个环节，对于学生在实践锻炼中产生的困惑予以及时、正确的解答，对于积极向上的体会和体验及时予以总结、提炼、宣传。三要创新社会实践的尝试。针对当前社会实践活动在内容、形式、组织等方面存在的问题，发挥社会各界的力量，使各单位向青年学生提供更大范围的社会实践活动，使社会实践能够真正面向全体学生，对每个学生产生实效性的育人作用，从而推进现有的"精英实践"组织模式逐渐走向"大众实践"的发展道路。

（三）坚持榜样示范与自我教育相结合

所谓榜样示范，也是典型示范，即通过选择具有典型性、代表性的人或事作为示范，通过正面引导或反面警示来教育引导青年学生形成正确的政治观念、做出正确的政治行为。所谓自我教育，是指在党或学校、教师的引导下，青年学生通过自我学习、自我修养、自我反思等方式，主动接受党的政治引领，坚持党的领导，听党话、跟党走。榜样示范是外部推动，自我教育

① 《邓小平文选》第3卷，人民出版社，1993，第144~145页。

是内因驱动，共同推动青年学生政治引领工作。新时代做好青年学生政治引领工作要做到榜样示范与自我教育相结合。

一方面，要充分发挥榜样示范作用。“大多数人类行为是通过对榜样的观察而获得的”，① 这句话形容青年学生更为合适。青年学生心智尚未完全成熟，更倾向于通过观察模仿来学习新知识、树立新观念、形成新行为。选树正面典型人物或事例，可以影响和激励青年学生通过对比，发现自身与榜样之间的差距；通过对反面典型的批评和剖析，帮助青年学生区分对错，掌握是非标准，避免类似的错误言行。发挥榜样示范作用，做好青年学生政治引领工作，要发现和选好正面典型。正面典型，一要突出政治性，选取在政治信仰、政治立场、政治方向、政治行为等方面具有代表性的人物或事件，让青年学生巩固政治观念，遵守政治行为规范；二要突出时代感，不仅要有诸葛亮、岳飞等名垂千古的正面典型，更应选取近年来新涌现的，以及青年学生群体中间的先进典型，增强青年学生的认同感。除发挥正面典型的示范带动作用外，还要注重运用负面典型开展警示教育，如“洁洁良”事件。对于负面典型，要尖锐指出其错误所在，透彻分析其错误危害，深刻剖析其错误根源，进而帮助青年学生明确是非、对错标准和要求。

另一方面，要积极推进自我教育。唯物辩证法认为，内因是事物发展的源泉和动力。每个青年学生都是具有主体意识、能够能动选择的独立个体。青年学生自身的自主性、自觉性直接影响他们在接受政治引领过程中的配合态度和实际效果。新时代开展青年学生政治引领工作，要不断激发青年学生自我教育的动力。一要激发青年学生精神世界的需要。每个青年学生都希望得到学校、老师和社会的认可。要引导青年学生充分认识到是否坚持党的领导，是否听党话、跟党走是衡量一个学生优秀与否、政治合格与否的首位标准，只有政治上合格的青年学生才是符合国家期待和社会需要的未来人才，才会受到认可和接纳。二要抓住青年学生自我教育的契机。绝大多数青年学生都是追求上进的，当青年学生表达希望成长和进步时，应循循善诱，引导学生首先反思自身的政治观念和行为，通过自我改造不断提升政治修养，提升政治行为的自我调控能力。尤其要引导青年学生关心、关注政治，提升政治兴趣和热情；要克服功利主义、个人主义，做一个真正追求

① 〔美〕A. 班杜拉：《思想和行为的社会基础——社会认知论》（上），林颖等译，华东师范大学出版社，2001，第 63 页。

政治进步的青年学生。

（四）坚持规范统一与分类引导相结合

所谓规范统一，是指对青年学生政治引领的内容、方式、载体、机制等方面具有统一明确的要求，实现工作的规范化、科学化、制度化，为提升政治引领工作实效提供基础和保证。所谓分类引导，是指面对思想认识水平、生活成长环境、心智成熟程度不一的青年学生个体，以及历史基础、师资水平、条件保障能力差异大的各地、各校，要有的放矢、因地制宜地采取针对性、个性化的工作方法。新时代青年学生政治引领工作面临的形势严峻复杂，对象千差万别，加强和改进新时代青年学生政治引领工作，必须做到规范统一与分类引导相结合。

一方面，要不断提升规范统一水平。规范化、科学化、制度化是做好青年学生政治引领工作的目标和保证。青年学生政治引领工作政治性、理论性、政策性强，点多、线长、面广，在某些方面需要有明确的规范、统一的要求。要持续强化思政课，以及政治学、经济学、新闻学等关键人文学科的规范统一。要吸取历史教训，对于国家统一开设的思政课和部分关键人文学科课程要严格按照国家要求，统一使用国家组织编写、审定的马克思主义理论研究与建设工程重点教材，统一授课时长和进度，授课教师要严格按照课程大纲规范授课，通过教材统一、大纲统一、授课内容和要求统一等保证这些课程不偏离社会主义办学方向。当前，要着重推进和做好研究生、大学生、中学生思政课一体化，由国家统一规划、科学设计，使思政课循序渐进、螺旋上升。在青年学生关注的政治热点问题、敏感话题的解答和引导上要规范统一，做到内容翔实、数据准确、态度明确、口径一致、动作迅速、处置规范，以官方的、权威的、及时的解答回应青年学生的关切，以规范、依法、高效的处置赢得青年学生的认可，进而遏制错误信息或不良信息的传播、小道消息的“满天飞”，消除这些信息的负面影响，压缩和挤占它们的空间，及时有效做好青年学生的政治引领工作。

另一方面，要加大分类引导、精准施策的力度。青年学生群体由千差万别的、具体的个体构成，个体之间在成长经历、家庭背景、物质生活条件、学习环境等方面都存在较大差异，因此他们在政治思想、心理、行为等方面也存在差异。“一把钥匙开一把锁”，这要求我们在开展青年学生政治引领工作时，必须实行差异化政策，对青年学生实行精准引导。一要根据政治身份分类实施引导，党员、入党积极分子、一般学生等不同群体在政治思想境界、认识水平上层次不一，应分别采用巩固式引领、提升式引领、普及式引领等差异化方法。二要根据不同学历区分不同内容，不同学历的青年学生知识水平不同，引领的侧重点也要有所区别。初中生的价值观、人生观还处在形成期，要夯实其思想基础，引导他们心中有党、有国家、有人民，具备做社会主义建设者和接班人的思想意识；中学生具有一定的理性思维，要注重以说理的方式，引导他们衷心拥护党的领导和我国社会主义制度，形成做社会主义建设者和接班人的政治认同，具有基本的政治素养；大学生和研究生具有较强的思想自觉与行动自觉，要注重引导他们矢志不渝听党话、跟党走，增强使命担当，切实做社会主义合格建设者和可靠接班人。三要根据青年学生认知规律采用不同的教育引导方法，即初中阶段以体验性学习为主，高中阶段重在开展政治常识教育与政治行为引导，大学阶段则以理论学习与实践活动并重，研究生阶段重在开展探究性学习，增强政治本领。

三　整合引领载体：提升青年学生政治情感

政治引领载体，是指在开展政治引领过程中，能够承载和传递与政治引领有关的内容或信息，并为政治引领主体所用，促使政治引领主客体之间互动的活动形式和物质实体，它有各种形式和类型。面对阳光朝气、充满活力、个性鲜明的青年学生，政治引领工作应着重整合这些载体，最大限度地发挥各类载体的作用。

（一）统筹思政课程、课程思政、日常思政协同发展

思想政治理论课、专业课、日常思想政治教育都是中国共产党和学校开展青年学生政治引领的重要载体，三者作用不同、各有侧重，同时又相互融合、优势互补。其中，思想政治理论课是主渠道，专业课是关键支撑，日常思想政治教育是主阵地。思政教育要和专业课有机结合，挖掘专业课课程和教学方式中蕴含的思想政治教育资源，实现全员、全过程、全方位育人，这是对推进思政课程与课程思政有机结合的再次强调。新时代加强和改进青年学生政治引领工作，必须高度重视思政课程、课程思政、日常思政工作，充分发挥它们各自的作用，在此基础上，要进一步统筹思政课程、课程思政和日常思政的协同发展，把理论第一课堂与实践第二课堂、思政小课堂与社会大课堂紧密结合起来，形成强大合力。

1. 推进教师队伍融通，建立教师共同体

如前所述，思政课教师、专业课教师、辅导员和班主任是青年学生政治

引领工作的主体，肩负着立德树人的神圣使命，发挥着主力军作用。做好青年学生政治引领工作必须推进这三支队伍有效融通、并肩作战，形成多学科背景互为支撑、丰富经验经历优势互补、不同视角信息相互提供的“教学共同体”。[①] 一要引导这三支队伍发挥各自优势，做到相互促进。引导思政课教师充分发挥“政治理论”优势，协助专业课教师和辅导员、班主任挖掘课程和日常工作中的思政元素，做好政治方向上的引领，并向他们提供马克思主义理论知识，进行马克思主义理论熏陶，做到“政治强”。引导专业课教师充分发挥专业素养优势，为思政课教师和辅导员、班主任提供丰富的专业教学案例，实现政治理论与专业知识的完美结合，使思政课和日常思政更加贴近学生所学，更加生动可感，并在此过程中，帮助思政课教师和辅导员、班主任广泛涉猎各学科知识，做到“视野广”。引导辅导员、班主任充分发挥实践经验丰富优势，为思政课教师和专业课教师提供真实准确的学生思想动态、关注的政治热点，使教师授课内容能够契合学生的兴趣点和关注点，提高课堂教学引导的质量和效果，帮助思政课教师和专业课教师成为深受青年学生欢迎的好老师。二要引导这三支队伍协同参与，做到全方位熟悉学生。各学校要大力选用思政课教师和专业课教师担任青年学生班主任或班导师，引导他们积极参加青年学生日常活动，并在活动过程中把握青年学生的思想政治动态和实际需要，加强对学生的思想引导和政治引领。辅导员、班主任要加深对思政课和专业课教育教学效果的了解，及时向教师反馈信息，形成合力。各学校应鼓励和支持理论功底扎实、教学能力强的辅导员、班主任兼任思政课教师，共同参与思政课、专业课教改项目。

2. 推进教育内容互通，实现相互补充

思政课教师要积极结合青年学生所学专业知识和课余生活中关心关注的政治话题来讲思政，在讲故事、举例子时尽量引入专业案例、身边故事，把学生从“天边”拉回“身边”，提升思政课程的专业性、时代性和生动性、针对性。专业课教师要积极结合思政讲专业，把专业课程中涉及的理想信念、政治立场、爱国情感、忠诚担当等优秀资源“润物细无声”地向青年学生推介传导，在专业课堂上融入思政元素，使专业课程教学既有理论深度又有思想高度。辅导员、班主任在组织开展政治专题教育、主题党团日活动时，要

① 杨秀萍：《课程思政与思政课程协同育人：前提、途径与机制》，《黑龙江高教研究》2021年第12期。

尽量围绕思政课、专业课教学内容选准结合点，如大一开设了思想道德与法治课，日常思政教育就应尽量围绕爱国、奋斗等主题展开，与课程形成呼应，帮助青年学生强化认识、加深理解，做到相互贯通、相互支撑、同频共振。

3. 推进教育方法有机融合，实现相互借鉴

思想政治理论课、专业课具有较强的逻辑体系和教材体系，理论性较强，吸引力和趣味性相对不足，这两类课程可以适当借鉴日常思政的形式和方法，如邀请校内外知名专家学者、行业精英、先进典型，以事迹报告、体会分享、对话访谈等相对轻松活泼的形式开展教育引导；可适当组织学生开展调查研究、参观学习、志愿服务等实践活动，将课程目标、要求、内容融入、嵌入主题活动中，以探究性学习引导学生自主学习相关专业知识，以亲身体验实现知识内化和价值引导。日常思想政治教育也要借鉴思政课、专业课，明确每学年或每学期的教育目标、计划安排、重点任务，提高科学性和系统性。同时，多采用撰写调查报告、小组研讨、主题论坛、学术汇报等能够激发学生探究精神的方式开展教育引导，避免日常教育和主题宣传过分强调生动性、趣味性而忽略了思想性和政治性。

（二）促进政治话语、教材话语、日常话语融会贯通

话语不仅是沟通和交流的工具，也是政治理念、思想情感的有效载体。一个国家和政党的执政理念、文化思想、政策主张要想有影响力、有主导权，就必须建构有效的话语体系。中国共产党开展青年学生政治引领工作，必须借助话语，以话语为载体。一般而言，话语包括政治话语、教材话语、日常话语。

政治话语是对党的性质、宗旨、目标、纲领，党和国家的路线、方针、政策等的直接表达。青年学生政治引领的主要内容，如马克思主义基本原理、立场、观点、方法，马克思主义中国化的最新理论成果，党和国家的重要会议、文件、政策等，都是典型的政治话语。多数政治话语以文件式、命令式、宣传式表达为主，每个字词句都经过认真思考、反复推敲、精心打磨，语言简练概括，具有浓厚的意识形态色彩。对于青年学生等群众而言，政治话语留下了宏大叙事、抽象严谨、生硬强制、刻板乏味的印象，不易被他们亲近、理解、接受。思想政治理论课是对青年学生政治引领的关键课程，主要通过教材、教师向青年学生传播党和国家的政治主张、育人目标。思想政治理论课教材是国家组织专家学者精心编写的，将党和国家的政治主张、育人目标体现在教材中，教材逻辑结构严谨、内容覆盖全面、语言表达

准确，具有很强的理论性、学术性、系统性，其话语具有很强的逻辑严密性和学术专业性，以及明显的单向式、模式化表达特征，对于青年学生而言，教材语言相对晦涩深奥，生动性、可读性较弱。概言之，政治话语和教材话语的政治性、思想性、理论性、逻辑性、体系性较强，但缺乏例证不接地气，不够契合青年学生认知特征和接纳特点，容易让青年学生感觉索然无味，不易被青年学生接纳。

面对新时代的青年学生，在开展政治引领时，一要尽量把政治话语、教材话语转换为日常话语。“要善于用通俗易懂的语言，并且能够借助于日常生活中他们所知道的事实”，[①] 即要善于结合丰富鲜活的现实生活、个体生活，用形象的比喻、生动的故事例子、熟知的谚语俗语，以及通俗易懂、朗朗上口且易于表达、传播的语言和青年学生交流，把深奥的道理通过讲故事、说案例的方式讲给青年学生。如把“为实现共产主义而奋斗”转换为“为实现中国梦而努力”，把“坚决支持和拥护中国共产党领导”转换为“坚持听党话、跟党走”；如党的十九大报告中，用“时代是出卷人，我们是答卷人，人民是阅卷人”表明以人民为中心、执政为民的理念。习近平总书记在这方面作了表率和示范，有许多经典语句，如“一起向未来”“撸起袖子加油干”“幸福都是奋斗出来的”“不驰于空想，不骛于虚声”等“平言平语”。二要把握好政治话语、教材话语、日常话语之间的张力，要一分为二、辩证地看待和运用这三种话语。对于政治话语、教材话语，既要看到严肃性、刻板性，也要看到其意识形态性、政治性。对于日常话语，既要看到其活泼性、易于被青年学生所接受的一面，也要看到日常话语不能体现党的执政理念、政策方针严肃性的一面。在使用日常话语时，要追求规范、准确、科学，数据事实准确、遣词造句精当、比喻比方贴切，防止出现庸俗、低俗、媚俗。简而言之，在对青年学生进行政治引领时，既要有政治话语、教材话语，同时也要立足青年学生实际，有日常话语，实现三者良性互动、相互配合、相互促进，形成完善的、有实效的话语体系。

（三）推动传统载体、现代载体融合并进

传统载体和现代载体都是开展青年学生政治引领的载体，两者是相对的。一般而言，传统载体指的是在以往政治引领过程中早已产生且至今仍持续发挥作用的载体，主要包括宣传栏、宣传册、辅导报告、论坛沙龙等；现

① 《列宁全集》第 4 卷，人民出版社，2013，第 279 页。

代载体则指的是随着现代社会发展而产生的带有全新时代特征的载体，从当前来看，网络和新媒体是现代载体的主要代表。新时代做好青年学生政治引领工作，既要发挥传统载体的作用，又要重视现代载体的特殊作用，实现两者有效融合、良性互动、优势互补。

1. 重视传统载体建设并赋予其新活力

宣传栏、宣传册、报刊、讲座报告、沙龙论坛等是多年以来我党对青年学生政治引领的有效载体，并将长期坚持。面对新时代的新变化，在坚持这些传统载体的同时，应积极吸收现代内容、表达方式、呈现形式。如宣传栏、宣传册可以增加漫画、图片等内容，做到图文并茂；尽量使用当下青年学生喜欢的流行语言、网络语言，增强可读性，焕发新活力；宣传栏、宣传册的内容可制作为电子刊物或转变为公众号推文，讲座、报告、沙龙可利用网络发布信息、实行线上直播，进一步扩展其影响范围，扩大影响力。

2. 充分发挥网络、新媒体现代载体作用

随着大数据、5G、人工智能、区块链等信息技术的迅猛发展，网络已经全方位深度融入社会生活的各方面和各角落。作为网络的“原住民”，新时代青年学生的学习、生活、娱乐等都已经离不开网络，网络已成为青年学生学习和生活不可或缺的场域。网络是一把双刃剑，既给青年学生政治引领提供了平台和机遇，又带来风险和挑战。充分利用网络开展青年学生政治引领工作，一要积极拓展和抢占网络新媒体平台。信息技术的快速发展，使网页、网站等传统网络平台对青年学生的吸引力日渐式微，而微信、微博、快手、抖音、B 站等新媒体平台深受青年学生欢迎。青年学生政治引领工作必须迅速抢占和充分利用这些新媒体平台，党和国家要加强优质新媒体平台建设，如“学习强国”，内容和资源丰富，形式和方式多样，集思想性、新闻性、服务性、综合性于一体，深受青年学生欢迎。二要坚持“内容为王”，不断提供优质作品。加强网络、新媒体作品创作，坚持把政治放在首位，以中华优秀传统文化、革命文化和社会主义先进文化为主题，邀请政治上可靠、具有一定影响力、深受青年学生喜欢的名人、专家、学者参与网络文化建设，积极创作方向正确、格调高雅、内容健康，且形象有趣的推文、动漫、短视频等网络文化产品，让科学的政治理论、先进的政治文化和正面的政治舆论充盈网络空间，切实提高网络内容对青年学生的吸引力、影响力和感染力。三要不断提升网络主导能力。着力提高对网络舆情的掌控能力，应用大数据技术，加强对网络舆情的监测，及时捕捉、认真研判、果断妥善处置负面舆情；及时对网上时政热点话题、敏感话题进行正确引导，避免借机发泄情绪、无端谩骂、网络暴力和别有用心的炒作、借题发挥。着力提高对网络舆论和思潮的引导能力，以弘扬主旋律、传播正能量为主题，主动设置网络话题、主动推送主题消息，让青年学生产生共鸣；加强网络监管，及时对错误言论、思潮进行批驳、斗争和回击，揭露其真实面目，并加大对有害、不良信息和内容的整治，依法惩治在网络上发布和传播不当政治言论与信息的行为，守住和不断扩大红色地带，争取和不断转化灰色地带，打击和不断压缩黑色地带，使互联网这个最大变量变成最大增量。

第四节　完善机制：提升政治引领合力

制度建设是现代化建设成功的关键因素，同时也是政治引领工作能够取得良好效果的核心保证。良好的机制体制有助于将引领主体、引领客体、引领介体紧密地结合在一起，发挥引领的综合效力，形成政治引领工作的合力。概言之，制度建设带有根本性、全局性、稳定性和长期性特征。推进新时代青年学生的政治引领工作，制度建设是前提和保证，亟须重视和加强。

一　“家校社联动”：完善政治引领协同机制

“观念的东西不外是移入人的头脑并在人的头脑中改造过的物质的东西而已。”[①] 青年学生的政治观念和政治行为必然会受到所处的家庭、学校、社会等环境的影响，加强青年学生的政治引领，必须要建立家庭、学校与社会协同配合机制。

（一）家庭：青年学生政治引领的第一课堂

“家庭是人生的第一个课堂，父母是孩子的第一任老师。”[②] 家庭是一个人最初的、影响最直接的政治社会化媒介，是个体成长的第一个课堂。青年学生的理想信念、道德品行、精神品质的萌发和形塑首先受到父母等家庭成员的影响，受到家庭环境的陶染。家长的政治理论素养、政治立场、政治言行对孩子政治观念形成和政治行为选择有着重要而深刻的影响，甚至可以影响孩子的一生。问卷调查显示，与非党员家庭相比，党员家庭中具有入党意

① 《马克思恩格斯文集》第5卷，人民出版社，2009，第22页。

② 《习近平谈治国理政》第2卷，外文出版社，2017，第354页。

愿的青年学生的比例高出 11%，对中国特色社会主义制度的认可度高出 8.5%。习近平总书记强调："无论时代如何变化，无论经济社会如何发展，对一个社会来说，家庭的生活依托都不可替代，家庭的社会功能都不可替代，家庭的文明作用都不可替代。"① 新时代加强青年学生政治引领，离不开重视和发挥家庭的作用。引导家长积极主动参与政治活动、合法合规表达意见，并鼓励青年学生参与家庭决策、参与群体活动和社会实践，从而发挥家庭教育在青年学生形成正确的政治观念和政治行为过程中的积极影响。

毋庸讳言，家庭要做好政治引领工作，首先，要提高家长的综合素养。引导家长加强马克思主义理论及其中国化成果的学习，不断提高自身政治理论素质，坚定理想信念，坚持正确的政治方向。要提升家长的教育文化素养，培育良好的心理素质，进而帮助他们树立正确的世界观、人生观、价值观，如此他们才有可能培养子女形成正确的价值观念和行为习惯。其次，要促使家长提升政治引领意识。要引导家长树立正确的教育观念，避免重学习轻政治、重生活轻思想的错误理念和做法。家长不仅要关心子女的智力发展，更要从小重视子女的政治观、价值观教育，关注子女政治素养的培养，教育引导子女爱党爱国爱社会主义。最后，政治引领应采取恰当的方式方法。科学、合理的方法会使政治引领工作取得事半功倍的效果。一方面，父母需要发挥积极引导和表率作用，把尊重、关爱贯穿整个政治引领过程；另一方面，父母应坚持严慈相济，坚持鼓励与批评兼顾，子女进步时及时给予奖励，犯错时及时纠正与教导。

（二）学校：青年学生政治引领的主阵地

学校作为学生政治社会化的重要的、专门的学习和训练场所，在青年学生个体形成一定的政治意识和政治行为的过程中起着十分关键的作用。做好新时代青年学生的政治引领工作，要督促学校增强政治意识和大局意识。加强校内各级党组织政治建设和教师队伍建设，紧紧围绕立德树人这一根本任务，坚持社会主义办学方向，遵循教书育人规律、学生成长规律、思想政治工作规律，实现全员、全过程、全方位的"三全育人"工作格局，切实担负起政治引领的职责。要推动学校建立与家庭、社会有效沟通的机制，健全完善家校、校地联系制度，及时交流分析、共同研判青年学生的政治思想动态，查摆并妥善处置问题和隐患。要加强校内各类阵地管理，严格遵守

① 《习近平谈治国理政》第 2 卷，外文出版社，2017，第 353 页。

“谁主办谁申报，谁主管谁负责，谁审批谁监督”的原则，认真落实论坛、讲坛、讲座、年会、报告会、读书会等“一会一报”申报、审批、备案制度，切实加强对学术讲座和报告会主讲人的思想政治倾向、讲座和报告内容健康性和政治观点正确性的审查和监督；大力加强对微博、微信、快手、抖音、QQ 空间、B 站等新媒体平台的审批、管理、检查，确保发布内容政治方向正确，遏制不良信息和思想观念传播；加强和改进学生社团管理，严格落实学生社团成立审批、年审注销、组织建设、活动管理等制度和要求，保证学生社团不在青年学生中散布违背宪法、法律、法规和党的路线、方针、政策的错误观点与言论，不得开展与其宗旨不符的活动。

需要指出的是，如今高校或高中多校区联合办学，给政治引领工作带来了较大的困难。全国不少学校针对多校区办学的情况，开始探索有特色、创新型的政治引领方式。以×大学为例，该校依托学生社区共享空间开展对青年学生政治引领的工作。该校紧紧围绕立德树人根本任务，以党建引领为航标，实施“铸魂工程”，强化学生社区的政治引领和价值引领作用；以管理协同为关键，实施“赋能工程”，建立一站式学生社区多方协同育人体制；以队伍进驻为抓手，实施“聚力工程”，推动多元育人主体切实践行“一线规则”；以服务下沉为基础，实施“润心工程”，构建学生社区一体化成长发展支持体系，在解决实际问题中解决思想问题；以文化浸润为手段，实施“立德工程”；以自我治理为动力，实施“修身工程”，发挥学生在一站式学生社区中的主体作用。通过上述方式，×校将学生社区打造为学生党建前沿阵地、“三全育人”实践园地和青年学生政治引领的样板高地。

（三）社会：青年学生政治引领的重要阵地

一般而言，社会主要是指某一阶级或某些范围的人形成的集合体，而本书所指的社会包含党委、政府在内，从广义的视角对“社会”的概念进行界定。环境对于正处于成长期的青年学生而言，具有重要的影响。在访谈调查中，几乎所有青年学生一致认为，社会环境和氛围对他们的政治观念与行为产生了重要影响。基于此，各级党委和政府要整合社会各方面力量，共同为广大青年学生健康成长成才创造和提供优越的社会环境。

一要营造清正廉洁的政治环境。建设廉洁政治是马克思主义政党的本质要求，是加强党的建设和政权建设的应有之义，是发展社会主义政治文明的重要内容。在新时代，要继续推进党的建设新的伟大工程，坚持全面从严治党，坚定不移地推进党风廉政建设和反腐败斗争，一体推进“不敢腐、不能腐、不想腐”，营造风清气正的政治生态，打造干部清正、政府清廉、政治清明、社会清朗的政治环境。既要坚决查处“大老虎”，又要有效治理“苍蝇”，切实解决发生在群众身边的不正之风和腐败问题，为青年学生提供良好的政治环境，让青年学生切身感受到建设廉洁政治的实际成效，感受到中国共产党刀刃向内、自我革命的勇气。

二要营造公平正义的社会环境。“大道之行也，天下为公。”（《礼记·礼运》）公平正义，是中华优秀传统文化的精神基因，是全面建设社会主义现代化国家的基石，是中国共产党治国理政的一贯主张。促进和维护公平正义是一项长期的战略工程，必须久久为功、持续推进。在新时代，要继续健全完善以权利公平、机会公平、规则公平、分配公平为主要内容的更加合理的社会公平保障体系，着力解决发展领域不平衡、不充分问题和人民群众急难愁盼问题，尤其要扩大社会保障领域的公平治理范围，着力维护广大人民群众特别是弱势群体的合法权益，解决损害群众权益的突出问题，要让青年学生看见、感受到社会的公平正义，增强对中国特色社会主义制度优越性的认同感。

三要营造弘扬正能量的文化环境。积极引导青年学生坚定共产主义和中国特色社会主义理想信念不动摇；用社会主义核心价值观引领和筑牢新时代青年学生意识形态，防止错误思潮、腐朽文化侵蚀青年学生；用心用情用力保护好、管理好、运用好红色资源，挖掘红色文化资源的内涵，讲好红色文化的生动故事；弘扬中华优秀传统文化，提高中华优秀传统文化的吸引力；积极面对全球化进程，开展中外文化交流，借鉴西方文化的先进成果，引导青年学生用批判的眼光、扬弃的态度学习外来文化，增强民族自豪感，坚定文化自信。

四要营造清朗的网络环境。清朗的网络环境是满足人民对美好生活向往的迫切需要，是提高社会文明程度的必然要求。要广泛宣传网络文明教育，规范网络空间行为；健全相关法律法规，依法打击各类不当行为和违法犯罪活动。尤其要聚焦育新人使命任务，督促网络平台推出“青少年模式”，开展“护苗”行动和专项整治，深层清理网上对青年学生具有诱导性的不健康内容，全面清理、坚决打击攻击党和国家政策方针、抹黑英烈模范、歪曲诋毁历史事实等不良言行；利用网络媒介，大力弘扬社会主义核心价值观，传播社会正能量，坚决并及时遏阻“祖安文化”“饭圈”“黑界”等涉及青年学生的不良网络社交行为和现象，营造健康文明有序的网络环境，保障青年学生网络空间安全，保障青年学生健康成长。

（四）“家—校—社”协同推进路径

明确学校、家庭与社会在协同育人中各自的位置，三种教育类型“主次分明”，有利于推动“家—校—社”协同育人。

其一，各司其职是协同发展的根基。学校要充分发挥政治引领的主阵地作用，“用好课堂教学这个主渠道”。家庭要充分发挥“第一所学校”的功用，以家庭活动为圆心，对青年学生进行政治引领。其二，家—校协同育人需厘定各自的边界范围。确定边界范围是对家庭与学校有效分工、各司其职的进一步推进，有利于家长与教师相互支持、理解和尊重，共同明确促进青年学生发展的目的，家庭教育应着重关注青年学生政治观念的形成、道德水平的发展，而学校教育则应注重学生政治意识的启蒙、政治认同的养成、政治信仰的确立、政治行为的实践。其三，校—社合作是协同发展的拓展。一是构建校—社关系网，学校要密切沟通社会的各类组织机构，如红色文化博物馆、展览馆、纪念馆，等等。二是充分利用社会教育资源是发挥校—社协作政治引领功能的关键。当然，对于社会组织机构提供的各类资源，要秉持扬弃的态度，有目的、有标准地进行合理筛选，使之能更好地对青年学生进行政治引领。三是创新校—社沟通网络，积极推进各类资源的有效转化。诚然，社会为学校教育提供了广阔的实践空间，但要利用好这一空间，就需要构建校—社沟通网络，譬如校政合作、校企合作、校校合作等，各级各类学校才能充分地将社会提供的各类教育资源转化为政治引领的重要素材。

二　“三全育人”：构建立体式政治引领机制

前文所探讨的家庭、学校、社会协同机制，主要是立足于宏观层面的探究。习近平总书记指出，要“把思想政治工作贯穿教育教学全过程，实现全程育人、全方位育人”。[①] 这一重要理念和要求对青年学生政治引领微观层面的机制体制提出了新要求。学校是青年学生政治引领的关键主体，全员、全过程、全方位协同引领是从学校内部探讨如何具体做好青年学生政治引领工作。

（一）健全完善全员协同引领机制

全员协同引领，要求各级各类学校的全体教职员工都要成为教育者、引

① 《习近平谈治国理政》第2卷，外文出版社，2017，第376页。

领者，实现人人参与引领。各学校、各位教职员工均要提高站位、转变观念，充分认识到自身所担负的责任与使命，做青年学生政治引领的责任者，肩负起立德树人、教书育人、管理育人、服务育人的光荣使命和神圣职责。因此，健全完善全员协同引领机制，首先要抛弃青年学生政治引领仅仅是辅导员、班主任、思政课教师，以及从事学生思想政治教育管理工作的学生工作部、政教处、德育处等部门的任务的错误观念。

学校党组织要承担起青年学生政治引领的主体责任，加强顶层设计、全面统筹和组织领导；党组织主要负责人是第一责任人，要亲自部署、带头示范、督促检查。高中与大学的各级组织均要构建纵横交错、多歧互渗的网格化、立体化、全方位的组织管理框架体系，横向上努力做到各职能处室育人主体、引领主体左右协同联动，纵向上确保“四位一体”各育人环节、引领环节上下协同贯通，落实育人责任清单和督查考评机制，实现学校组织的各个层级、学校各教育主体之间的有效协同。各级各类学校要把全体教职员工都纳入政治引领的工作体系，同时根据不同岗位的属性与特殊性，明确其有特色的、相互配合的职责和任务。辅导员、班主任、思政课教师、专业课教师、研究生导师，以及从事学生思想政治教育管理工作的德育处、政教处以及学生工作部等是青年学生政治引领的主力军；行政人员、管理干部要充分发挥管理育人作用，从管理层面对青年学生进行引领；而后勤、保卫、楼管员等要在服务学生中加强对青年学生的政治引领。此外，学校要建立党政联席会议制度等沟通联络渠道，不同群体之间要定期沟通交流工作和情况，以此形成引领主体之间的合力。

（二）健全完善全过程协同引领机制

全过程协同引领，主要是从时间维度，要求将政治引领贯穿学生成长成才全过程，实现“时时引领”。对学校而言，要针对青年学生在校学习生活的时间进度和学业阶段，健全完善贯穿入学阶段、中间阶段、毕业阶段的“全链条”引领机制。入学阶段侧重“启发式教育引领”，循循善诱，引导学生树立正确的政治意识，明确正确的政治方向；中间阶段侧重“养成式教育引领”，通过前期的教育与陶铸，在这一阶段要帮助学生笃定政治信仰，并将之化于日常的学习与生活中；毕业阶段侧重“指引式教育引领”，以前两阶段为根底，注重训练学生的政治本领，指引其到更广阔的空间去磨砺、去锻炼。以教育实际活动为例，在入学教育阶段，中学可以结合校史学习延伸拓展，引导青年学生充分认识到我国教育事业发展取得的巨大进步和辉煌成就，以此树立正确的政治方向；在大学、研究生毕业教育阶段，学校应引导青年学生运用所学的政治本领，承担起用知识回报社会、贡献智慧和力量建设现代化国家的责任和使命，到基层、边远地区、艰苦行业、国际组织等国家和人民最需要的地方工作。

遵循青年学生成长成才的基本规律，打造全过程育人的引领链条。一是实施“战斗堡垒”“党员先锋”“文明修身”等党建引领“三大育人”工程，把“行走·自律”“上课·自觉”“交往·自信”“集会·自爱”作为“三全育人”工作内容，充分发挥共青团、学生党支部组织育人战斗堡垒作用，共青团员、党员率先示范，帮助其他青年学生尽快实现向合格中学生、合格大学生的转变过渡。二是打造“育人一体化”链条，系统梳理归纳学校各个群体、各个岗位的育人元素。高中可以建立以“课程、文化、心理、管理”为主的育人体系，而大学则可以拓展育人的范围，构建集课程、科研、实践、文化、网络、心理、管理、服务、资助、组织等于一体的多元互渗的育人体系、引领体系，形成政治引领工作制度化链条。为此，专业课教师或中学科任教师需要把对青年学生的政治引领贯穿每门课程、每项课题、每次实践的全过程。对辅导员、班主任而言，要把对青年学生的政治引领贯穿每项工作、每次活动、每个主题教育的全过程。值得指出的是，要坚持把立德树人融入政治引领全过程不断线，注重育人的实效性，要把合格中学生培养成为优秀中学生，把合格大学生培养成为优秀大学生。

（三）健全完善全方位协同引领机制

全方位引领，强调政治引领工作的空间维度。它强调整合融通多元教育资源，促进引领工作在课上课下、网上网下、校内校外的多歧互渗，从而真正实现“处处引领”。根据青年学生的主要任务和活动场域，围绕学习、生活、工作健全完善政治引领协同机制。如要把做好青年学生政治引领工作与帮助学生解决学业问题、提升学习成绩，或与资助家庭经济困难学生、解决生活问题相结合，在帮助学生解决困难中实现政治引领。

其一，校内协同育人：着力实现育人目标协同、阵地协同、渠道协同、队伍协同之间相互联动。[①] 课程思政改革是实现引领目标协同的重要抓手，深挖中学每门课程与大学各学科中的“思政元素”，实现知识与能力，知识与情感、价值观等目标之间的融通与渗透，使政治引领工作春风化雨、润物

① 王习胜：《“三全育人”合理性的逻辑诠释》，《思想理论教育》2019 年第 3 期。

无声，像血液一样流淌在每位青年学生的身上，像烙印一样刻在每位青年学生的心中。要根据学校工作组成，围绕科研、实践、管理、服务、文化、组织等领域，加强课上与课下、网上与网下、校内与校外、思政课程与课程思政、思想政治教育主渠道与主阵地等的协同配合，健全完善政治引领协同长效机制，不断凝聚全方位的政治引领合力。这需要把青年学生政治引领与目标志向、科研实践、科研创新等相结合。譬如，以某些国家对我国高科技"卡脖子"为切入点，结合钱学森等老一辈科学家的爱国故事，引导青年学生勤于学习、勇于创新，不断弘扬爱国情、树立强国志、落实报国行。

其二，线上协同育人：将政治引领工作和大数据综合融通。精准聚焦，建设省级、地市级、校级三级线上学习平台，满足青年学生成长成才的多元化学习需求，利用新媒体技术搭建"网上收获箱""心理云信箱""云端德育"等平台，了解青年学生关心什么、需要什么。同时，想青年学生之所想，解青年学生之所惑，将政治引领工作落细、落小、落实，使"三全育人"生活化。在访谈过程中，笔者发现F校线上协同育人的经验也可资借鉴。该校拓展线上育人平台，推进融媒体建设，开通官方短视频号、QQ号、B站号等，培育壮大主流思想舆论。该校官微推送的原创文章被新华社等转载，点击率破万的达19条，总阅读量达142万次。该校打造了学生服务联动协调中心线上平台2.0版，及时回应师生诉求，累计为师生协调解决具体问题近2万件；打造升级"青马易战"轻应用，让传统的理论学习融入"易班"、扎根互联网，学生总答题量突破3亿次。打造网络文创精品，积极打造"小葵""小联"网络文化品牌，制作推出《党支部条例一起学》《小葵新型冠状病毒防护指南》等网络思政精品动漫、动画共计150余部，在"学习强国"、新华网等平台刊播，产生广泛影响。

其三，校外协同育人：实现全过程政治引领还需兼顾校外的教育实践活动。中学要加强与博物馆、劳动教育基地、研学旅行基地之间的合作，将劳动教育、审美教育融入学生的社会实践活动之中；大学则要加强校企联动与校地合作，主动与地方政府、社区组织、公益组织、企事业单位沟通，签订合作协议或建立教育基地，从而形成家庭教育、学校教育、社会教育有机结合的育人共同体。值得指出的是，校外教育机构要秉持"五育融合"的理念，着力培养学生的核心素养，使学生尽快、尽早适应多样化的社会需求，从而探索出一条校外教育机构育人的宝贵经验。以传承、弘扬中华优秀传统文化项目为例，可以联合博物馆、纪念馆、历史陈列馆等校外机构，结合自身特色建立一批校外大、中学生的社会实践基地，增加学生的历史文化知识，涵养热爱优秀传统文化的情感。

三　“多位一体”：健全投入、考核、奖惩引领保障机制

做好新时代青年学生政治引领工作，不仅需要家庭、学校与社会的协同配合，需要学校全员、全过程、全方位的协同引领，还需要健全完善投入、考核、奖惩协同发力的保障机制。其中，投入是基础，考核是核心，奖惩是关键。

（一）健全投入机制

新时代，政治引领工作需要政治引领主体投入大量的时间和精力，去引领青年学生的政治观念与政治行为。为此，不可避免地需要探讨政治引领工作中的“投入”问题。做好青年学生政治引领工作离不开必要的思想、时间、情感、经费、物质等各方面的投入。

1. 政治引领工作的思想投入

政治引领工作是一项艰辛而细致的工作，需要政治引领主体全身心地投入。他们要成为“局内人”，而非局外的旁观者，需要做好为政治引领工作“夙兴夜寐”“殚精竭虑”的思想准备。首先要深入了解、掌握新时代青年学生的政治思想与行为，系统梳理、分析其所存在的各类政治问题，从而才能有力地增强政治引领工作的针对性、实效性。扼要来说，政治引领的主体要能有理有据、有条不紊地把问题说清楚、将道理讲透彻，消除青年学生心中的隔阂，循循善诱地化解他们的各种疑虑，进而阻滞消极情绪与错误言论的蔓延扩散。与此同时，政治引领主体要有超前意识和忧患意识。政治引领工作要打“提前仗”，即对一些在青年学生政治引领过程中容易出现的新问题、新矛盾、新思想有预见性。为此，班主任、辅导员和专业课教师要有预判能力，早预见、早准备、早解决，把政治引领工作做到学生思想问题、道德问题、政治问题产生的前面，不至于影响到全局。此外，还要集中精力抓好易出现各种问题的学生的政治引领工作。如前文所述，新时代青年学生成长在物质丰盈的时代，理想信念与政治立场容易受到外界因素的影响。因此，要加强对青年学生的政治引领，使他们对社会主义核心价值观、社会主义制度产生认同感。而认同感的获得，主要通过熏染与陶铸，在无声无形而富有正确价值导向的环境中使其逐步接纳、理解政治引领的内容，并内化于心、外化于行。值得指出的是，政治引领主体还需与时俱进，创新教育手

段、更新教育理念，使之符合习近平新时代中国特色社会主义思想，确立和强化以学生为本的教育观念。最后，政治引领主体还需充分调动青年学生参与政治引领活动的积极性，充分发挥其主人翁的作用，注重发挥自我教育的作用。

2. 政治引领工作的时间投入

第一，根据政治引领工作的实际情况确定投入时间的长短。为了提升政治引领工作投入的效率，教师需要切实做到因材施教、因人施策。有些青年学生通过一两次的深度交谈就能解决其存在的问题，而有些青年学生政治信仰迷茫、理想信念模糊、价值取向扭曲，其政治引领工作则是一项长期而复杂的工程。因此，政治引领主体要做好充分的思想和心理准备，要舍得花时间、费力气，理解政治引领工作在时间分布上的特殊性。第二，根据政治引领工作的需要合理安排工作与休息时间。教师要能及时解决青年学生遭遇的各类问题。对青年学生面临的思想、道德、政治上的问题，要及时发现并将其遏制在萌芽状态，杜绝问题向更严重的态势发展。毕竟政治引领工作具有时效性，有些问题久拖则会演变成大问题，事后解决的难度也愈来愈大，甚至超出引领主体所能掌控的范围。因此，政治引领主体甚至有时还需利用休息时间，努力把政治引领工作做到极致。概言之，对青年学生的政治引领工作要因人、因事、随时、随地去做，没有工作时间与休息时间之分，而对待他们遭遇的问题应有决心、有耐心、有恒心。

3. 政治引领工作的情感投入

政治引领工作的对象是人，而人又是具有情感的动物，以情育人往往能够取得意想不到的效果。政治引领主体给予青年学生充分的信任、悉心的呵护，能够激发起他们的热情和自信，让他们处在轻松、愉悦、舒畅的心理状态下，保持敏锐的感受力以及理性的判断力，帮助他们在情感的浸染中提升政治素养。坚持以青年学生为本，适时调整教育方法与教育内容，以真情动人、以真情化人。故而，无论是班主任还是辅导员，都要避免运用模式化、强制性的方式对青年学生进行政治理论灌输与说教，而应结合“互联网+”时代的多元渠道，以及符合他们年龄特征的方式，从小处着眼，从小事着手，增强政治引领工作的感染力和感化力。此外，作为政治引领主体，教师要以平等民主的态度开展政治引领工作。要充分意识到，政治引领工作不是靠高嗓门、大音量来吸引人、教导人，更不是靠“打雷”来吓唬人，其生命力之所在是以理服人、以情动人。因此，在政治引领工作的开展过程中，政治引领主体要用平等的眼光、真诚的态度、民主的方式，与青年学生进行交流，春风化雨地把引领工作做到他们的心坎儿上。

4. 政治引领工作的物质投入

保证政治引领工作经费的投入。政治引领工作不能单纯地理解为说教，它还需要有一定的物质基础的保证。一是保证人员投入。中学需要按照实际需要配足配齐政治引领的专业教师，每个班级要选配思想道德素质好、业务水平高、身心健康、乐于奉献的班主任；高校要按照师生比不低于 1∶200 的要求足额配齐配强爱国守法、敬业爱生、育人为本、终身学习、为人师表的专职辅导员。在此基础上，各级各类学校也要配齐配强从事学生教育管理服务的行政人员，如高校院系党委副书记、学生工作处、团委等部门工作人员，中学德育处、团委等部门工作人员。二是确保经费投入。各地政府和教育部门要保证和不断增加办学投入，各学校要按照要求保证学生思想政治教育有关专项经费，如高校要设立思政工作经费专项科目，保证思政课教学和实践经费落实到位。中学要完善津贴发放办法，将班主任工作计入工作量，并提高班主任工作量的权重，不断改善班主任待遇；高校要及时足额发放辅导员、思政课教师专项补贴。三是保障硬件设施条件。各学校要根据辅导员、班主任的工作特点，积极为他们的工作与生活创造便利条件。要加强对辅导员、班主任的物质保障，及时解决工作、生活中的困难，引导他们全身心投入青年学生政治引领工作。

（二）健全完善考核制度

围绕“谁来评”“评什么”“怎么评”，探索建立科学有效、客观公允的政治引领工作评价体系。评估主体可由党和政府、毕业生、毕业生用人单位等组成，或委托第三方机构。借助大数据技术，根据政治引领内容、目标要求，探索建立以政治性和实践性为基础，以科学性、可行性、动态性为目标，客观评价与主观评价相统一、结果评价与过程评价相统一、定性评价与定量评价相统一，针对学校党组织、辅导员、班主任、思政课教师等不同主体的评价体系。

1. 对政治引领目标、内容的考核

政治引领工作是否有效，同政治引领的目标、内容紧密相连。倘若政治引领工作的目标过高、空洞，内容过于宽泛、抽象，不免会脱离新时代党对青年学生政治引领的实际，更遑论取得政治引领工作的良好效果。反之，如若设定的政治引领工作的目标过低，而内容又过于聚焦与具体，那么政治引领工作的成效也不会显著。故此，政治引领目标的设定、内容的厘定，必须从新时代青年学生政治状况的实际出发。

2. 对政治引领效果的考核

政治引领工作的实效性是考核的核心内容。政治引领效果是引领工作所欲达到的预期目标，对其进行考核即检验政治引领目标的实现程度。扼要说来，它可分为非常有效、有效、比较有效、基本有效四个层次，而每个层次的评定与青年学生的政治意识、信仰、方向、立场与本领等五个方面是否朝着目标方向转化有关。不容忽视的是，政治引领的效果有时呈现潜隐性、长期性的特征，这主要体现在青年学生的政治思想与行为在时空维度上发生的或快或慢的变化。要对政治引领工作的效果作出客观合理的考核，必须注意其有效性的复杂表现形式：一是直接效果与间接效果，二是具体效果与根本效果，三是精神效果和物质效果，四是暂时效果和长久效果，五是现实效果和潜在效果。

3. 对政治引领实施途径和方法的考核

政治引领的实施途径与方法是整个引领工作的关键环节。目标设定和内容选择固然重要，但其主要停留在应然层面的设计，而方法是从实然层面去落实政治引领工作。如若工作方法不符合新时代青年学生的实际，停留在“理想”的层面，那么会与预期的目标背道而驰。对青年学生政治引领需要用“润物细无声”的方式，以环境为中介，借助人工智能时代的多元媒介，融入思想性、知识性，潜移默化地感染学生、教导学生。单调、灌输式说教，或空洞无物的口号，抑或通过行政手段强制青年学生接受的工作方法，往往会使他们产生逆反心理，导致适得其反的结果。

4. 对政治引领主体和客体的考核

评价青年学生的政治素养及政治引领工作的效果，构成了政治引领工作考核的重要内容。政治引领工作的效果如何，在很大程度上取决于政治引领主体的素质。地方党委和教育部门要将青年学生政治引领工作作为对学校领导班子、领导干部工作考核的重要内容，各学校要对辅导员、班主任开展青年学生政治引领履职情况与工作实绩进行全方位考察和综合测评，把考核结果作为辅导员、班主任聘任、奖励、职务晋升的重要依据，把软指标变为硬约束。此外，政治引领工作效果的好坏，不仅同班主任、辅导员、专业教师关系密切，也取决于青年学生的道德素养和文化素养。因此，在考核过程中，还需要对引领的客体进行综合的评估。

5. 对政治引领管理部门的考核

对管理部门的考核，首先要考察领导对政治引领工作的重视程度。领导部门的重视程度主要体现在对政治引领的决策、规划的制定方面，即是否能够集思广益、科学规划，以习近平新时代中国特色社会主义思想为指导，制定合乎实际的政治引领内容。其次是对管理制度落实情况的考核。在政治引领的实施过程中，领导与管理部门所发挥的效能是考评的主要内容，主要围绕引领方向的把握、组织领导的效率、引领经验的归纳与总结展开，凡是涉及制度落实情况的内容均在考核范围之内。最后是对管理和监督机制的考核。一套行之有效的管理和监督机制及赏罚分明的奖惩机制，是政治引领工作顺利开展的保障。对于管理监督机制，应着重对政治引领主体（领导与管理人员）的业务素质和履行职责的情况进行全面系统的考察、核实、评价；而奖惩机制的合理性则是政治引领机制的重要动力，具体来说，它是激励高素质的人员加入政治引领队伍、安心工作、履行职责的主要因素。

（三）完善奖惩机制

其一，要完善对政治引领主体的奖惩机制。要重视精神激励。各地教育行政部门与各级各类学校可专项评选和表彰政治引领工作业绩突出的辅导员、班主任及思政课、专业课教师等，或将政治引领工作纳入对优秀教师、教育工作者的表彰奖励体系之中，并给予一定的物质奖励。要树立一批在政治引领工作方面业绩突出的先进典型，宣传他们的先进事迹，充分肯定他们的贡献，提高各类群体参与和投入学生政治引领工作的成就感与认同感。建立健全政治引领工作档案，形成正确用人导向，对于学生政治引领工作业绩突出的优秀辅导员、班主任等管理人员应予以提拔或列入学校党政后备干部培养范围；对于政治引领工作业绩突出的专任教师，在职称评聘、评优评先等方面予以优先考虑；对于不能履职或胜任，以及工作业绩差的，予以批评教育、谈话诫勉、调离岗位等处理，进而形成敬业投入、你追我赶的浓厚政治引领风气。

其二，要完善对政治引领客体的奖惩机制。新时代，在青年学生政治引领过程中建立奖惩机制，是提升他们政治素养的重要手段。奖励机制一方面是青年学生政治参与的内在动机；另一方面则是为了褒奖在政治参与过程中积极有为、奋发上进的青年学生，更好地实现政治引领价值目标。惩罚机制是对青年学生错误政治思想以及不正当政治行为的抑制与纠偏，通过惩戒或警示，引导他们朝着正确的政治引领价值目标前进。奖励机制与惩罚机制殊途同归，均坚持以人为本的原则，在政治意识与政治行为上发挥对青年学生政治引领的功用。需要强调的是，奖惩机制应以褒奖为主、惩罚为辅，这是因为学生的政治意识、政治立场的正确面、积极面占主导地位。毕竟，积极进取、乐观向上的青年学生占该群体的大多数，且长处胜于短处，优点多于缺点，这一事实要求在实施奖惩机制时，对青年学生需以褒奖为主。不过，如本章第二节所述，青年学生从思想到行为方面均存在诸多问题，故而建立完备的惩罚机制不可或缺。尤为值得指出的是，惩戒的目的在于帮助青年学生消除在政治思想与行为方面的消极因素，究其本质，仍旧是发挥对青年学生政治引领的作用，帮助他们在各方面取得进步。

奖惩机制要发挥作用，政治引领的主体需从以下三方面入手。一是正确看待与运用奖惩制度。奖励要公开、及时，政治引领主体对青年学生的“小善”要及时予以表扬、奖励，这可以让他们从内心产生自豪感、责任感与归属感。惩罚手段则应慎重、保密与延缓，对青年学生的错误思想与行为，要调查清楚事情的来龙去脉，尽量不要急着给学生“扣帽子”，应留足时间审慎地判断。此外，奖励、表扬可以公开宣传、报道，而大部分的惩罚应该考虑不公开，并且惩罚的方式也不能“一刀切”，要根据问题的性质采用不同方式。二是奖惩制度要公平透明。奖惩制度的公平性与透明度是发挥政治引领机制的重要基础。围绕政治引领所追求的价值目标，奖励政治信仰坚定、政治本领过硬的青年学生，惩罚那些政治意识淡薄、出现政治错误倾向的青年学生，做到奖惩标准规范化、制度化，做到一视同仁，否则就会挫伤学生的积极性。三是掌握奖惩的强度、准确度。奖惩应遵循实事求是的原则，认真做到客观、准确，做到让青年学生心悦诚服。过度褒奖或者过度惩罚，都不利于政治引领工作的开展。褒奖过度，可能会使受表扬者骄傲自满、故步自封，甚至脱离青年学生群体；惩罚过度，也可能会使受罚者心有怨气、引发反感，以致破罐破摔。因此，奖惩机制中“度”的把握非常关键，要尽量留有余地，警惕过犹不及。

结 语

青年学生政治引领在党和国家工作全局中具有基础性、关键性地位和作用。历史和现实证明，这项工作好与坏、成与败，攸关中国共产党的执政地位是否稳固，攸关中华民族伟大复兴的中国梦能否如期实现。中国共产党历来重视青年学生政治引领工作，尤其是进入新时代以来，习近平总书记首次明确提出“政治引领”这一概念，并采取加强思想政治理论课建设、关心青年学生成长、强化学校党组织作用、深化共青团改革、勇于推进自我革命等举措全方位引领青年学生。笔者通过对全国20多个省份、60余所学校和近5000名学生的问卷调查，以及对部分学校师生代表的深度访谈，多方相互验证得出如下结论：党的十八大以来，在以习近平同志为核心的党中央的坚强有力领导和学校、家庭、社会各界的共同努力下，青年学生政治引领工作卓有成效，取得了突出成绩，以往的被动状态、被动局面得到根本性扭转。绝大多数青年学生政治信仰牢固、政治立场坚定、政治方向正确、政治行为理性。但需要认识到，党对青年学生的政治引领工作只有进行时，没有完成时。开展新时代青年学生政治引领工作仍需踔厉奋发、笃行不怠。总结历史经验，结合当下实际和发展趋势，做好新时代青年学生政治引领工作需要从以下方面努力。

第一，始终保持重视青年学生政治引领工作的政治自觉。通过历史梳理发现，中国共产党开展青年学生政治引领工作具有充足的学理依据、丰厚的思想资源和深厚的历史积淀。马克思主义经典作家、中国共产党历代主要领导人都高度认可青年学生的重要地位和重大作用。他们虽然没有直接提及“政治引领”，但留下了丰富的政治动员、政治教育等相关思想与论述，并采取了诸多契合所处历史时代的举措、方法。历史的镜鉴昭示，重视青年学生政治引领工作是无产阶级政党的使命所在，国内外的经验教训证明，忽视或放松青年学生的政治引领工作，将给政党、国家发展和青年学生成长带来严重后果。历史的经验证明，政治引领工作是一个常研常新的课题，必须持续进行并不断加强。党的十八大以来，虽然我党的青年学生政治引领工作卓有成效，但也要清醒地看到，日新月异的发展环境、严峻复杂的国内外形势、变动不居的青年学生特征，以及现有工作中存在的问题和不足，都在鞭策我党务必戒骄戒躁，增强做好青年学生政治引领工作的责任感和使命感。

第二，始终坚持人民立场，践行以青年学生为中心的育人自觉。人民是中国共产党的根和魂，人民立场是中国共产党的根本政治立场。为包括广大青年学生在内的中国人民谋幸福、为中华民族谋复兴是中国共产党人的初心和使命，也是中国共产党之所以能成功引领青年学生的根源所在。坚持人民立场，实现了中国共产党履行政党使命与引领青年学生的统一，实现了青年学生成就人生价值和坚持党的领导的统一。切实做好青年学生政治引领，不仅要有理想目标的号召、激励，还要积极回应青年学生的需求，要坚持以青年学生为中心，遵循思想政治工作规律、教书育人规律、学生成长规律，始终做到围绕学生、关照学生、服务学生，满足青年学生成长需要，及时解决其困难和困惑，进而增进青年学生对党和国家、对社会主义制度的思想认同、情感认同和政治认同。

第三，始终保持与时俱进、开拓创新的行动自觉。百年来，中国共产党之所以能够成功引领青年学生，重要原因在于中国共产党能够根据党在革命、建设、改革等不同历史时期的目标、任务，确定具有时代特征的引领主题、内容，并采取符合当下国情、社情、学情的引领方法和举措。这既是对以往成功经验的总结，也是对未来工作的宝贵启示。今天，我国迈上实现第二个百年奋斗目标的历史征程，中华民族伟大复兴的战略全局和世界百年未有之大变局相互交织，青年学生政治引领工作既面临难得的历史机遇，也面临着严峻复杂的新问题、新挑战。做好新时代青年学生政治引领工作，务必保持与时俱进的意识、开拓创新的精神，因事而化、因时而进、因势而新地开展工作。其中，有两个方面要重视。一要进一步细分群体，精准施策，提高针对性。青年学生涵盖中学生、大学生、研究生等群体，群体间政治水平、心理生理、社会阅历等差别大；即使是同一群体，在不同地域、学校、家庭之间，青年学生的政治观念和行为也存在明显不同，为此，新时代青年学生政治引领工作需要在精细化、精准化上继续下功夫。二要进一步整合引领理论、方法和机制。青年学生政治引领涉及面广、关联度高、对象复杂，政治性、政策性、理论性和实践性强，做好青年学生政治引领只依靠个别学科、方法，只依靠学校、教师是无法完成的，需要马克思主义理论、政治学、社会学、教育学、心理学等多学科理论协同支撑，需要建构宣传教育、激励约束、榜样示范、实践体验协同发力的引领方法体系，需要形成家庭、学校、社会有效协同的引领机制。以上目标的实现，离不开实践的探索，更离不开学界在理论上的探究和建构。

笔者愿以本书出版为新起点，在中国共产党青年学生政治引领这一领域继续深耕的同时，聆听与借鉴学界同人的意见与建议，适时展开合作，力争取得新的成果。

附录 1*

“新时代中国共产党对青年学生政治引领研究”调查问卷

亲爱的同学：

您好！我们正在进行有关“新时代中国共产党对青年学生政治引领研究”的调查。本次调查，主要是为了深入了解各学校开展学生政治引领工作的情况，以及当前青年学生的政治状况。调查采取不记名方式，仅作为学术研究之用，信息是完全保密的，请您放心如实回答每项问题。

您的回答将对本课题研究提供很大的帮助。诚挚感谢您的支持与帮助！

说明：学校对青年学生的政治引领，是指学校通过教育宣传、课堂教学、第二课堂等方式，对青年学生的政治意识、政治信仰、政治方向、政治立场、政治本领等进行培育和指导，引导青年学生认同和拥护中国共产党的领导，成为能够担当实现中华民族伟大复兴历史使命的德智体美劳全面发展的时代新人。

“新时代中国共产党对青年学生政治引领研究”课题组

2022 年 1 月

* 限于篇幅，附录 1 只呈现部分问卷信息。

第一部分　个人基本情况

第一部分是关于个人的基本信息情况，请将所选的编号填入(　　)内。

1. 您的性别是（　　）

A. 男　　B. 女

2. 您的民族是（　　）

A. 汉族　　B. 少数民族

3. 您的生源地是（　　）

A. 城镇　　B. 农村

4. 您的学生身份是（　　）

A. 中学生　B. 大学生　C. 研究生　D. 其他

5. 您的政治面貌是（　　）

A. 中共党员（含预备党员）　B. 共青团员

C. 民主党派　D. 群众

6. 您的父母亲是中共党员吗？(　　)

A. 一人是　B. 二人都是　C. 都不是

7. 与家庭所在地的其他家庭相比，您的家庭经济状况是（　　）

A. 很好　B. 较好　C. 一般

D. 比较困难　E. 很困难

8. 您现就读学校所在省份为（　　）

A. 东部地区，包括：

北京市、辽宁省、天津市、河北省、山东省、江苏省、上海市、浙江省、福建省、广东省、海南省

B. 中部地区，包括：

黑龙江省、吉林省、河南省、山西省、湖南省、湖北省、安徽省、江西省

C. 西部地区，包括：

新疆维吾尔自治区、内蒙古自治区、宁夏回族自治区、青海省、陕西省、甘肃省、西藏自治区、重庆市、云南省、四川省、贵州省、广西壮族自治区

9. 您现就读学校的类型

(1) 高校的请选择（　　）

A.“双一流”建设高校　B. 省（市、区）属重点大学

C. 普通高校　　　　　　　　D. 其他

(2) 中学的请选择（　　）

A. 一级达标学校　　　　　　B. 二级达标学校

C. 普通中学　　　　　　　　D. 其他

第二部分　对学生政治引领工作的了解

这部分主要是了解您所在学校学生政治引领工作的开展情况，请您认真阅读以下题目，根据自己的真实经历或者感受，在（　）内填上相应选项或在相应选项上打“√”。“________”表示您可按实际情况自行填写。

一、对组织领导的了解

1. 学校对青年学生政治引领工作的重视程度是（　　）

A. 非常重视　　　　　　　　B. 比较重视

C. 比较不重视　　　　　　　D. 非常不重视

2. 您对学校学生政治引领工作效果的总体评价是（　　）

A. 很好　　B. 较好　　C. 较差　　D. 很差

2.1（您若选 C 或 D，请继续回答）您对学校学生政治引领工作效果总体评价不高的理由主要是（　　）（限选 3 项）

A. 学校重视程度不够

B. 内容空洞枯燥、脱离学生实际

C. 方式比较简单，不受学生欢迎

D. 教师素质不够高，引领能力不够强

E. 学生反感排斥，不予配合

F. 学生党团组织覆盖面不够

G. 其他：________

3. 您对老师开展学生政治引领工作的总体评价是（　　）

A. 很满意　　B. 比较满意　　C. 不是太满意　　D. 很不满意

3.1（您若选 C 或 D，请继续回答）您对老师开展学生政治引领工作总体评价不高的理由是（　　）（限选 3 项）

A. 老师自身对党和国家认同度不高

B. 老师缺乏政治引领工作的能力

C. 老师缺乏政治理论素养

D. 老师与学生交流太少，不了解学生情况

E. 老师方法单一，手段不多

F. 老师不重视学生政治引领工作

G. 其他________

4. 学校的政治引领工作有效促进了您对党和国家的认同感（　）

A. 完全同意　　　　　　　　B. 基本同意

C. 基本不同意　　　　　　　D. 不同意

5. 请您对以下内容作出评价，并在对应栏目打“√”：

序号	项目	非常符合	比较符合	比较不符合	非常不符合
(1)	学校经常开展政治教育和宣传引导工作				
(2)	学校经常组织开展政治引领方面的活动				
(3)	学校辅导员（班主任）政治立场坚定、业务能力强，善于做学生的政治引领工作				
(4)	思政课老师教书育人能力强，善于引导学生				
(5)	学校在班级或专业设置了学生党支部或团支部等党团组织				
(6)	学校在宿舍生活区设置了学生党支部或团支部等党团组织				

二、对政治引领内容的了解

6. 学校向学生宣传教育的内容主要有（　　）（限选3项）

A. 马克思主义基本原理

B. 党的基本理论知识

C. 习近平新时代中国特色社会主义思想

D. 党和国家的最新会议、文件、政策精神

E. 最新的国内外形势与政策

F. 政治参与的方法和途径

G. 其他：________

7. 您对学校政治引领内容的看法是（　　）

A. 很满意　　　　　　　　B. 比较满意

C. 比较不满意　　　　　　D. 很不满意

8. 您认为学校政治引领内容方面存在的主要问题是（　　）（限选3项）

A. 内容陈旧　　B. 内容重复
C. 内容枯燥乏味　　D. 内容空洞
E. 内容深奥难懂　　F. 内容不符合需要

9. 请您对以下内容作出评价，并在对应栏目打“√”：

序号	项目	非常符合	比较符合	比较不符合	非常不符合
(1)	学校政治引领的内容能紧跟时事、与时俱进				
(2)	学校和教师在政治教育宣传时能够突出党和国家最新的重要会议、文件精神，如十九届六中全会等				
(3)	学校经常开展习近平新时代中国特色社会主义思想的宣传教育				
(4)	学校经常开展“四个自信”“四史”宣传教育				
(5)	老师政治宣传引导的内容能够解答我遇到的困惑				
(6)	学校和老师所宣传的内容和信息是我关注和希望了解的				

三、对政治引领方法途径的了解

10. 学校开展政治引领主要使用的方法是（　）（限选4项）
A. 对话交流法　　B. 理论讲授法
C. 实践体验法　　D. 榜样示范法
E. 朋辈教育法　　F. 隐性教育法
G. 自我教育法　　H. 警示教育法
I. 网络教育法　　J. 其他________

11. 您对学校政治引领方法举措的看法是（　）
A. 很管用　　B. 较管用
C. 较不管用　　D. 很不管用

12. 学校开展政治引领的途径载体主要是（　）（限选4项）
A. 思政课堂　　B. 专业课课堂
C. 撰写体会　　D. 讲座报告
E. 宣传栏、校内刊物等　　F. 主题活动

G. 收听收看电视广播　　　　　　H. 演讲、辩论、讨论

I. 微信、微博、互联网等新媒体　　J. 其他____

13. 您对学校政治引领途径载体的看法是（　）

A. 丰富多样　　　　　　　　　　B. 较为丰富多样

C. 不够丰富多样　　　　　　　　D. 非常单一

14. 请您对以下内容作出评价，并在对应栏目打"√"：

序号	项目	非常符合	比较符合	比较不符合	非常不符合
(1)	学校经常运用讲座、宣传栏、微信、网页、广播、小册子等多种形式开展宣传引导				
(2)	学校和老师开展宣传教育时经常运用短视频、动漫、图文等具有时代感的新载体				
(3)	学校经常组织学生到爱国主义教育基地等各类教育基地参观学习				
(4)	学校和老师会根据同学的不同情况，分类开展政治引领				
(5)	学校和老师在开展政治引领时，会根据内容的区别采取不同的方式				
(6)	学校和老师在开展政治引领时，注意帮助同学解决生活、学习中的实际困难				
(7)	老师在政治教育和宣传时，语言接地气、通俗易懂				
(8)	学校和老师在开展政治引领时经常采取讨论、角色扮演等方式				

四、对政治引领工作机制的了解

15. 您对学校学生政治引领工作制度的看法是（　）

A. 健全完善　　　　　　　　　　B. 比较健全完善

C. 比较不健全完善　　　　　　　D. 不健全完善

16. 您认为学校、家庭、社会、政府在青年学生政治引领工作上的协同情况是（　）

A. 已建立有效协同机制且效果好

B. 已建立有效协同机制但效果一般

C. 已建立有效协同机制效果尚不明显

D. 尚未建立有效协同机制

17. 请您对以下内容作出评价，并在对应栏目打“√”：

(1)	学校学生工作部（德育处）、团委等各部门开展政治引领时能够相互配合、形成合力				
(2)	思政课老师与专业课老师会经常沟通学生思想政治表现				
(3)	除思政课外，其他课程的老师在课堂上经常结合课程内容进行政治引领				
(4)	学校老师经常深入学生宿舍、课堂和同学交流				
(5)	学校和老师在开展政治引领时愿意花钱投入				
(6)	学校有开展政治引领情况的检查、评比				
(7)	学校会定期表彰思想政治引领工作优秀的老师				

五、个人情况及期待调查

18. 您在日常生活中主要通过哪些途径了解国内外大事和政治信息？（　　）（限选 3 项）

A. 课堂　　B. 网络新媒体

C. 广播电视　　D. 书籍报刊

E. 同学交流　　F. 家庭成员交流

G. 其他________

19. 您在接受政治引领时希望学习和掌握哪些内容？（　　）（限选 3 项）

A. 习近平新时代中国特色社会主义思想

B. 国家方针政策及发展动态

C. 与个人政治发展、切身利益相关的信息

D. 党和国家发展历史

E. 最新的国内外形势与热点

F. 政治参与的方法和途径

G. 其他：________

20. 您当前遇到的困惑或问题主要有哪些？（　　）（限选 3 项）

A. 学习成绩不理想

B. 感情恋爱问题

C. 人际关系不和谐

D. 家庭经济困难

E. 人生理想信念迷茫

F. 综合能力素质欠缺

G. 升学择业

H. 其他________

21. 根据对您形成正确的政治观念和政治行为的影响大小，从下列选项中挑选 4 项，从大到小依次排序列出（　　）

A. 党团组织的吸引力、凝聚力、号召力

B. 身边老师、同学、亲人的政治态度

C. 学校和老师日常政治宣传教育的内容

D. 老师在思政和专业课堂上表达的观点态度

E. 学校和老师政治引领时的方式方法

F. 学校和老师政治引领时的载体

G. 社会环境和氛围

H. 国家经济社会发展成就

I. 媒体以及网络上的言论和观点

22. 您认为本校学生政治引领工作需要从哪些方面改进？（　　）（限选 3 项）

A. 思想认识上要更加重视

B. 优化教育内容

C. 改进教育方法

D. 提高教师队伍的能力素质

E. 拓宽教育途径

F. 完善制度机制

G. 其他________

23. 您认为当下加强青年学生政治引领主要可通过以下哪些途径？（　　）（限选 3 项）

A. 读经典著作　　B. 思政课堂

C. 专业课堂　　D. 谈心谈话

E. 网络新媒体　　F. 解决学生实际困难

G. 主题教育　　H. 其他________

24. 您认为当下加强青年学生政治引领主要可采取以下哪些方法？

(　　)(限选 4 项)

A. 实践体验法　　B. 理论灌输法

C. 朋辈教育法　　D. 榜样示范法

E. 隐性教育法　　F. 警示教育法

G. 自我教育法　　H. 比较鉴别法

I. 其他________

25. 您当前在政治观念和政治行为上有哪些困惑?

____

____

____

附录 2

访谈提纲

（教师）

敬爱的老师：

您好！感谢您参与“新时代中国共产党对青年学生政治引领研究”调查。我们的调查仅用于学术研究，承诺对您的回答绝对保密，请您根据自己的实际情况说出您的真实想法和感受。衷心地期盼您提出宝贵的意见和建议！

一、个人基本信息

1. 性别 □男 □女
2. 年龄：________________
3. 教龄：________________
4. 职务：________________
5. 职称：________________

二、概念阐释

在进入正式访谈之前，我先为您阐述在思想政治教育领域对“学校对青年学生的政治引领”概念的界定。

学校对青年学生的政治引领，是指学校通过教育宣传、课堂教学、第二课堂等方式，对青年学生的政治意识、政治信仰、政治方向、政治立场、政治本领等进行培育和引导，引导青年学生认同和拥护中国共产党的领导，成为能够担当中华民族伟大复兴历史使命的德智体美劳全面发展的时代新人。

三、访谈话题

1. 您是怎样看待学校对青年学生进行政治引领的意义？
2. 您认为当前我国青年学生政治观念和行为方面有哪些突出特征？
3. 您认为当前我国青年学生政治观念和行为方面存在哪些突出问题？
4. 您所在学校开展青年学生政治引领工作有哪些好做法、好经验？
5. 您所在学校开展青年学生政治引领工作取得了哪些成效？
6. 您所在学校在对青年学生进行政治引领过程中遇到了哪些困难或问题？
7. 您所在学校是如何解决这些困难或问题的？
8. 您认为今后应从哪些方面着手加强和改进青年学生的政治引领工作？

访谈提纲

（学生）

亲爱的同学：

您好！感谢您参与“新时代中国共产党对青年学生政治引领研究”调查研究。我们的调查仅用于学术研究，承诺对您的回答绝对保密，请您根据自己的实际情况说出您的真实想法和感受。衷心地期盼您提出宝贵的意见和建议！

一、个人基本信息

1. 性别 □男　□女
2. 年龄：________________
3. 学历：________________

二、概念阐释

在进入正式访谈之前，我先为您阐述在思想政治教育领域对“学校对青年学生的政治引领”概念的界定。

学校对青年学生的政治引领，是指学校通过教育宣传、课堂教学、第二课堂等方式，对青年学生的政治意识、政治信仰、政治方向、政治立场、政治本领等进行培育和引导，引导青年学生认同和拥护中国共产党的领导，成为能够担当中华民族伟大复兴历史使命的德智体美劳全面发展的时代新人。

三、访谈话题

1. 根据第二部分对政治引领概念的界定，您是否接受过政治意识、政治信仰、政治方向、政治立场、政治本领等方面的培育与引导？

2. 倘若已经接受过，贵校都开展了哪些对青年学生政治引领的活动？

3. 您觉得所接受过的政治引领活动效果如何？

4. 您所在学校在开展青年学生政治引领工作中有哪些好做法、好经验？

5. 您所在学校在对青年学生进行政治引领过程中遇到了哪些困难？

6. 您认为当前我国青年学生政治观念和行为方面有哪些突出特征？

7. 您认为当前我国青年学生政治观念和行为方面存在哪些突出问题？

8. 您认为当前哪些新方式更有利于对青年学生政治引领？

参考文献

一 经典著作和重要文献

《陈独秀文集》，人民出版社，2013。

《邓小平文选》第3卷，人民出版社，1993。

《邓小平文选》第1~2卷，人民出版社，1994。

《革命领袖论共青团工作》，中国青年出版社，1992。

《胡锦涛文选》，人民出版社，2016。

《加强和改进大学生思想政治教育重要文献选编（1978~2008）》，中国人民大学出版社，2008。

《建党以来重要文献选编（1921~1949）》第1、13、16、19册，中央文献出版社，2011。

《江泽民文选》，人民出版社，2006。

《李大钊全集》，人民出版社，2013。

《列宁全集》，人民出版社，2017。

《马克思恩格斯文集》，人民出版社，2009。

《马克思恩格斯选集》，人民出版社，2012。

《毛泽东　邓小平　江泽民论青少年和青少年工作》，中国青年出版社、中央文献出版社，2000。

《毛泽东文集》第1~2卷，人民出版社，1993。

《毛泽东文集》第3~5卷，人民出版社，1996。

《毛泽东文集》第6~8卷，人民出版社，1999。

《毛泽东选集》，人民出版社，1991。

《青年工作文献选编》（下），中央文献出版社、中国青年出版社，2012。

《任弼时选集》，人民出版社，1987。

《深入学习习近平关于教育的重要论述》，人民出版社，2019。

《十八大以来重要文献选编》（下），中央文献出版社，2018。

《十八大以来重要文献选编》（中），中央文献出版社，2016。

《十二大以来重要文献选编》（下），人民出版社，1988。

《十九大以来重要文献选编》（上），中央文献出版社，2019。

《十六大以来重要文献选编》（中），中央文献出版社，2006。

《十七大以来重要文献选编》（下），中央文献出版社，2013。

《十三大以来重要文献选编》（中），中央文献出版社，1991。

《十五大以来重要文献选编》（上），中央文献出版社，2000。

《十五大以来重要文献选编》（下），中央文献出版社，2003。

《习近平关于青少年和共青团工作论述摘编》，中央文献出版社，2017。

《习近平关于社会主义社会建设论述摘编》，中央文献出版社，2017。

《习近平谈治国理政》第1卷，外文出版社，2018。

《习近平谈治国理政》第2卷，外文出版社，2017。

《习近平谈治国理政》第3卷，外文出版社，2020。

《习近平新时代中国特色社会主义思想学习纲要》，学习出版社，2019。

习近平：《高举中国特色社会主义伟大旗帜 为全面建设社会主义现代化国家而团结奋斗——在中国共产党第二十次全国代表大会上的报告》，人民出版社，2022。

习近平：《思政课是落实立德树人根本任务的关键课程》，人民出版社，2020。

习近平：《在北京大学师生座谈会上的讲话》，人民出版社，2018。

习近平：《在纪念五四运动100周年大会上的讲话》，人民出版社，2019。

习近平：《在庆祝中国共产党成立100周年大会上的讲话》，人民出版社，2021。

《中共中央关于党的百年奋斗重大成就和历史经验的决议》，人民出版社，2021。

《中国共产党简史》，人民出版社，2021。

《中国青年运动历史资料》，中国青年出版社，2002。

《中华人民共和国简史》，人民出版社，2021。

《周恩来选集》（上），人民出版社，1980。

二 学术著作类

陈登才、梁言顺主编《马克思主义经典作家关于马克思主义政党建设的基本观点研究》，人民出版社，2017。

陈万柏、张耀灿主编《思想政治教育学原理》第3版，高等教育出版社，2015。

陈绪新：《当代中国青年的价值困惑与出路》，中国社会科学出版社，2016。

陈跃主编《中国共产党青年观研究》，人民出版社，2016。

戴冰：《青年思想政治工作学引论》，上海交通大学出版社，2019。

邓卓明主编《改革开放以来中国共产党引领社会思潮研究》，人民出版社，2017。

董娅主编《中国共产党加强和改进大学生思想政治教育研究》，人民出版社，2016。

冯刚主编《改革开放以来高校思想政治教育发展史》，人民出版社，2018。

冯留建：《马克思主义国家理论与中国国家治理现代化》，人民出版社，2017。

高巍翔：《全面建设社会主义时期党的思想政治教育研究》，中央文献出版社，2014。

海泽龙：《青年政治学理论与实践》，新华出版社，2021。

何毅亭：《新时代 新思想》，人民出版社，2020。

黄伟力、邓军、李主斌等：《中国共产党政治建设的历史经验与新时代战略研究》，学林出版社，2019。

金冲及：《生死关头——中国共产党的道路抉择》，三联书店，2016。

康秀云：《十六大以来大学生思想政治教育创新研究》，人民出版社，2013。

李春华：《思想政治教育若干重大问题研究》，中国社会科学出版社，2015。

李春华：《新时期中国共产党文化创新研究》，中国社会科学出版社，2012。

李德芳、杨素稳、李辽宁主编《中国共产党思想政治教育史料选辑》(下)，武汉大学出版社，2019。

李东坡：《当代青年信仰教育研究》，中国社会科学出版社，2019。

李君如：《时代大潮和中国共产党》，中国人民大学出版社，2019。

李玉琦主编《中国共青团史稿（1922~2008）》，中国青年出版社，2010。

李征：《马克思恩格斯思想政治教育理论与实践研究》，北京大学出版社，2011。

刘红凛：《新时代党的建设理论和实践创新研究》，人民出版社，2019。

刘佳：《高校共青团思想引领论纲》，群言出版社，2016。

卢先福、端木婕：《中国执政党建设研究》，上海人民出版社，2002。

潘国华、林代昭：《中共党史与党的建设》，北京大学出版社，1991。

潘洵主编《青年在中国革命、建设和改革中的作用研究》，人民出版社，2016。

潘玉腾：《推进社会主义核心价值体系大众化研究》，社会科学文献出版社，2012。

潘玉腾：《现代思想道德教育论》，海风出版社，2003。

沈壮海、王晓霞、王丹等：《中国大学生思想政治教育发展报告 2017》，北京师范大学出版社，2018。

沈壮海等：《中国大学生思想政治教育发展报告 2018~2019》，北京师范大学出版社，2020。

苏醒：《共青团思想政治工作的优良传统研究》，人民出版社，2017。

谭虎娃：《历史的转折——中共中央在延安十三年》，人民出版社，2018。

田克勤：《田克勤文集》，中国社会科学出版社，2015。

田克勤、李彩华、孙堂厚：《中国化马克思主义通论》，人民出版社，2013。

田克勤、李婧：《邓小平与中国特色社会主义》，中国人民大学出版社，2016。

田克勤、李婧、张泽强：《马克思主义中国化研究学科基本理论与方法》，中国人民大学出版社，2017。

田克勤等：《中国共产党与二十世纪中国社会的变革》，中共党史出版社，2004。

田克勤等：《中国特色社会主义理论体系新论》，人民出版社，2016。

田克勤主编《中国特色社会主义理论体系概论》第2版，高等教育出版社，2014。

王浦劬等：《政治学基础》第4版，北京大学出版社，2018。

王树荫主编《中国共产党思想政治教育史》第2版，高等教育出版社，2018。

王员：《建国初期党的思想政治教育及其基本经验》，社会科学文献出版社，2013。

谢春涛主编《中国共产党如何治党?》，新世界出版社，2019。

熊英：《当代青年信仰论》，人民出版社，2019。

徐志栋、薛祥、申志清：《精神的力量》，中国言实出版社，2018。

杨建义：《大学生文化认同与价值引领》，社会科学文献出版社，2016。

杨建义：《家国情怀——与大学生面对面》，福建人民出版社，2019。

杨林香：《青年参与意识研究（1949~2014）》，社会科学文献出版社，2015。

杨林香：《中国青年的马克思主义信仰生成研究（1919~1949）》，人民出版社，2019。

张社争：《延安时期党的思想政治教育工作的理论与实践》，中国社会科学出版社，2018。

张士义、王祖强、沈传宝主编《从一大到十九大：中国共产党全国代表大会史》，东方出版社，2018。

张世飞：《改革开放40年的执政党建设》，中共党史出版社，2018。

张耀灿主编《中国共产党思想政治教育史论》，高等教育出版社，2006。

赵爱玲主编《青年思想政治教育重要论述导读》，武汉大学出版社，2019。

赵付科：《马克思主义中国化专题研究》，中央编译出版社，2019。

郑洸主编《中国青年运动六十年（1919~1979）》，中国青年出版社，1990。

周鹤龄主编《党的建设与党建理论》，上海人民出版社，2009。

朱光磊：《政治学概要》，高等教育出版社，2016。

朱乔森、李玲玉主编《中国共产党历史经验研究》，中共中央党校出版社，1997。

三　学位论文

陈飞：《当代大学生政治态度及其培育研究——以福建省为例》，博士学位论文，福建师范大学，2020。

姜茹茹：《新时代大学生马克思主义信仰教育研究》，博士学位论文，东北师范大学，2019。

孙琳：《当代大学生的政治意蕴——政治发展与群体政治的视角》，博士学位论文，复旦大学，2013。

孙晓琳：《新时代思想政治教育话语发展研究》，博士学位论文，东北师范大学，2019。

伍安春：《当代中国马克思主义青年观研究》，博士学位论文，电子科技大学，2019。

吴丹：《马克思主义政治观及其教育研究》，博士学位论文，东北林业大学，2020。

肖永梅：《当代大学生政治观研究》，博士学位论文，电子科技大学，2013。

杨清：《习近平关于青年教育重要论述研究》，博士学位论文，南昌大学，2020。

赵洪良：《新时代中国共产党加强政治能力建设研究》，博士学位论文，兰州大学，2020。

张慧：《习近平青年观研究》，博士学位论文，吉林大学，2019。

左殿升：《网络时代大学生政治认同差异研究》，博士学位论文，山东大学，2020。

四　期刊论文

艾楚君、陈佳：《习近平关于青年工作重要论述的时代价值》，《河海大学学报》2022 年第 1 期。

柴尚金：《新形势下党的对外工作“政治引领”的特色与优势》，《当代世界》2017年第4期。

常艳芳、李萍:《中国共产党青年思想政治教育的百余年实践:历史探索、基本经验与现实启示》,《中国青年社会科学》2022年第1期。

陈赛金:《高校共青团思想引领的当代价值与对策分析》,《思想理论教育》2016年第4期。

陈亚惠:《新常态下大学生政治参与引领的理性审视》,《重庆理工大学学报》2015年第12期。

陈勇、马晓燕、祖星儿:《新时代社会主义意识形态的思想引领和社会认同论析》,《思想理论教育导刊》2019年第12期。

陈灿芬:《新时代青年政治素质提升的基本要求——基于11所高校青年政治素质的调研》,《毛泽东邓小平理论研究》2020年第7期。

戴冰:《强化政治引领是共青团育人的首要职责》,《党政论坛》2020年第9期。

戴焰军:《不断增强党的思想引领力是实现党的全面领导的内在要求》,《中国党政干部论坛》2018年第3期。

邓希泉:《习近平关于青年工作的重要思想的基本要义》,《科学社会主义》2019年第2期。

邓希泉:《新中国70年来青年发展的巨大进步与未来展望》,《思想理论教育》2019年第10期。

邓希泉:《巩固和扩大党执政的青年群众基础》,《中国党政干部论坛》2019年第11期。

董文冉、田克勤:《关于引导大学生正确认识当代社会思潮的几点思考》,《中央社会主义学院学报》2015年第5期。

冯刚、史宏月:《思想价值引领在国家治理现代化中的功能研究》,《思想理论教育》2020年第2期。

冯刚、朱宏强:《以习近平新时代中国特色社会主义思想引领青年理想信念教育》,《思想理论教育导刊》2018年第11期。

冯刚:《在时代发展进程中把握思想政治教育热点研究》,《思想理论教育》2019年第6期。

冯留建、刘国瑞:《习近平新时代青年发展观论析》,《思想教育研究》2018年第11期。

冯留建:《新时代青年党史教育的目标和任务》,《人民论坛》2021年第 26 期。

冯颜利：《新时代青年思想政治教育工作基本经验研究》，《中国青年社会科学》2022 年第 2 期。

郭维、舒丹：《“微时代”背景下大学生思想政治引领探析》，《高教学刊》2015 年第 21 期。

韩步江：《从青年到青年马克思主义者：基于政治信仰及其熔铸的思考》，《中国青年研究》2020 年第 10 期。

何树华：《论引领当代大学生正确政治取向的途径》，《教育探索》2005 年第 7 期。

胡雪莲、王锐：《青年政治话语建构：党领导青年工作的重要方式——以中国共产党早期领导五四纪念为观察视角》，《中国青年研究》2021 年第 12 期。

胡德庆、吴溦：《中国共产党青年工作的百年经验、时代任务与方法创新》，《当代青年研究》2022 年第 1 期。

黄志坚、叶子鹏、焦龙：《毛泽东关于青年和青年工作思想的科学体系、理论特征及当代价值》，《中国青年社会科学》2022 年第 1 期。

黄志坚：《回眸百年：毛泽东关于青年和青年工作思想的研究与传承》，《中国青年社会科学》2022 年第 1 期。

黄鹏、黄彩微：《高校共青团思想政治引领的现实困境及优化路径》，《高校共青团研究》2020 年第 1 期。

黄蓉生、崔健：《高校思想政治工作坚持立德树人的使命担当》，《中国高等教育》2019 年第 22 期。

贾可卿：《思想引领的三种方式》，《贵州社会科学》2016 年第 6 期。

康秀云、王言胜：《习近平培养社会主义建设者和接班人重要论述的三维向度》，《高校马克思主义理论研究》2018 年第 4 期。

康秀云：《习近平“坚持社会主义办学方向”重要论述的思想精髓》，《东北师大学报》2021 年第 3 期。

李婧、田克勤：《改革开放以来中国特色社会主义政治建设的持续推进与创新》，《马克思主义研究》2018 年第 11 期。

李婧：《中国特色社会主义进入新时代的制度之基》，《东北师大学报》2021 年第 4 期。

李春华：《习近平总书记对青年有何期许》，《人民论坛》2017 年第

24期。

李春华：《论思想政治教育之于国家治理价值的三重逻辑》，《学术探索》2020年第10期。

李立峰：《坚持党的领导是中国共产党百年奋斗的重要历史经验》，《党建》2022年第3期。

李庆四：《美国青年群体政治认同及影响》，《人民论坛》2021年第35期。

梁红军：《科技工作者政治引领政治吸纳工作的内在逻辑及推进措施》，《学习论坛》2020年第2期。

林小婷：《政治引领和文化引领：意识形态领导权建设的两条进路》，《武汉理工大学学报》2020年第1期。

刘波：《政治领导力 思想引领力 群众组织力 社会号召力 建设新的伟大工程须统筹增强“四力”》，《人民论坛》2018年第11期。

刘春雷、任楠：《全媒体时代高校共青团思想引领路径》，《中国高等教育》2019年第24期。

刘瑞：《新时代青年政治认同建构的路径探析——以当代大学生为例》，《学习与探索》2020年第2期。

刘小文：《铸造青年成长的政治之魂——学习习近平关于青年政治引领的重要论述》，《社会科学家》2020年第7期。

刘修华、揭锡捷：《高校思想政治工作价值引领的实践逻辑》，《高教探索》2018年第4期。

刘占虎：《批判性思维：马克思主义思想引领的认知视界》，《学习与实践》2020年第2期。

刘庆帅：《政治文化视域下新时代青年政治态度》，《当代青年研究》2020年第5期。

刘贤玲、刘剑津：《新时代思想政治教育的政治引领》，《福建论坛》2021年第4期。

刘立潇：《习近平青年教育观的逻辑结构：起点、中介和终点》，《吉首大学学报》2022年第2期。

刘俊彦、郑浩、叶子鹏：《新时代青年增强做中国人的志气、骨气、底气的时代内涵、现实挑战与实践进路》，《中国青年研究》2022年第1期。

骆郁廷：《“小我”与“大我”：价值引领的根本问题》，《马克思主义研究》2019 年第 12 期。

骆郁廷：《新时代如何提升党的思想引领力》，《人民论坛》2019 年第 12 期。

吕剑新：《新时代中国共产党政治领导力建设探析》，《广西社会科学》2018 年第 7 期。

马丽：《个体化趋势下青年价值引领研究》，《广西社会科学》2020 年第 6 期。

马学军：《强化基层党组织政治功能充分发挥政治引领作用》，《党建》2015 年第 4 期。

毛军权、柳恒超：《加强对人才的政治引领和政治吸纳：时代价值、内涵解构及推进路径》，《上海行政学院学报》2020 年第 4 期。

米占民：《中国共产党青年理想信念教育的百年历程与基本经验》，《中国青年社会科学》2022 年第 6 期。

潘玉腾、陈虹：《论时代新人的内涵及培养路径》，《中国高等教育》2019 年第 7 期。

时昱：《政治动员中的国家叙事与青年选择——基于贵州三线建设亲历者口述历史调查》，《贵州社会科学》2021 年第 11 期。

双传学：《提升党的思想引领力的内在逻辑与时代回应》，《中国特色社会主义研究》2019 年第 2 期。

宋福范、唐恭玲：《全媒体时代增强党的思想引领力》，《中国党政干部论坛》2020 年第 2 期。

宋德孝：《中美对抗语境下看中国青年政治认知的结构性变迁》，《中国青年研究》2021 年第 2 期。

田克勤、张泽强：《从价值觉醒到文化自信：五四运动历史地位的新思考》，《思想理论教育》2019 年第 4 期。

田克勤：《中国共产党三个“历史决议”对毛泽东思想的认识和概括》，《马克思主义理论学科研究》2021 年第 12 期。

田克勤：《新中国成立七十多年来高校思想政治理论课课程体系的建构及其经验》，《中国青年社会科学》2021 年第 2 期。

王冠中：《中国共产党对青年思想政治引领的百年政策变迁及启示》，《中国青年研究》2021 年第 5 期。

王玲、邓希泉：《当代青年政治参与新特征之辩证观》，《当代青年研究》2010 年第 7 期。

王清:《从行政控制、行政治理到政治引领:国家推动社会组织发展 40 年》,《河南社会科学》2019 年第 5 期。

王万奇、赵付科:《青年团的任务对时代新人培育的当代价值——写在列宁诞辰 150 周年之际》,《中国青年社会科学》2020 年第 3 期。

王雅君:《高层次人才政治引领战略的逻辑与路径》,《领导科学》2016 年第 36 期。

王延隆、李姗姗:《建党以来中国青年与社会互动的历程、逻辑与启示》,《中国青年研究》2020 年第 12 期。

王银平:《充分发挥基层党组织的政治引领作用》,《社会主义论坛》2017 年第 12 期。

王淑娉:《新时代青年政治价值观培育探析》,《社会科学战线》2020 年第 8 期。

吴巧慧:《新时代高校学生党支部思想政治引领的内涵与路径》,《思想理论教育导刊》2020 年第 5 期。

吴育林、邵程程:《以人民为中心引领“中国之治”现代化》,《云南师范大学学报》2020 年第 2 期。

习近平:《增强推进党的政治建设的自觉性和坚定性》,《求是》2019 年第 14 期。

项久雨:《新时代美好生活的样态变革及价值引领》,《中国社会科学》2019 年第 11 期。

谢丹瑶:《强化政治引领创新驱动发展》,《思想政治工作研究》2019 年第 8 期。

谢素军、谢碧霞:《海外中国共产党青年工作研究综述》,《中国青年社会科学》2022 年第 1 期。

杨建义、吴新菊:《新时代高校辅导员政治引领的任务、挑战与提升路径》,《思想理论教育》2020 年第 4 期。

杨建义:《论新时代青年工作的核心要义——学习习近平关于青年工作的论述》,《福建师范大学学报》2018 年第 6 期。

杨林香:《习近平论述青年责任的三重维度》,《福建师范大学学报》2018 年第 6 期。

杨林香:《中国共产党培育青年的历史经验》,《福建师范大学学报》

2011 年第 3 期。

杨秀萍：《课程思政与思政课程协同育人：前提、途径与机制》，《黑龙江高教研究》2021 年第 12 期。

于翊平：《试析如何加强新时代高校大学生思想引领》，《学校党建与思想教育》2019 年第 9 期。

俞佳佳、李乐：《习近平青年思想政治教育话语的具象解读——以党的十八大以来习近平给青年群体的回信为考察文本》，《理论导刊》2021 年第 1 期。

张波：《人才政治引领的内涵及具体内容》，《重庆行政（公共论坛）》2017 年第 5 期。

张红建：《当代中国政治认同的意识形态视域分析》，《理论导刊》2018 年第 7 期。

张丽莉：《党的思想引领力源于思想生产力和思想说服力》，《河北学刊》2020 年第 6 期。

张伟、张茂聪：《价值引领视域下思想政治教育内容的构建逻辑与实施策略》，《黑龙江高教研究》2018 年第 8 期。

张文杰、许门友：《当代青年的自我认同与价值引领》，《人民论坛》2020 年第 21 期。

张元、洪晓楠：《基于智能网络的党外青年知识分子政治引领策略》，《当代青年研究》2020 年第 2 期。

张良驯、郭元凯：《青年政治认同与政治参与研究》，《人民论坛》2020 年第 24 期。

赵付科：《党的建设质量论》，《理论探索》2020 年第 4 期。

周士权、程祖浩：《共青团视野下的大学生政治敏感度探究》，《高校共青团研究》2020 年第 1 期。

朱凯玲、刘建军：《青年政治引领研究述评》，《前线》2020 年第 11 期。

五　报纸

习近平：《在全国教育大会上的讲话》，《人民日报》2018 年 9 月 11 日，第 1 版。

习近平：《在“不忘初心、牢记使命”主题教育总结大会上的讲话》，

《人民日报》2020 年 1 月 9 日，第 2 版。

习近平:《在党史学习教育动员大会上的讲话》,《人民日报》2021 年 2 月 21 日，第 1 版。

习近平:《在庆祝中国共产主义青年团成立 100 周年大会上的讲话》,《人民日报》2022 年 5 月 11 日，第 2 版。

戴冰:《共青团加强政治引领的目标与路径》,《中国青年报》2019 年 8 月 6 日，第 7 版。

邓希泉:《加强对广大青年的政治引领》,《光明日报》2019 年 4 月 29 日，第 4 版。

黄汀:《加强政治引领　培育时代新人》,《经济日报》2020 年 12 月 2 日，第 11 版。

毛奕峰:《价值引领：高校思想政治工作的重要任务》,《中国社会科学报》2017 年 10 月 26 日，第 6 版。

孙健:《加强思想政治工作　引领高校立德树人》,《中国社会科学报》2018 年 10 月 8 日，第 8 版。

徐宝龙:《强化思想政治教育的政治引领功能》,《解放军报》2020 年 7 月 22 日，第 7 版。

祝拥军:《政治引领凝心聚力　面对变局迎难而上》,《中华工商时报》2020 年 8 月 5 日，第 5 版。

《格局性变化　历史性成就》,《中国教育报》2021 年 12 月 8 日，第 1 版。

六　外文文献

Andrew Heywood, *Politics*, New York: Palgrave Macmillan, 2002.

Giovanni Sartori, *Parties and Party Systems: A Framework for Analysis*, New York: Cambridge University Press, 1976.

Samuel P. Huntington, *Political Order in Changing Societies*, New Haven: Yale University Press, 1968.

Joseph Alois Schumpeter, *Capitalism, Socialism, and Democracy*, New York: Harper, 1942.

David Easton, *A Systems Analysis of Political Life*, New York: John Wiley, 1965.

Derek Heater, *A History of Education for Citizenship*, London: Routledge, 2003.

Matt Henn, Mark Weinstein, Sarah Forrest, "Uninterested Youth? Young Peoples Attitudes towards Party Politics in Britain," *Political Studies*, 2005 (53).

Umar Dantani, Peter Nungshak Wika, Muhammad Maigari Abdullahi, "The Politics of Security Deployment of Security Operatives to Jos Metropolis, Plateau State, Nigeria 2001 - 2014," *Slovak Journal of Political Sciences*, 2017 (17).

Tomas O'Brien, "The Primacy of Political Security: Contentious Politics and Insecurity in the Tunisian Revolution," *Democratizatiaon*, 2015 (22).

后 记

本书是在我的博士学位论文基础上修改完善而成的。这本书的出版，首先要感谢我的导师田克勤与潘玉腾两位先生。无比感恩中国社会科学院大学与福建师范大学的联合培养机制，让我比很多人更幸运地拥有了双导师的指导和关爱。田老师身为学界泰斗，著作等身，为人友善随和、关爱后生，田老师一丝不苟的治学态度、诲人不倦的育人情怀使我深受感动。潘老师之前就是我的硕士生导师，一直很关心我的个人成长，他总是乐意挤出时间指导我、帮助我。不仅如此，潘老师沉稳睿智的处事风格、热情平等的待人方式、乐观自律的生活态度，深深影响着我，让我受益终身！

其次，要感谢的是为我授课的辛向阳教授、金民卿教授、李建平教授、陈永森教授、杨建义教授、杨林香教授、傅慧芳教授等，他们给了我知识的力量。感谢冯留建教授、李婧教授、李春华教授、康秀云教授、赵付科教授等在开题、预答辩、答辩过程中的精心指导和点拨。感谢中国社会科学院大学胡筱琳、李小伟等老师给予我这名京外学生的理解和帮助。感谢社会科学文献出版社的认可和支持。

最后，我还要感谢在我身边默默支持我的亲友、同事。在攻读博士期间，妻子宋惠芳在忙碌于教学科研的同时，承担了所有家庭事务；父母、岳父母无条件地理解、支持我，孩子懂事、努力，免除了我的后顾之忧，让我专心投入论文写作。在职学习难免遇到工学矛盾，感谢学校领导对我的关心和照顾，感谢同事对我学习的理解和支持！感谢欧榕先生，他鼓励我读博，并鞭策我早日完成学业。还有许多朋友、同事、同学在我学习期间，以及本书的写作过程中给予帮助，在此限于篇幅，恕不能一一列名，但我时刻铭记在心。

不忘本来才能开辟未来，善于继承才能更好创新。习近平总书记在2022年春节团拜会上提到“对百年奋斗历史最好的致敬，是书写新的奋斗历史”，我们已经踏上第二个百年征程，只有珍惜拥有，不忘初心，才能创造更好的未来！愿十年、二十年后的我，历尽千帆，归来仍是那个为了求知前行的少年。

图书在版编目(CIP)数据

新时代青年学生政治引领研究 / 邱海锋著. --北京:
社会科学文献出版社，2023.10
(马克思主义理论与现实研究文库)
ISBN 978-7-5228-2186-3

Ⅰ.①新… Ⅱ.①邱… Ⅲ.①青年-思想政治教育-
研究-中国 Ⅳ.①D432.62

中国国家版本馆 CIP 数据核字(2023)第 141222 号

·马克思主义理论与现实研究文库·
新时代青年学生政治引领研究

著　　者 / 邱海锋

出 版 人 / 冀祥德
责任编辑 / 王小艳
文稿编辑 / 柴　乐
责任印制 / 王京美

出　　版 / 社会科学文献出版社 · 马克思主义出版分社(010)59367004
地址：北京市北三环中路甲 29 号院华龙大厦　邮编：100029
网址：www.ssap.com.cn
发　　行 / 社会科学文献出版社(010)59367028
印　　装 / 三河市尚艺印装有限公司

规　　格 / 开　本：787mm × 1092mm　1/16
印　张：15.25　字　数：265千字
版　　次 / 2023 年 10 月第 1 版　2023 年 10 月第 1 次印刷
书　　号 / ISBN 978-7-5228-2186-3
定　　价 / 88.00 元

读者服务电话：4008918866